Susanne Westphal

EINFACH BECIRCEND

Zu diesem Buch

Wer kennt sie nicht, die beneidenswerte Frau, der immer genau das zufliegt, worauf alle scharf sind – sei es der Parkplatz vor dem Kino, die Gehaltserhöhung oder George Clooneys Doppelgänger. Sie braucht den Kellner nicht erst dreimal zu rufen, und bei ihr werden die Handwerker pünktlich fertig: klar, die Circe, die einst Odysseus' Jungs in Schweine verwandelte ... Zugegeben, die reinrassige Circe ist heute selten, aber ein bißchen davon steckt in jeder Frau. Kommunikationsexpertin Susanne Westphal kitzelt sie für uns wach: Welcher Frauentyp bin ich, wo sehe ich meine Ziele? Wie verführe ich typgerecht und mit allen fünf Sinnen? Womit werde ich zur unverwechselbaren Marke, wieviel Fake darf sein? Und wie reagiert mein Gegenüber? Angelehnt an die Jungschen Präferenztypen entwickelt Westphal die Typologie weiblichen Erfolgs – schlüssig, charmant und unterhaltsam.

Susanne Westphal, geboren 1970, leitete als deren Gründerin sieben Jahre die Preisagentur »Preiswärter«. Inzwischen ist sie als freie Unternehmensberaterin in Sachen Kommunikation und als Coach für Führungskräfte tätig und hält erfolgreich Seminare ab. Die Initiatorin des Frauen-Netzwerks femmes géniales lebt mit ihrer Familie am Wörthsee bei München. Zuletzt erschien »Unternehmenskommunikation in Krisenzeiten«. Weitere Infos zur Autorin: *www.becircend.de*

Susanne Westphal

EINFACH BECIRCEND

DIE TYPOLOGIE WEIBLICHEN ERFOLGS

Mit 101 farbigen Originalillustrationen
von Claudia Sanna

Kabel by Piper

ISBN 3-8225-0647-8
Originalausgabe

Gesetzt aus der Raleigh
Umschlaggestaltung: Büro Jorge Schmidt, München
Umschlagillustration: Jakob Werth, München
Satz: KCS GmbH, Buchholz/Hamburg
Druck und Bindung: Kösel, Krugzell
Printed in Germany

www.kabel-verlag.de

Für alle wunderbaren Frauen dieser Welt
und die Männer, die sie lieben

Danke,
lieber Achim, liebe Maxi, lieber Leo,
Christina, Bettina, Britta, Birgit, Eliza, Eva, Sandra,
Martina, Klaus, Gerda, Uli
(und allen, die ich jetzt vergessen habe,)
für die liebevolle seelische, moralische und geistige
Unterstützung, die diesem Buch so gutgetan hat!

Inhalt

Die schöne Circe – wie alles anfing 1

Kleiner historischer Rückblick auf die Circe, die Odysseus' Männer in Schweine verwandelte ...

Sicher haben Sie schon einmal etwas von der Begegnung Odysseus' mit der schönen Frau gehört, der wir das Wort »becircen« verdanken: Nach der griechischen Mythologie lebte einst auf der Mittelmeerinsel Aia am Vorgebirge Circei ein zauberhaftes Wesen namens Circe. Die Tochter des Sonnengottes Helios war jedoch nicht nur zauberhaft, sondern auch eine Zauberin. Fremde, die auf ihrer Insel strandeten, bekamen gleich zur Begrüßung ihre Künste am eigenen Leib zu spüren. So verzauberte die schöne Nymphe die Gefährten des Odysseus – kaum hatten sie einen Fuß auf das idyllische Eiland gesetzt – in Schweine.

Odysseus war jedoch mit dem Gegenzauber des Götterboten Hermes ausgestattet und zeigte sich immun gegen die Kräfte der Circe. Zuerst will er sie töten, um seine Männer zu retten, doch sie verführt ihn. Schließlich überredet er sie, die Verwandlung wieder rückgängig zu machen. Nach einer romantischen Zeit ausgedehnten Turtelns brechen die Seefahrer schließlich wieder in Richtung Heimat auf ...

So landete das Wort »becircen« in unserer Sprache und meint noch heute die weibliche Kunst des Verführens und Verzauberns.

Was wären wir Frauen ohne diese phantastischen Fähigkeiten?! Lebenslang werden Überzeugungs- und Verführungsstrategien gesammelt, sorgfältig gespeichert und immer weiter entwickelt. Dabei hat jede Frau in jeder Situation so ihre eigenen Methoden: Mal wird Charme versprüht, mal ein wenig Druck ausgeübt. So gibt es typisch weibliche Verhaltensmuster, die wir einsetzen, sobald wir etwas erreichen wollen.

Gelegenheiten dazu bieten sich viele, privat wie öffentlich, zu Hause und im Berufsleben. Nach etlichen Gesprächen mit sehr smarten Frauen hat sich mein eigener Eindruck bestätigt, daß es gerade im Berufsleben nicht unbedingt von Nachteil sein muß, als Frau ins Rennen zu gehen, auch wenn viele das Gegenteil behaupten. Gerade hier stehen einer Circe viele Möglichkeiten offen, von denen die Männer nur träumen können, und glücklicherweise gibt es jeden Tag ein paar erfolgreiche Vorbilder mehr, die sich in begehrten Führungspositionen behaupten. Doch nach wie vor sind wir Frauen die Exoten in den Chefetagen. Dadurch fallen wir ein wenig mehr auf – diesen klaren Wettbewerbsvorteil sollten wir für uns einsetzen, solange dies noch gilt!

Erst kürzlich stürzte ich als letzte in ein Meeting, das gerade vor einer Minute begonnen hatte, und nahm als einzige Frau zwischen 15 Männern Platz. Diesen Umstand griff ich in der Begrüßungsrunde auf und beendete meine Kurzvorstellung mit dem Zusatz: »... und ich bin hier offensichtlich die Quotenfrau.« Der Vorstand, der zu diesem einmaligen Treffen eingeladen hatte, erinnert sich noch heute an meinen Namen, wohingegen die 15 grauen Anzugträger zumindest optisch sehr austauschbar wirkten. Wenn ich irgendwo auffallen will, schlüpfe ich einfach in mein feuerrotes Businesskostüm. Da haben es Männer schon deutlich schwerer, im geschäftlichen Kontext ins Auge zu stechen. Bunte Krawatten oder kurze Hosen sind schließlich nicht jedermanns Sache …

Inhaltlich muß eine Circe genauso überzeugen wie eher unauffällige Wesen, das ist klar. Aber ein klitzekleiner Aufmerksamkeitsbonus kann zumindest dafür sorgen, daß man uns zuhört.

Als die ersten Evas in den Führungsetagen der Unternehmen Einzug hielten, lebten sie eine ihrer größten weiblichen Stärken aus: sie beobachteten die Umgebung und paßten sich an, wurden bessere Männer. Mit dem »Machiavelli für Frauen« als Bibel für Eroberinnen in der Tasche zogen sie in den Krieg gegen das andere Geschlecht. Sie spielten in grauen Kostümen in der Liga der Schlipsträger mit und waren dabei nicht allzu erfolgreich. Kein Wunder, spielten sie doch nach Regeln, die sie nicht geschaffen hatten, und waren nur allzu durchschaubar.

Doch das ist nun gut eine Generation her. Evas Töchter sind erwachsen geworden, haben nicht selbst mit ansehen müssen, wie Alice Schwarzer erbittert für Gleichberechtigung kämpfen mußte. Statt dessen bekamen sie das Selbstvertrauen in die Wiege gelegt, das nötig ist, um ihren eigenen Weg zu gehen. Sie kennen ihre Stärken und Besonderheiten und setzen diese geschickt im Alltag ein. Sie kämpfen nicht gegen Männer, sondern für ihre eigenen Ziele, wirken dabei herrlich unverkrampft und souverän. Sie kreieren für die nächste Generation bemerkenswerte Vorbilder und wirken auf andere …

… einfach becircend!

Es ist mir ein tiefes Bedürfnis, diesen Frauen einmal mehr die Bestätigung zu geben, daß sie sich auf dem richtigen Weg befinden. Ich wünsche mir von Herzen, daß täglich mehr Frauen den Mut finden, ihre Weiblichkeit herauszulassen und dadurch zu strahlen, weil sie so sind, wie sie sind.

Eine echte Circe ist schlau, aber nicht altklug. Sie kann über sich selbst lachen, ohne albern zu wirken. Sie sagt schon mal deutlich ihre Meinung, ohne gleich zickig zu werden. Eine Circe ist selbstbewußt, jedoch keinesfalls arrogant. Sie ist weiblich, aber nicht weibisch. Und weil sie so echt und ehrlich auftritt, bekommt sie auch ganz oft, was sie will.

In diesem Buch habe ich meine Beobachtungen über solche Circen festgehalten. Mit Sicherheit werden Sie sich an vielen Stellen selbst wiedererkennen und wahrscheinlich die eine oder andere Idee entdecken, wie Sie ihr Wesen noch besser zum Strahlen bringen. Vielleicht sind Sie selbst keine Circe, sondern sind mit einer verheiratet oder haben eine als Kollegin. Dann werden die nachfolgenden Seiten mit Sicherheit dazu beitragen, daß Sie das Wunderwerk Circe besser verstehen und vielleicht auch durchschauen, warum SIE es schon wieder geschafft hat, Sie herumzukriegen. So oder so – mich interessiert IHRE Meinung! Wenn Sie Lust haben, Ihre eigenen Erfahrungen loszuwerden und sich mit anderen Leserinnen und Lesern auszutauschen, klicken Sie doch einfach mal auf die Internetseite: http://www.becircend.de

Ich freue mich über Ihren Besuch!

Herzlichst
Ihre Susanne Westphal
Autorin und Circe aus Leidenschaft

München, im Mai 2004

Welcher Circen-Typ bin ich? 2

Machen Sie den Circen-Check

Auf der Suche nach dem geeigneten Erfolgsrezept für die eine oder andere Lebensfrage wurde ich so manches Mal richtig wütend: Wieso nur müssen Bücher und Zeitschriften die gesamte Menschheit immer in einen Topf werfen und annehmen, es gäbe einen einzigen, »richtigen« Weg für alle? Vielleicht hält die eine es für eine tolle Idee, sich auf eine Bühne zu stellen und ihren Gefühlen singend, tanzend oder laute Reden schwingend Ausdruck zu verleihen. Für eine andere, eher introvertierte Frau dürfte allein der Gedanke an einen solchen Auftritt genügen, um sich magenkrank zu fühlen.

Auch Circen sind höchst unterschiedlich – jede hat ihre Besonderheiten und ihren ganz eigenen Stil. Deshalb zeigen Ihnen die später beschriebenen Circen-Strategien auch ganz unterschiedliche Herangehensweisen an eine Lebenslage, je nachdem, wie leise oder laut Sie wirken wollen oder ob Sie sich eher zu den nachdenklicheren oder zu den impulsiveren Menschen zählen.

Eine Circe bleibt sich stets selbst treu: Jede Überzeugungs- oder Verführungsstrategie wird nur zum Erfolg führen, wenn sie nicht aufgesetzt oder gespielt wirkt. Das wissen Sie selbst aus eigener Erfahrung: Unsere wahren Helden sind immer diejenigen Menschen, die auch authentisch sind. Käme Hella von Sinnen auf die Idee, mal ganz brav und gefällig eine Begrüßung zu einer Landesgartenschau zu moderieren, würden die Zuschauer wohl ihren Augen und Ohren nicht trauen. Sie braucht einfach Narrenfreiheit für ihre frechen Provokationen – nur dann ist sie gut und wirkt »echt«.

Sabine Christiansen ist nun einmal sehr präzise und klar in ihren Aussagen. Würde sie nun plötzlich versuchen, mit witzigen Sprüchen vom Thema abzulenken, würden ihr dies die Einschaltquoten sehr verübeln.

Zum eigenen Typ zu stehen und das Beste daraus zu machen, ist sicherlich die wichtigste Erfolgsstrategie – beruflich wie privat. So mancher Politiker sollte sich das mal zu Herzen nehmen ...

Jeder Mensch ist ein ganz besonderer Mix aus verschiedenen Grundzutaten!

Versucht man, seine individuelle Persönlichkeit zu beschreiben, landet man schnell bei sogenannten Persönlichkeitstests wie »insights discovery«, HDI, DISG, MBTI oder ähnlichen. Sie spiegeln die eigenen Stärken und Schwächen wider und beschreiben, wie wir unsere Umwelt wahrnehmen, wie wir uns motivieren oder wie wir Entscheidungen treffen.

Die genannten Modelle beruhen alle auf den wissenschaftlichen Arbeiten des Schweizer Psychoanalytikers Carl Gustav Jung und seiner Schülerin und Mitarbeiterin Dr. Jolande Jacobi aus der ersten Hälfte des 20. Jahrhunderts. Die Jungsche Typenlehre unterscheidet zwischen eher introvertierten und eher extrovertierten Charakteren, zwischen sach- und menschenorientierten Entscheidern und zwischen eher sensorischen und intuitiven Wahrnehmungstypen.

Meine erste Begegnung mit einem solchen Test war verblüffend: Katharina Moss, eine Freundin und Trainerkollegin empfahl mir, einmal einen Fragebogen von »insights discovery« auszufüllen und mich vom Ergebnis überraschen zu lassen. Das weckte natürlich sofort mein Interesse, ich stürzte mich neugierig auf den Test – und war erst einmal sehr skeptisch. Bei etlichen Fragen war ich hin- und hergerissen, welche Antwort ich nun ankreuzen sollte. Viele Formulierungen fand ich schlicht »blöd« und konnte mir überhaupt nicht vorstellen, daß dabei etwas herauskommen sollte. Doch als ich dann das 20seitige Ergebnis in Form einer detaillierten Beschreibung meines Wesens vorfand, war ich mehr als verblüfft: Die Erläuterungen trafen zum Teil so punktgenau zu, daß sogar mein Mann anmerkte: »Derjenige, der diese Analyse geschrieben hat, kennt dich aber verdammt gut!« Dabei handelte es sich nur um eine Computerauswertung!

Mittlerweile bin ich von diesem Auswertungsverfahren so begeistert, daß ich dieses Werkzeug bei Seminaren und Coachings selbst einsetze.

Wenn Sie übrigens nun neugierig geworden sind: auf der Website zum Buch finden Sie einen Link zum Online-Fragebogen:
http://www.becircend.de

Auch für die nachfolgend beschriebenen Circen-Typen habe ich mich an die Persönlichkeitstypen von C. G. Jung angelehnt.

Die Grundidee: Jeder Mensch, jede Frau und erst recht jede Circe ist eine ganz individuelle Mischung aus den vier Extremen, die ich mit den passenden Namen versehen habe. Sie werden noch merken, warum die Typen gerade so und nicht anders heißen: Darf ich vorstellen »Jodie«, »Madonna«, »Anke« und »Elke«. Auf manche Menschen trifft möglicherweise nur die Beschreibung eines einzigen Typs zu, und die übrigen drei spielen nur am Rande eine Rolle. Andere haben etwa gleich große Anteile aller vier Extreme abbekommen oder tendieren zu einer Mischung aus zwei stärkeren und zwei schwächeren Persönlichkeitstypen.

Es gibt kein gutes oder schlechtes Ergebnis – auch kein richtiges oder falsches. Jede Besonderheit hat ihre Stärken und Schwächen. Wer vielseitig ist, mag auf andere chaotisch wirken. Wer genau und präzise sein kann, strahlt durch diese Sachlichkeit vielleicht gleichzeitig ein wenig Kälte aus. Wer gern die Initiative ergreift, mag anderen schon mal herrschsüchtig vorkommen. Es kommt eben immer auf den Betrachter an, ob er das halbvolle oder das halbleere Glas sehen will.

Jeder Mensch hat eben so seine Anlagen, aus denen er anschließend aus seiner Sicht das Beste macht.

Welche ganz besondere Mischung sind Sie?

Nehmen Sie sich eine Viertelstunde Zeit, schnappen Sie sich einen Stift und füllen Sie den folgenden Fragebogen so spontan und ehrlich wie möglich aus.

Sie finden nun verschiedene Aussagen, die stärker oder weniger stark auf Sie zutreffen werden. Wenn Sie bereits beim Lesen heftig nicken und sagen würden: »Dieser Satz trifft genau auf mich zu«, vergeben Sie für diese Aussage 5 Punkte. Wenn das Gegenteil der Fall ist und Sie sagen würden »das bin ich überhaupt nicht«, gibt es »0« Punkte. Für alle Nuancen dazwischen vergeben Sie 1 bis 4 Punkte.

Lassen Sie sich nicht davon irritieren, wenn Sie auch bei scheinbar widersprüchlichen Aussagen gleichermaßen das Gefühl haben, daß diese sehr gut auf Sie zutreffen. Vergeben Sie einfach die Punktzahl, die jeder einzelne Satz verdient hat. Niemand wird Ihren Fragebogen korrigieren oder Sie dafür zur Rede stellen. Sie machen diesen Test für sich – nicht für Ihren Chef oder Ihren Lebensgefährten. Stehen Sie also ruhig zu Ihren individuellen Besonderheiten.

Die Auswertung finden Sie gleich im Anschluß an den Fragebogen.

Bitte geben Sie an, ob die nachfolgenden Aussagen überhaupt nicht auf Sie zutreffen (= 0 Punkte) oder ob Sie sich sehr gut in diesem Satz wiederfinden (= 5 Punkte).

Nr.	Aussage	Punkte
1	Ich bin meist gut gelaunt und stecke andere häufig damit an.	0 1 2 3 4 5
2	Wenn es in meinem Team einen Konflikt gibt, spreche ich das heikle Thema am liebsten sofort direkt an.	0 1 2 3 4 5
3	Wenn ich ein Problem habe, tausche ich mich am liebsten mit einer Person meines Vertrauens darüber aus.	0 1 2 3 4 5
4	Wer mich beim Arbeiten beobachtet, würde mich als sehr genau und präzise beschreiben.	0 1 2 3 4 5
5	Wenn ich arbeite, denke ich an nichts anderes und vergesse manchmal sogar, etwas zu essen.	0 1 2 3 4 5
6	Bevor ich mit einer neuen Arbeit beginne, schaffe ich erst einmal Struktur und brauche zunächst einen Überblick.	0 1 2 3 4 5
7	Wer mich in Aktion erlebt, würde mein Auftreten als sehr selbstbewußt bezeichnen.	0 1 2 3 4 5
8	Ich bin sehr ehrgeizig und setze mir immer neue Ziele.	0 1 2 3 4 5
9	Es ist mir eher unangenehm, im Rampenlicht zu stehen.	0 1 2 3 4 5
10	Ich brauche viel Abwechslung. Ein interessanter Job bedeutet für mich, daß es niemals langweilig wird.	0 1 2 3 4 5
11	In einem netten Team zu arbeiten, ist für mich wichtiger, als einen herausragend gut bezahlten Job zu haben.	0 1 2 3 4 5
12	Ich habe sehr viele Hobbys, interessiere mich immer für Neues und probiere gerne mal etwas aus.	0 1 2 3 4 5
13	Ich funktioniere am besten unter Termindruck. Wenn ich keinen Termin gesetzt bekomme, lasse ich manche Aufgaben schon mal schleifen.	0 1 2 3 4 5
14	Ich mag es gar nicht, wenn ich mich zu schnellen Entscheidungen gedrängt fühle. Ich möchte mein Tempo selbst bestimmen und wichtige Dinge in Ruhe abwägen.	0 1 2 3 4 5
15	Entscheidungen treffe ich am liebsten spontan. Wenn ich allzu lange nachdenke, kommt auch kein besseres Ergebnis zustande.	0 1 2 3 4 5
16	Ich bin sehr offen und lerne rasend schnell neue Leute kennen.	0 1 2 3 4 5
17	Ich ernähre mich oft ungesund, wenn es schnell gehen muß.	0 1 2 3 4 5
18	Meine Mitmenschen wissen meist sofort, wie es mir heute geht, auch wenn ich noch gar nicht mit ihnen gesprochen habe. Sie sehen mir meine Laune an der Nasenspitze an.	0 1 2 3 4 5
19	Wenn ich Sport treibe, will ich auch gewinnen. Ich nehme sehr gerne an Wettkämpfen teil oder spiele mit Freunden um Punkte.	0 1 2 3 4 5

20	Wenn ich Sport treibe, will ich dabei abschalten. Deshalb liebe ich Sportarten, wo ich allein sein kann und dabei die Natur genieße (Fahrradfahren, Joggen, Walking, Schwimmen, Klettern und Wandern).	0 1 2 3 4 5
21	Am Sport gefällt mir am besten die Geselligkeit: wenn ich dabei meine Freunde nicht treffen würde, müßte ich mich schon sehr aufraffen, um »am Ball zu bleiben«.	0 1 2 3 4 5
22	Ich treibe Sport ganz gezielt, um meine Fitneß zu verbessern, Muskeln aufzubauen, wo ich sie dringend brauche (z. B. Rücken), oder weil mein Arzt mir eine bestimmte Aktivität empfohlen hat.	0 1 2 3 4 5
23	Alltagsgegenstände haben bei mir einen festen Platz, wo sie hingehören. Es ärgert mich, wenn andere etwas benutzen und es nicht dorthin zurücklegen.	0 1 2 3 4 5
24	In einer Gruppe bin ich oft das beruhigende Element gegen hektischere Gemüter.	0 1 2 3 4 5
25	Wenn mir etwas wichtig ist, kann ich wie eine Löwin dafür kämpfen.	0 1 2 3 4 5
26	Wenn ich an Umzug denke, denke ich ganz stark an ...	
26 a	... Chaos, Aufwand, viel Arbeit, Behördengänge	0 1 2 3 4 5
26 b	... »Hurra, alles neu«, Einstandsparty, Gestaltungsfreiraum.	0 1 2 3 4 5
26 c	... Von meinen Freunden wegziehen, meinen Lieblingsplatz in meiner jetzigen Wohnung aufgeben, eingewöhnen.	0 1 2 3 4 5
26 d	... Teuer! Kartons beschriften, viel wieder suchen müssen, neue Freunde finden.	0 1 2 3 4 5
27	Wenn ich nächste Woche in eine andere Stadt ziehen müßte,	
27 a	... Würde ich viel öfter mit Vorfreude an die neue Umgebung denken, als mich noch mit der alten Situation zu beschäftigen.	0 1 2 3 4 5
27 b	... Wäre ich eher nostalgisch und hätte das Bedürfnis, mich von »meinem Bäcker«, meinen Nachbarn und »meinem Zeitungskiosk« zu verabschieden.	0 1 2 3 4 5
27 c	... Wäre ich viel zu sehr mit organisatorischen Dingen beschäftigt, als daß ich mich so klar zwischen Vorfreude und Nostalgie entscheiden könnte.	0 1 2 3 4 5
28	Es nervt mich, wenn ich nicht verstehe, warum etwas gemacht werden soll.	0 1 2 3 4 5
29	Ich arbeite am liebsten im Team.	0 1 2 3 4 5
30	In Gruppen fällt es mir eher schwer, mich unterzuordnen. Lieber übernehme ich selbst das Ruder.	0 1 2 3 4 5
31	Es macht mir riesigen Spaß, andere Leute zusammenzubringen und meine Bekannten untereinander zu »vernetzen«.	0 1 2 3 4 5
32	Ich finde es eher lästig, wenn jemand möchte, daß ich mich über meine Gefühle äußere. Im Arbeitsleben hat das ohnehin nichts verloren.	0 1 2 3 4 5

33	Am liebsten mag ich Arbeiten, bei denen ich mich über einen längeren Zeitraum hinweg sehr intensiv mit einem Thema beschäftigen kann.	0 1 2 3 4 5
34	Ich habe sehr häufig viele gute Ideen, die ich anderen auch mitteile, auch wenn ich nicht alle davon realisiere.	0 1 2 3 4 5
35	Wenn ich meinen Tag beginne, habe ich im Kopf oder sogar in Schriftform eine Liste der Dinge, die heute anstehen.	0 1 2 3 4 5
36	Es passiert mir sehr oft, daß andere ihre Probleme mit mir besprechen wollen.	0 1 2 3 4 5
37	Ich hasse es, wenn andere unlogisch argumentieren.	0 1 2 3 4 5
38	Ich halte noch immer Kontakt zu Freunden, die ich vielleicht Jahre nicht mehr gesehen habe.	0 1 2 3 4 5
39	Am liebsten verbinde ich Essen gehen mit geschäftlichen Terminen, um das Angenehme mit dem Nützlichen zu verbinden.	0 1 2 3 4 5
40	Ich kann mich sehr gut konzentrieren und fühle mich so gut wie nie abgelenkt.	0 1 2 3 4 5
41	Wenn ich vom Einkaufen nach Hause komme, habe ich meist etwas dabei, das ich gar nicht vorhatte, zu kaufen.	0 1 2 3 4 5
42	Wenn ich mich mit Freunden verabrede, plane ich das am liebsten einige Tage im voraus und kann mich so am intensivsten darauf freuen.	0 1 2 3 4 5
43	Wenn ich ein Arbeitsergebnis abliefere, hat das auch Hand und Fuß und muß so gut wie nie mehr nachgebessert werden.	0 1 2 3 4 5
44	Mein Motto ist: »Wer Ordnung hält, ist nur zu faul zum Suchen«	0 1 2 3 4 5
45	Ich habe ein gut durchdachtes und zu mir passendes Konzept für meine Altersvorsorge.	0 1 2 3 4 5
46	Wenn es sich einmal jemand mit mir verscherzt hat, ist der Kontakt für mich ein für allemal vergessen und erledigt.	0 1 2 3 4 5
47	Wenn ich mir mein Traumbüro einrichten könnte,	
47 a	... Wäre das ein ruhiges Einzelbüro, in dem ich ungestört arbeiten könnte. Die Einrichtung wäre eher funktional: kein störender Schnickschnack.	0 1 2 3 4 5
47 b	... Würde ich am liebsten mit meinem Lieblingskollegen ein Büro teilen und es mir mit ein paar persönlichen Bildern oder Pflanzen gemütlich machen.	0 1 2 3 4 5
47 c	... Hätte ich ein schickes Einzelbüro mit modernster Büroeinrichtung, das auch bei wichtigen Besuchen »etwas hermacht«.	0 1 2 3 4 5
47 d	... Würde ich mit meinem Team ein helles, freundliches Büro teilen, wo man auch ein wenig mitbekommt, woran die anderen gerade arbeiten und man sich schnell austauschen kann, indem man einfach die Stühle herumdreht.	0 1 2 3 4 5

48	Ich reagiere ganz allergisch auf längere Diskussionen, bei denen für meinen Geschmack zu wenig Ergebnisse herauskommen.	0 1 2 3 4 5
49	Wenn ich die Wahl hätte, mit meiner besten Freundin auf eine Party oder zu zweit auf ein Glas Wein um die Ecke zu gehen, würde ich letzteres bevorzugen.	0 1 2 3 4 5
50	Wenn ich mir einen neuen Arzt suche, hat seine Erfahrung für mich allerhöchste Priorität.	0 1 2 3 4 5
51	Ich erledige so viele Kleinigkeiten an einem Tag, daß ich mich abends oft frage, was ich heute eigentlich gemacht habe.	0 1 2 3 4 5
52	Bevor ich eine größere Anschaffung tätige, vergleiche ich unterschiedlichste Preise und lese auch gern Testberichte.	0 1 2 3 4 5
53	Manche Entscheidungen muß man auch »aussitzen« können. Mit meiner Geduld und Beharrlichkeit habe ich schon viel erreicht.	0 1 2 3 4 5
54	Mein Lebensmotto: »Wer nicht wagt, der nicht gewinnt.«	0 1 2 3 4 5
55	Andere sind oft viel eher mit meiner Leistung zufrieden als ich selbst.	0 1 2 3 4 5
56	Ich käme nie auf den Gedanken, ein neues Buch zu lesen, solange ich noch mit einem anderen beschäftigt bin.	0 1 2 3 4 5
57	Mit meinen Freunden treffe ich mich am liebsten ganz spontan von jetzt auf gleich und lasse mich überraschen, wie der Abend so wird.	0 1 2 3 4 5
58	Ich kenne meinen Kontostand immer sehr genau. Es würde mir nicht passieren, nach einer Anschaffung erst hinterher zu merken, daß ich meinen Saldo überzogen habe.	0 1 2 3 4 5
59	Wenn ich spontan eine Geburtstagsrede halten müßte, würde mir bestimmt etwas Witziges einfallen.	0 1 2 3 4 5
60	Wenn zwei sich in meiner Gegenwart zanken, ist mir das extrem unangenehm. Wenn ich nicht schlichten kann, ziehe ich mich am liebsten zurück.	0 1 2 3 4 5
61	Ich ergreife gerne die Initiative.	0 1 2 3 4 5
62	Mit Gelddingen beschäftige ich mich nicht so gerne, das überlasse ich alles meinem Mann/einer Person meines Vertrauens.	0 1 2 3 4 5
63	Ich bin sehr impulsiv und sage schon einmal etwas, das mir hinterher vielleicht leid tut.	0 1 2 3 4 5
64	Es kann mir passieren, daß ich nachts aufwache weil mir die Lösung für ein Problem einfällt, das mich den ganzen Tag über beschäftigt hat.	0 1 2 3 4 5
65	Ich habe so gut wie nie Streit mit meinen Kollegen.	0 1 2 3 4 5
66	Bisher fühle ich mich noch zu jung, um über Altersvorsorge nachzudenken.	0 1 2 3 4 5
67	Beim Lesen von Texten fallen mir Tippfehler sofort auf.	0 1 2 3 4 5
68	Ich lebe mein Leben Vollgas.	0 1 2 3 4 5

Wollen Sie nun wissen, wieviel Jodie, Madonna, Anke und Elke in Ihnen steckt?

Ihr Jodie-Anteil: zählen Sie nun die Punkte zusammen, die Sie für die Aussagen 4, 6, 9, 14, 22, 23, 26a, 27c, 28, 32, 33, 35, 37, 40, 43, 45, 47a, 48, 52, 55, 58, 64 und 67 vergeben haben.

Gesamt: ....

Ihr Madonna-Anteil: Zählen Sie nun die Punkte der Aussagen 2, 5, 7, 8, 13, 15, 17, 18, 19, 25, 26d, 27a, 30, 35, 39, 44, 47c, 48, 54, 55, 61, 63 und 68 zusammen.

Gesamt: ....

Ihr Anke-Anteil: Nun bitte die Punkte der Aussagen 1, 5, 10, 12, 15, 16, 18, 21, 26b, 27a, 29, 31, 34, 38, 39, 41, 44, 47d, 51, 57, 59, 62 und 66.

Gesamt: ....

Ihr Elke-Anteil: Und zu guter Letzt die Punkte der Aussagen 3, 9, 11, 14, 20, 24, 26c, 27b, 28, 33, 36, 38, 40, 42, 46, 47b, 49, 50, 53, 56, 60, 62 und 65

Gesamt: ....

Tragen Sie nun Ihre vier Punktzahlen in das Diagramm ein, und lesen Sie in aller Ruhe die Beschreibung der vier verschiedenen Circen. Sicherlich haben Sie von jeder der vier Damen etwas.

Der Typ oder auch die Typen mit der höchsten Punktzahl beschreiben Sie vermutlich am treffendsten.

				90 bis 115 Punkte Sie könnten die personifizierte Vorlage für diesen Charakter sein, so gut passen die Attribute zu Ihnen!
				70 bis 89 Punkte Lesen Sie die Beschreibung aufmerksam, das meiste könnte Sie betreffen
				50 bis 69 Punkte Auch wenn nicht alles auf Sie zutrifft, haben Sie doch eine ganz hübsche Portion dieses Typen in sich!
				0 bis 49 Punkte Dieser Typ »schlummert« eher in Ihnen, kann aber jederzeit zum Leben erweckt werden. Doch das bedeutet für Sie ein wenig Arbeit!
Jodie	Madonna	Anke	Elke	

Die vier Circen-Typen

Zugegeben, einige der nun folgenden Formulierungen wirken doch reichlich übertrieben. Aber denken Sie immer daran, daß es in der Natur auch keine »reinrassigen« Extreme, sondern ausschließlich Mischtypen gibt. Selbst wenn eine der Charakterbeschreibungen ganz besonders offensichtlich auf die eigene Person zuzutreffen scheint, so wird dennoch eine Miniportion auch von den übrigen Typen vorhanden sein.

Bestimmt fällt Ihnen gleich beim Lesen selbst auf, wie sehr Sie sich in den einzelnen Beschreibungen wiederfinden.

Jodie
Typ

Typ »Jodie«

Prominente Vertreterinnen: Jodie Foster« und Madame Curie sind diesem Typ sehr ähnlich.

Über Jodie Foster

Jodie Foster gilt als Perfektionistin in Ihrem Beruf: Mit eiserner Disziplin feilt sie so lange an ihren Rollen und Filmen, bis das Ergebnis ihren Qualitätsansprüchen entspricht. Nach ihrem Riesenerfolg in »Das Schweigen der Lämmer« lehnte sie die Hauptrolle in dem Sequel »Hannibal« ab, die ihr 20 Million Dollar eingebracht hätte. Der Grund: Das Drehbuch hatte ihren Ansprüchen nicht genügt.

Ihr Antrieb bei der Schauspielerei ist nicht ein Hang zur Selbstdarstellung, wie es für viele Kollegen zutreffen mag. Sie steht als Privatperson recht ungern im Rampenlicht und läßt sich auch nicht so gern bejubeln. »Meine Filme sind das Persönlichste, was ich geben kann«, bekannte sie gegenüber der *ZEIT*. »Abgesehen davon geht die Öffentlichkeit nicht einmal die Farbe meines Sofas etwas an.«

Fundierte, positive Kritik ist ihr immaterieller Lohn. Doch auch die finanzielle Anerkennung darf nicht ausbleiben: Jodie Foster gilt als eine der Topverdienerinnen Hollywoods.

Durch ihre hochprofessionelle Herangehensweise wirkt die Frau mit dem IQ von 140 eher unnahbar. »Sie hat etwas von einer Schauspielmaschine«, sagte der Regisseur Andy Tennant einmal über sie. »Sie spielt die Gefühle sehr echt, aber es ist ein Job für sie.«

Sie selbst sieht sich ganz bescheiden, wie sie es in einem Interview gegenüber der Zeitschrift *Brigitte* formulierte: »Ich bin lediglich eine fleißige Frau.«

Beschreibung des Typs »Jodie«

Im Berufsleben

Die typische »Jodie« ist eine brillante Denkerin und dabei ein eher stilles Wasser. Sie ist schlau, genau und plant oft lange im voraus. Wie eine hervorragende Schachspielerin hat sie bei all ihren Entscheidungen mindestens die nächsten fünf Züge bereits im Kopf durchgespielt.

Ihre Karriere überläßt sie nicht dem Zufall: Jeder Schritt wird sorgfältig geprüft. Jede Hochschule und jeder Arbeitgeber werden auf ihren Ruf und auf weitere Erfolgschancen hin durchleuchtet. Hier zählen »hard facts« und nicht etwa die Frage, ob die gewählte Stadt besonders nett und wohnlich ist oder ein aufregendes Nachtleben zu bieten hat. Wenn es dem Lebenslauf guttut, wird auch ein Praktikum auf dem Nordpol beinhart durchgezogen. In Sachen Disziplin und Selbstbeherrschung ist sie vielen ein Vorbild. Sie läßt sich nicht von banalen Äußerlichkeiten ablenken und beherrscht es genial, sich voll und ganz auf ein Thema zu konzentrieren.

Wenn eine Jodie beruflich ein bestimmtes Ziel erreichen will, bereitet sie sich gründlich darauf vor. Zu einem wichtigen Meeting erscheint sie stets mit perfekten Unterlagen unter dem Arm. Dabei arbeitet sie bevorzugt mit Zahlen, Daten und Fakten, die sie am liebsten in Excel durchrechnet und in anschaulichen Tortendiagrammen abbildet.

Ihre sorgfältig ausgearbeiteten Argumentationsketten kann so schnell niemand mehr zerlegen. Ihr Team kann es ihrer Gründlichkeit verdanken, daß die gemeinsamen Ergebnisse über jede Kritik erhaben sind. Eine Blamage wegen leichtsinniger handwerklicher Schnitzer passiert anderen, Jodie hingegen brilliert.

Große, langfristige Projekte sind ihr auf den Leib geschneidert: Sie kann sich hervorragend über Jahre hinweg voll und ganz auf eine einzige Forschungsarbeit oder den Bau einer Riesenbrücke konzentrieren. Dabei verspürt sie kein Bedürfnis, etwas Neues zu beginnen, so lange eine ältere Arbeit noch nicht abgeschlossen ist. Mit ihren Aufgaben hält sie es, wie andere Knödel essen: immer hübsch eine nach der anderen.

Ihr Schreibtisch sieht aus wie geleckt. Nur die aktuell in Arbeit befindlichen Unterlagen sind sichtbar. Alles andere steckt in penibel beschrifteten Ordnern und Hängeregistern. Und wehe, jemand anderer respektiert ihre Ordnung nicht: Wer sich ihre Schere ausleiht und sie nicht unverzüglich an die richtige Stelle zurücklegt, hat eine neue Feindin. Die Vorstellung, jemand anderes könnte ihren Schreibtisch benutzen, ist für sie der reinste Alptraum. Dank ihrer feinen Beobachtungsgabe fiele es ihr sofort auf, wenn sich nur die geringste Kleinigkeit verändert hätte. Durch diese Fähigkeit, Details zu registrieren und auch benennen zu können, ist sie auch die beliebteste Zeugin für polizeiliche Ermittlungen.

Selbstdarstellung ist nicht gerade ihr Ding, deshalb ist von ihr während der Hauptversammlung auch nicht gerade eine sprühende, motivierende Rede zu erwarten.

Stümperei und drittklassige Arbeit sind ihr ein Greuel. Sie kann es überhaupt nicht nachvollziehen, wenn sich andere schlecht vorbereiten und versuchen, auf den letzten Drücker etwas aus dem Ärmel zu schütteln. Egal, was sie anpackt: sie wird immer versuchen, es perfekt zu tun. Mit diesem Hang zur Genauigkeit treibt sie andere schier zur Weißglut: Es kann schon sein, daß ihr erster Kommentar zu einem 30-Seiten-Konzept, das man ihr vorlegt, lautet: »Haben Sie gesehen? Gleich auf Seite zwei sind drei Tippfehler!«

So reagierte eine penible Unternehmerin erst kürzlich auf den brillanten Vorschlag ihrer Partnerin. Ihr Sponsoringkonzept war originell und ausgesprochen kundenorientiert. Es fehlte nur noch der letzte Feinschliff. Kein Wunder, daß die Kreative da schon mal die Lust verliert und das Gefühl bekommt, ihre Stärken fänden so gar keine Anerkennung.

Eine echte Jodie empfindet viele Events und Meetings als Zeitverschwendung. Oft wird sie auch laut die Frage stellen, ob man dieselben Informationen nicht auch schriftlich hätte verteilen können. Wenn sie selbst eine Information per Mail bekommt, wird sie diese aufmerksam lesen und alle wichtigen Punkte im Gedächtnis behalten. Es ist also völlig überflüssig, ihr irgendwann eine Erinnerung zu schicken.

Fliegt sie zu einem Termin in eine andere Stadt, nutzt sie den Vorabend im Hotel am liebsten, um sich in Ruhe vorbereiten zu können. Will man sie mit einem lustigen Sightseeing-Programm überraschen und holt sie direkt vom Flughafen ab, kann dieser Schuß total nach hinten losgehen: Jodie wird diese nett gemeinte Idee sicher als lästigen Angriff auf ihre Privatsphäre empfinden. Wollte man sie mit dieser Aktion als neue Kundin gewinnen, hat man den Auftrag in dieser Sekunde verloren.

Mit dem Bereitstellen eines Einzelbüros kann man einer Jodie einen großen Gefallen tun. Der Geräuschpegel und die vielen Ablen-

kungen in einem Großraumbüro blockieren sie in ihrer Schaffensfreude. Besucht sie ein Seminar oder einen Vortrag, legt sie großen Wert darauf, daß der Zeitplan pünktlich eingehalten wird. Der sprühendste Referent findet bei ihr keine Gnade, wenn er nicht tonnenweise schriftliches Material zum Vertiefen des Themas bereithält. Schleicht sich dann auch noch ein Tippfehler oder ein nicht korrekt gekennzeichnetes Zitat in die Unterlagen ein, ist der Experte bei ihr völlig unten durch.

Jodie ist nicht gerade das, was man sich unter einem typischen Verkäufer vorstellt. Bei der Beschreibung eines Produkts wird sie sich ebenso korrekt an die Tatsachen halten wie beim Formulieren ihres eigenen Lebenslaufs. Jeder kleine Mangel wird also zur Sprache kommen, denn sie möchte auf jeden Fall ein realistisches Bild erzeugen. Das kommt hervorragend an, wenn sie auf eine andere Jodie trifft. Schaumschläger und übertrieben fröhliche Euphoriker schrecken eine Jodie eher ab.

Als Vorgesetzte stellt Jodie höchste Ansprüche: denselben Perfektionsanspruch, den sie an sich selbst hat, zeigt sie natürlich auch gegenüber ihren Mitarbeitern. Keine Arbeit ist ihr gut genug, daher äußert sie so gut wie nie Anerkennung. Der schwäbische Ausspruch »nix g'sagt iss g'nug g'lobt« stammt vermutlich von ihr. Mit Kritik dagegen ist sie gar nicht sparsam. Sie schafft es einfach nicht, einen Mangel unkommentiert zu lassen. Sie will, daß sich ihre Mitarbeiter weiterentwickeln.

Wegen ihrer unendlich hohen Erwartungshaltung empfindet sie es als echte Herausforderung, Aufgaben an andere zu delegieren. Bevor sie sich mit einem stümperhaften Ergebnis herumärgert, macht sie es lieber selbst. Das wirkt auf Mitarbeiter nicht gerade motivierend. Zu Recht fragen sie sich manchmal, wofür sie überhaupt eingestellt wurden.

Ideale Berufe für Jodie sind also Qualitätsmanagerin, Zahnärztin, Uhrmacherin, Finanzbeamtin, Astronautin, Theaterkritikerin oder Läster-Journalistin. Sie hat das Zeug zur Nobelpreisträgerin. Ebenfalls sehr gut aufgehoben ist sie allein in einem wissenschaftlichen Labor, wo sie jahrelang etwas erforschen kann. Auch als zurückgezogene Krimiautorin kann sie ihre Talente ausleben.

Und privat?

Für den Fall, daß sich eine Jodie einmal vom Berufsleben verabschiedet, um das »kleine, erfolgreiche Familienunternehmen«, nämlich die eigene Familie, zu leiten, bleibt sie auch hier die vollkommene Perfektionistin: Im Haushalt blitzt es Meister-Proper-mäßig, der Staubsauger kommt täglich zum Einsatz, und vermutlich hat sie feste Wochentage für das Wäschewaschen oder Bügeln definiert.

Wird sie von Mutterfreuden beglückt, wird es niemals passieren, daß ihre Kinder den Turnbeutel oder den Radiergummi vergessen. Rotznasen, Löcher in der Jeans oder zu viele Süßigkeiten sind tabu. Ihre Kinder trinken keine Cola und gucken maximal eine Stunde täglich fern. Bei jedem Elternabend ist sie mit dabei und wird schon mal ungehalten, wenn das Protokoll nicht zeitnah verschickt wird. Spontanverabredungen der Sprößlinge mit befreundeten Kindern werden nicht sonderlich geschätzt. Viel lieber koordiniert man bereits eine Woche im voraus telefonisch mit einer anderen Supermammi, daß der kleine Laurin und Sebastian-Emanuel am Dienstag von 14:00 Uhr bis 16:00 Uhr gemeinsam Spaß haben werden.

Auch in der Wohnung einer echten Jodie sieht es meist ordentlich und beneidenswert organisiert aus. (Nur beruflich besonders engagierte Jodies konzentrieren sich manchmal mit ihrer Organisationsfreude eher auf den Job und sind dann privat weniger genau.)

Alles hat seinen festen Platz. Die Einrichtung ist eher kühl und wirkt alles andere als überladen. Man könnte meinen, »Schöner Wohnen« war gerade zum Abfotografieren der coolen Designermöbel da. In der Küche befindet sich garantiert ein Eßplatz (auch wenn es noch ein Eßzimmer gibt): Wozu sollte man jedesmal extra einen Tisch im Raum nebenan decken, wenn man nur eben schnell etwas Nahrung aufnehmen möchte? In der Besteckschublade liegen die Löffel abgezählt aufeinander. Sie ist die Urheberin des berühmten Zahnpastatuben-Streits. Wegen ihres Terrors wurden extra die weichen Tuben erfunden. Jetzt kann sie sich nur noch darüber aufregen, wenn der Deckel nicht ordentlich draufgeschraubt ist.

Zu einer Verabredung kommt Jodielein garantiert pünktlich – und erwartet dies auch von allen anderen. Hat man mit ihr einen Termin vereinbart, ist eine Erinnerung kurz vor dem Treffen völlig unnötig, selbst wenn dazwischen Monate liegen.

Ihre Klamotten kauft Jodie eher unter Vernunftaspekten: Was sie trägt, ist zeitlos und bequem und dabei von bester Qualität. Bestimmt ist der graue Cashmererolli aus dem Direktverkauf oder zumindest aus dem Schlußverkauf und hat höchstens 50 % vom Normalpreis gekostet. Auch ihr schwarzer Anzug war eine lohnende Investition, denn er paßt einfach zu allem und sieht auch jetzt, nach sechs Jahren, noch immer topaktuell aus.

Jodie fährt wahrscheinlich einen Audi Avant oder auch einen Mazda: viel Auto für nicht zuviel Geld, man bekommt alles rein, und die Versicherung ist auch noch günstig.

Für Reisen wählt sie grundsätzlich das ökonomisch und ökologisch interessanteste Verkehrsmittel. Entscheidet sie sich ab und zu einmal für den Schienenweg, hat sie es bestimmt nicht versäumt, sich vorher eine Bahncard zu besorgen. Diese trägt sie zuverlässig immer bei sich – sauber eingeordnet neben unzähligen weiteren Rabattkarten in ihrer Geldbörse. Bei Zugreisen sitzt sie am liebsten für sich allein im Großraumwagen. Die kleinen Abteile, wo einem ständig jemand ein Gespräch aufzwingt, meidet sie lieber. Sie hat auch auf keiner einzigen ihrer Zugfahrten jemanden kennengelernt. Menschen, die sich nach wenigen Minuten Small talk im Speisewagen direkt die Visitenkarten zuschieben, sind ihr suspekt.

Ihre Einkäufe erledigt sie geplant und besorgt dadurch auch wirklich nur, was sie benötigt. Gerne schnipselt sie zuvor die Sonderangebote aus den Zeitungen heraus und vergleicht, wo sie noch ein paar Euro einsparen könnte. Im Hinblick auf mögliche Mengenrabatte hamstert sie gerne Vorräte. Ganz nach dem Motto »Mein Name ist Lohse und ich kaufe hier ein« – so läutete Loriot in seinem Film »Pappa ante portas« seinen Essiggurken-Großeinkauf ein.

Als Lebenspartner sucht Jodie sich vermutlich einen eher extrovertierten Typen. Seine sprühende, unterhaltsame Art fasziniert sie, wenngleich ihr sein Versuch, dauernd witzig zu sein, hin und wieder auf die Nerven fällt. Für einen solchen Clown ist es ein echtes Kompliment, eine Jodie zu verführen. Denn er weiß, daß sie nicht auf Äußerlichkeiten hereinfällt und Menschen schnell in ihrem Kern durchschaut. Ihre elegante, zurückhaltende Art provoziert jeden Don Juan, sich so richtig ins Zeug zu legen.

Auch als Liebhaberin ist Jodie sehr gründlich: Sie nimmt sich gerne Zeit und beherrscht Techniken, die ihr keiner zutrauen würde. Doch nur weil sie nicht der Typ ist, die ein allzu tief ausgeschnittenes Dekolleté gleich jedem unter die Nase halten würde, heißt das noch lang nicht, daß sie keine begabte und leidenschaftliche Geliebte mit Sinn für Feinmotorik wäre.

Nach einem anstrengenden Arbeitstag verkriecht sie sich am liebsten aufs Sofa, in die Wanne oder geht laufen. Sie entspannt sich gerne in Ruhe und genießt den Rückzug aus der hektischen Welt.

Externe Beobachter, etwa ihre Nachbarn, könnten Jodie für spießig halten. Sie liebt Regelmäßigkeit, verläßt stets ihr Haus zur selben Uhrzeit, hat feste Wochentage für Einkäufe, die Autowaschanlage oder für den Friseurbesuch im Terminkalender. Nicht nur dadurch macht sie sich zum idealen Mieter. Man traut ihr aufgrund ihres korrekten Auftretens auch nicht gerade zu, daß sie zu Hause wilde Partys feiert. (Und sie tut es auch nicht – höchstens ihr Mann.) Sie achtet sehr sorgfältig auf ihre Sachen und erzielt dadurch mit ihrem Auto Höchstpreise auf dem Gebrauchtwagenmarkt. Ihre Gartenmöbel pflegt sie liebevoll und schützt sie vor der kalten Jahreszeit. Auch nach Jahren sehen ihre Teakholzmöbel noch aus wie neu.

Ihre Grundhaltung gegenüber allem Neuen ist zunächst einmal vorsichtig: »Was kostet das?«, »Was bringt mir das?« und »Hast du eigentlich bedacht . . . ?« sind ihre am häufigsten gestellten Fragen. Da sie lieber erst prüft und dann losmarschiert, erlebt sie auch sehr selten unerfreuliche Überraschungen. Auf Reisen ist sie diejenige, die anderen mit Pflaster und Kohletabletten aushelfen kann, weil sonst niemand daran gedacht hat, so etwas mitzunehmen. Ein Trip ohne Reiseapotheke ist für sie ungefähr so sinnvoll wie ein Fallschirmsprung ohne Notschirm und hat nichts mit Optimismus, allenfalls mit Leichtsinn zu tun.

Ihre unglaubliche Disziplin wird ebenso bewundert wie belächelt. Hat sie sich vorgenommen, am nächsten Morgen noch vor der Arbeit eine Runde schwimmenzugehen, wird sie in der gemütlichsten Runde abrupt den Abend beenden, um diesen Vorsatz auch zu erfüllen. Egal, was sie tut, sie macht es 120%ig. Hat sie sich für eine bestimmte Diät entschieden, wird diese konsequent durchgezogen.

Problemlos kann sie anderen beim Eisessen zusehen oder an einer Pralinenschachtel vorbeigehen. Wenn sie sich einmal etwas vorgenommen hat, wird das auch umgesetzt.

Typ
MADONNA

Typ »Madonna«

Ein prominentes Beispiel: der weibliche Megastar »Madonna«

Über Madonna

»Als der Feminismus Frauen vor die Wahl zwischen Vergnügen und Fortschritt zu stellen schien, kam Madonna und sagte: Ihr könnt alles haben, Macht, Sex, Glamour und Geld.«

Madonna fragt nicht, sie nimmt sich, was sie will. Ihre Ziele klingen zuweilen größenwahnsinnig – und sie erreicht sie!

Sie ist laut, provozierend, anmaßend. Als männerverschlingender Vamp löst sie wie keine zweite beim anderen Geschlecht Begehren und Ängste aus.

Auch wenn sie sich inzwischen zu einer sehr an Werten orientierten, verantwortungsvollen Mutter hin entwickelt hat, kann sie ihr liebstes Stilelement »Provokation« nicht sein lassen. Und sei es, indem sie ihrer Busenfeindin Britney Spears auf der Bühne einen Zungenkuß gibt, um anschließend überall zu verkünden, Britney schmecke »ekelhaft«.

Beschreibung des Typs »Madonna«

Im Berufsleben

Unsere »Madonna« ist unglaublich zielstrebig und ehrgeizig. Sie vergleicht sich gerne mit der Weltspitze und war schon als Kind sehr wütend, wenn sie bei Skirennen nur den vierten Platz gemacht hat.

Am liebsten steckt sie sich ihre hohen Ziele selbst. Wenn andere dies tun, empfindet sie das als unerhörte Bevormundung und wird alles andere tun, als die Vorgaben anderer zu erfüllen. Deshalb steht sie mit allem, was ihr bürokratisch erscheint, auf absolutem Kriegsfuß. Muß sie für sich selbst einen neuen Paß beantragen, empfindet sie bei einem solchen Behördengang echte körperliche Qualen.

Madonna ist unabhängig, verdient locker den eigenen Lebensunterhalt und äußert die eigenen Erwartungen klar und unmißverständlich. Damit erschreckt sie viele, vor allem Männer, die ihre eigene Rolle als »Stärkere« durch sie gefährdet sehen.

Sie wartet nicht darauf, daß ihre Talente entdeckt werden, sondern macht ihre Stärken durch laute Eigen-PR deutlich.

Wenn sie mit sich oder auch mit anderen nicht zufrieden ist, kann sie schon mal so richtig laut werden, bei manchen Gelegenheiten herumbrüllen und mit den Türen schlagen. Zumindest ist sie perfekt in der Lage, ihr Gegenüber in Grund und Boden zu diskutieren.

Sie ist eine richtige Macherin, packt auch schwierige Themen an und kann hervorragend große Projekte vorantreiben. Je prestigeträchtiger, um so reizvoller für sie. Als Architektin wird sie sich nicht damit begnügen, eine geniale Industrieanlage in Timbuktu zu entwerfen. So etwas wie das Empire State Building zu entwickeln entspricht schon eher ihrem Lebenstraum.

Sie fackelt nicht lange herum, für sie buchstabiert sich Erfolg so: »T-U-N«! Mit Theoriewissen allein kann sie nicht viel anfangen. Sie braucht den Praxisbeweis. Wenn sie sich eine neue Software bestellt, verschwindet der Karton mit dem Handbuch auch erst einmal irgendwo: Sie probiert alles aus, am besten direkt in bezug auf eine konkrete Aufgabenstellung und unter Termindruck.

Last-Minute-Streß gehört für sie sowieso zum Alltag. Wichtige Projekte werden stets auf die Minute pünktlich fertig und gelingen meist genau wegen dieses Drucks so gut. Ihre enorme Belastbarkeit gehört zu ihren größten Stärken. Keine Aufgabe ist zu schwer, kein Schuldenberg zu hoch und kein Konkurrenzdruck zu groß für sie. Wenn eine Firma kurz vor der Pleite steht, ist Madonna der perfekte Risikomanager. Das Wort »Angst« kennt sie gar nicht. Und wenn, dann auch nur deshalb, weil ihr bewußt ist, daß sie selbst dieses Gefühl bei anderen auslöst.

Über Erfolge freut sie sich nicht nur, sie zelebriert sie! Alles, was sie in ihrem Leben an Auszeichnungen, Urkunden und Pokalen erhalten hat, steht und hängt an gut ausgeleuchteten Plätzen. Statussymbole sind ihr sehr wichtig. Sie demonstriert gerne über ihren Jaguar, ihre USM-Haller-Büromöbel oder die echte Rolex am Handgelenk, daß sie es zu etwas gebracht hat.

Eine Madonna ist sehr risikofreudig: Sie investiert gerne auch hohe Summen, wenn ihr der mögliche Gewinn attraktiv genug erscheint. Dabei bereiten ihr Verluste oder Schulden keinerlei schlaflose Nächte. Die gehören eben dazu. Ein erheblicher Teil ihres Geldes ist daher in Aktien investiert und wirft meist auch ordentlich Rendite ab.

Ihr Energiepegel ist unvorstellbar hoch: Sie braucht wenig Schlaf, arbeitet locker 14 oder 18 Stunden am Tag und nimmt sich erst dann eine Auszeit, wenn der Herzinfarkt naht oder sie völlig ausgebrannt zusammenbricht. Kleine Wehwehchen werden einfach nicht beachtet oder durch ein paar schnell eingeworfene Aspirin unspürbar gemacht. Ihren Hausarzt sieht sie nur äußerst selten – wenn sie einmal medizinische Hilfe braucht, ist ohnehin alles schon so schlimm, daß sie gleich die Notaufnahme der Klinik an einem Sonntag aufsuchen muß.

Sie übernimmt gerne Führungsaufgaben und strahlt dabei kompromißlose Autorität aus. Am meisten ärgert es sie, daß ihre Mitarbeiter so wenig Initiative zeigen. Dabei ist ihr oft gar nicht klar, daß sie es selbst ist, die diese zur passiven Zuarbeit erzieht, wenn sie immer selbst als erste voll einsteigt, sobald es etwas zu tun gibt.

Sie motiviert ihr Team mit dem Charme eines Sklaventreibers: peitschenschwingend macht sie ihren Leuten Dampf unterm Hintern und ruft: »Tempo! Los! Schneller!« Sie glaubt, es genüge, wenn ihre Mitarbeiter sich in einer noch ungewissen Zukunft an erreichten Zielen erfreuen können. Das Aussprechen von Lob und Anerkennung setzt sie sehr bewußt und gezielt ein.

Erste zu sein ist ihr im Zweifel wichtiger, als Qualität zu erreichen. Alberto Tomba erhielt seine Skimedaillen schließlich auch wegen seiner Geschwindigkeit und nicht wegen des Fahrstils.

Ihr enormes Tempo zieht sich durch sämtliche Lebensbereiche. Langatmige Meetings sind ihr zutiefst zuwider. Wer ihr etwas Wichtiges mitteilen möchte, ohne sie zu langweilen, nimmt gar nicht erst auf einem der Besprechungsstühle in ihrem Büro Platz, sondern bleibt am besten gleich stehen. Auf den Punkt gebrachte Formulierungen zwischen Tür und Angel kommen bei ihr wesentlich besser an. Wer doch etwas mehr Zeit benötigt, setzt sich am besten zu ihr ins Auto oder in den Flieger – da hat sie wenigstens nicht das Gefühl, etwas anderes zu verpassen.

Madonnas Risikofreude und ihr unglaubliches verkäuferisches Geschick machen sie zur idealen Unternehmerin. Sie läßt sich durch nichts und niemanden unterkriegen und kann gut damit leben, täglich Jagd auf neue Kunden machen zu müssen. Ihr Durchhaltevermögen dabei ist beispielhaft.

Hätte nicht jede von uns ein wenig Madonna in sich, würden wir mit nichts fertig werden. Wir hätten nicht den geringsten Antrieb. Madonna ist unser aller Motor – und was für einer!

Eine echte Madonna weiß genau, was sie mit ihrer Energie alles zustande bringt, und sie sagt es auch! Statt in demütiger Bescheidenheit vergeblich darauf zu warten, daß jemand anderes ihre Talente entdeckt und sie auf den Sockel hebt, der ihr zusteht, steigt sie lieber selbst darauf. Seht her, was ich kann! Begeistert umgibt sie sich mit Superlativen und schmückt sich selbst mit schillerndsten Farben. Das wirkt zwar manchmal etwas dick aufgetragen, und man ahnt, daß sie ein wenig übertreibt. Doch wird es ihr nie passieren, daß jemand auch nur eine ihrer Fähigkeiten übersieht.

Und privat?

Madonna liebt große Auftritte – keine wichtige Party oder Premiere kommt ohne sie aus. Sie ist der einzige unserer vier Typen, die sich wirklich traut, ein feuerrotes, knallenges Kleidchen zu tragen, das höchstens 20 Gramm wiegt und für das man eigentlich einen Waffenschein braucht. Ansonsten hat sie gerne »die Hosen an« und sagt, wo es langgeht. Als Kind hat sie sich im Karneval lieber als Indianer verkleidet, als sich in ein Prinzessinnen-Ballkleid stecken zu lassen. Sie ist auch nicht gerade die Frau, die sich mit Schleifchen im Haar wohl fühlt.

Parfum begreift sie als weiteres Kleidungsstück und hüllt sich gerne in »rush« von Gucci oder »Le Feu D'Issey« (und früher trug sie »Poison«). Die Anzahl an Döschen, Stiften, Pinseln und Farben in ihrem Kosmetikschrank läßt so manche Visagistin vor Neid erblassen. Wenn sie mit ihren Aussagen schon kräftig aufträgt, soll da auch der Lippenstift nicht schlappmachen.

Eine Strecke von Köln nach Frankfurt wird nicht einfach nur im Auto zurückgelegt. Madonna stellt unterwegs zumindest einen neuen Geschwindigkeitsrekord auf oder – wenn das wirklich nicht geht – zählt zumindest die überholten Fahrzeuge oder versucht, exakt zur selben Minute anzukommen, wie es der Bordcomputer berechnet hat. Für solche Spielchen braucht sie ein flottes Auto, das auch toll aussieht: einen schicken, silberfarbenen BMW oder einen roten Porsche. Aspekte wie Spritverbrauch oder Sicherheit spielten bei der Kaufentscheidung eine eher untergeordnete Rolle. Für Madonna kommt es überhaupt nicht in Frage, eines Tages auf ein kleineres, unauffälligeres Modell umzusteigen. Was würden die Nachbarn denken? Ein unvorstellbarer Prestigeverlust! Deshalb ist es für sie auch gefährlich, wenn es einmal beruflich schlechter laufen sollte. Der einmal etablierte Lebensstandard muß aus ihrer Sicht dringend beibehalten werden – sonst geht sie ein. Verliert sie ihren Job, ist es ihre größte Sorge, nun keine Visitenkarten mehr mit schickem Firmennamen oder Titel im Handtäschchen herumzutragen. Sie kann Filmhelden gut verstehen, die sich lieber selbst eine Kugel in den Kopf jagen, als Ruhm oder Ehre zu verlieren. Diese ganz besondere Eitelkeit macht es ihr oft nicht gerade leicht, sich neuen Situationen anzupassen.

Ihr gigantisch selbstsicheres Auftreten wird von zurückhaltenderen Naturen häufig als arrogant interpretiert. Sängerinnen wie Madonna oder auch Sarah Connor provozieren durch ihre Power sehr viel Neid. Frauen, die so starke Ladys zu ihren weiblichen Vorbildern erklären, haben meist selbst ein sehr starkes Selbstbewußtsein.

Sex ist ihr liebstes Hobby neben anderen, sportlichen Aktivitäten. Auch hier sind ihre Erfolge rekordverdächtig: Sie hat die meisten Lover, die häufigsten Orgasmen und führt vielleicht über die eine oder andere Zahl sogar eine Strichliste. Wie die Nymphomanin »Samantha« aus der Kultserie »Sex and the City« verschlingt sie Männer lieber, als sich von ihnen verführen zu lassen. Wegen bevorzugter Stellungen gibt es auch keine Diskussionen: Sie reitet oben, und damit basta.

Damit lockt sie immer wieder Männer an, die ähnlich dominant sind wie sie selbst. In diesem Fall kommt es aufgrund ständiger Machtkämpfe meist gar nicht zu einer richtigen Beziehung. Es fliegen einfach zu oft die Fetzen, weil täglich eine neue Schlacht um die Rolle des Platzhirsches beginnt. Ebenso fasziniert von ihr sind die stilleren, sensiblen Vertreter des männlichen Geschlechts. Sofern Madonna diese nicht von vorneherein als »langweilige Frauenversteher« aussortiert, kann aus den beiden ein richtig schickes Paar werden. Wer hier das Alphatier ist, wird gar nicht erst diskutiert. In einer solchen Beziehung muß sich Madonna einmal nicht jede Minute beweisen und wirkt manchmal beinahe entspannt. So ausgeglichen zeigt sie sich sonst nie.

Falls sie gerne kocht, tobt sie sich am liebsten an aufwendigen, handgerollten Sushi oder an »lackierter Ente à l'orange« aus. Die Küche sieht anschließend völlig renovierungsbedürftig aus. Natürlich betreibt sie einen derartigen Aufwand nur bei entsprechender Würdigung durch ein ausgewähltes Publikum. Für ein Dinner zu zweit geht sie lieber ins Restaurant oder läßt den Sushi-Service anliefern.

Das Zubereiten alltäglicher Nahrung wie Würstchen mit Kraut

oder Spaghetti Bolognese ist unter ihrer Würde. Das überläßt sie großzügig anderen. Wenigstens einmal in ihrem Leben hat sie mit dem Gedanken gespielt, am Feinschmeckerwettbewerb »Hobbykoch des Jahres« teilzunehmen. Falls sie es nicht getan hat, dann nur deshalb nicht, weil sie zur gleichen Zeit etwas Wichtigeres vorhatte.

Um ihre eigene Quirligkeit zumindest etwas zu dämpfen, greift sie schon mal zu Zigaretten und fühlt sich dadurch gleich weniger nervös.

Bei der Wahl ihrer Kleidung, Handtaschen oder Schuhe spielen edle Marken eine ganz besonders wichtige Rolle. Aufgrund ihrer Einkaufsgewohnheit, Topqualität zu möglichst günstigen Preisen zu erhaschen, ist sie die personifizierte »smart shopperin«. Der Gucci- oder Prada-Kollektionsverkauf wurde sorgfältig mit Montblanc-Füller in den schicken Lederkalender eingetragen. Schnappt ihr dann eine andere Lady das letzte paillettenbesetzte Top vor der Nase weg, verwendet sie ihr Louis-Vuitton-Täschchen schon mal als Waffe oder überlegt ernsthaft, ihre Gegnerin mit einem Hermès-Schal zu erdrosseln.

Erlaubt es ihr Gehaltskonto nicht, in dieser Designerliga mitzuspielen, trägt sie wenigstens täuschend echte Imitate. Es kann durchaus sein, daß sie sich sogar dazu herabläßt, höchstselbst zu Nadel und Faden zu greifen, wenn sie Ralph-Lauren-Logos auf billige Baumwoll-T-Shirts nähen kann.

ANKE
Typ

Typ »Anke«

Ein prominentes Beispiel: Anke Engelke entspricht in vielem diesem Typ.

Über Anke Engelke

Anke Engelke spielt nach eigener Aussage 250 Frauen. Wer sie je erlebt hat, wie sie sich in ihrer Comedy-Serie »Ladykracher« spielend vom Vamp in die Karrieretussi, vom Hippie in die Mami oder vom sexy Dummchen in die Emanzenzicke verwandelt, traut ihr einfach jede Rolle zu. Ihre Brillanz kommt ganz besonders in Situationen zum Ausdruck, wo es auf echte Flexibilität und Spontaneität ankommt. Niemand außer Anke Engelke bringt es wohl fertig, mit Filmpartner Olli Dittrich komplett ohne Drehbuch auf engstem Raum und in Echtzeit gedreht bestes Unterhaltungsprogramm zu liefern. Für die mutige Inszenierung »Blind Date« haben die beiden Könige der Improvisation beste Kritiken erhalten. Für ihre legendäre Charakterstudie im »Taxi nach Schweinau« gab es sogar den Grimme-Preis.

Anke Engelke ist das, was man einen echten Anti-Jammertyp nennt. Sie gehört nicht zu den Medienzicken, die sich selbst hervortun wollen, indem sie über Kollegen ablästern. Sie blickt stets nach vorne und macht das Beste aus ihrem Leben, ohne sich dabei auf allzu langfristige Planungen festzulegen.

Ihr Beruf als Moderatorin und Comedy-Star scheint ihren Fähigkeiten wie auf den Leib geschneidert zu sein: in Live-Situationen wie beispielsweise während der Oscar-Übertragung kommt sie garantiert nicht ins Stottern, und selbst wenn: Mit Sicherheit fiele ihr genau in diesem Moment der dazu passende Gag ein.

Beschreibung des Typs »Anke«

Im Berufsleben

Eine Anke ist echte Allrounderin – der Sonnenschein jedes Unternehmens. Sie ist ein perfekter Teamplayer, kann sich wunderbar auf andere Menschen und fremde Situationen einlassen. Sie ist stets neugierig und offen für Neues und beherrscht die erstaunliche Fähigkeit, 17 Dinge gleichzeitig zu tun. Entsprechend sieht ihr Schreibtisch aus: Die vielen Papierstapel allein ergäben ja noch ein harmonisches Bild, doch dazwischen liegt noch allerhand sonstiger Kram wie zwei bis fünf benutzte Kaffeebecher, eine Dose Salbeibonbons, ein Lippenstift oder ein paar bunte Ansichtskarten, die noch irgendwo aufgehängt werden sollen. Und natürlich alle möglichen Fotos und Erinnerungen an liebe Menschen wie die kleine selbstgebastelte Kerze des Patenkinds, eine getrocknete Rose, ein Glücksschwein als Briefbeschwerer, eine mitgebrachte Strandmuschel und all so was.

Egal, was sie beruflich tut: bei »Was bin ich« wäre die ihren Job charakterisierende »typische Handbewegung« wohl der Telefonhörer am Ohr.

Sie ist stolze Besitzerin der Vodafone Platinum oder Gold Card und würde lieber zehn Leute anrufen, als einen einzigen Brief zu schreiben. Schickt man ihr eine wichtige Information per E-Mail, kann man davon ausgehen, daß sie nur die Hälfte des Inhalts wirklich aufmerksam gelesen hat. Ein Erinnerungsanruf wäre also nicht schlecht. Sie plaudert sowieso viel lieber.

Spätestens nach einer Viertelstunde Beschäftigung mit einem einzigen Thema wird ihr das viel zu langweilig. Deshalb sind Routineaufgaben bei ihr auch nicht so gut aufgehoben, denn sie werden gar nicht oder wegen mangelnder Konzentration völlig fehlerhaft ausgeführt.

Dagegen kann Anke sensationelle Ideen beinahe im Minutentakt ausspucken und inspiriert damit auch ihre gesamte Umgebung. Zu einem Brainstorming kann man keine Bessere einladen – der Erfolg ist garantiert.

Zu Höchstform läuft sie auf, wenn irgend etwas Unvorhergesehenes passiert: Wie keine andere kann sie sich blitzschnell auf die widrigsten Situationen einstellen und das Beste daraus machen. Springt sie für einen kranken Kollegen ein, der eine Präsentation halten sollte, wird ihr spontan aus dem Ärmel geschütteltes Wortwerk vermutlich mehr Applaus ernten, als wenn sie sich wochenlang darauf vorbereitet hätte.

Am liebsten glänzt sie mit allem, was keiner von ihr erwartet. Die Rolle des »schrägen Vogels« lebt sie mit Inbrunst und sucht sich deshalb gerne Berufe und Aufgaben, die man ihr nicht zugetraut hätte.

Die Meinung anderer ist ihr sehr wichtig. Deshalb nimmt sie sich persönliche Kritik manchmal sehr zu Herzen – im positiven wie im negativen Sinne. Wenn Sie eine Anke also bei Laune halten wollen: Loben Sie sie am besten mehrmals täglich, und sorgen Sie gleichzeitig dafür, daß auch andere dies tun! Einen kontinuierlichen Einsatz können Sie nur von ihr erwarten, wenn Sie ihr auch täglich auf die Schulter klopfen.

Im Gegensatz zu einer Jodie würde sie die Zuweisung eines Einzelbüros vermutlich als Strafe empfinden. Allein zu sein ist für sie wie Einzelhaft oder Quarantäne.

Hat sie doch einen Raum für sich ganz alleine, nutzt sie diesen vermutlich weniger, um sich in Ruhe konzentrieren zu können, als dazu, ungestört zu telefonieren. In der übrigen Zeit hat sie sicherlich die Tür weit geöffnet, damit sie noch etwas von ihrer Umgebung mitbekommt. Reicht ihr das auch nicht, verbindet sie das Kaffeeholen gerne mit kurzen Besuchen bei Kollegen.

In Zeiten des ständigen Wandels, wo »change management« selbst in biederen Traditionsunternehmen zum geflügelten Begriff geworden ist, hat eine Anke die größten Überlebenschancen. Sie hängt nicht an Statussymbolen wie eine Madonna. Eine Veränderung bedeutet für sie keine Krise, sondern ist ihr willkommene Abwechslung. Schließlich will sie ja ab und zu mal beweisen, wie gut ihre Chamäleonhaut funktioniert. Da es sehr viele Frauen mit den kommunikativen Fähigkeiten einer Anke gibt, haben wir gute Chancen, in der heutigen Zeit ein wenig mehr spannende Positionen weiblich zu besetzen. Die hervorstechendste Eigenschaft einer solchen Anke ist ihre Begeisterungsfähigkeit. Sie ist nicht nur selbst blitzschnell Feuer und Flamme, wenn ihr etwas gefällt. Sie kann auch andere hervorragend mit ihren leuchtenden Augen anstecken.

Erfolgreiche Animateure in Ferienclubs sind daher meist Anke-Typen. Ansonsten sucht Anke sich am besten einen Beruf im Umfeld Kommunikation und Medien, wo sie direkten Kontakt mit Menschen hat und wo ihr Händchen für gelungene Live-Situationen gut zum Tragen kommt.

Wer ihre rasante Begeisterungsfreude kennt, bekommt sie blitz-

schnell dazu, eine wichtige Unterschrift zu leisten oder eine Kaufentscheidung zu treffen. Allerdings birgt dies gleichzeitig immer das Risiko, daß die Anke einen Rückzieher macht und spätestens am nächsten Tag alles wieder revidiert. Sie fällt garantiert auf jeden Haustürverkäufer herein – vorausgesetzt, es war ein ganz netter – und hat viel mehr Zeitschriften abonniert, als sie wirklich liest. Sobald auf ihrem Computerbildschirm ein Werbefenster hochpoppt, das ihr suggeriert, sie hätte eine Reise gewonnen, wird sie es als einzige glauben. Ohne zu zögern, wird sie ihre Kreditkarte zücken und damit die lächerlichen 700 Euro Eigenanteil für die wertvolle Amerika-Rundreise bezahlen. Erst hinterher wird ihr auffallen, daß dies im Grunde genommen ein teurer Spaß war. Nicht im Traum wäre sie auf die Idee gekommen, daß es jemand wagen könnte, mit einer solchen Tour ein Geschäft zu machen. Sie glaubt an das Gute im Menschen. Ihr selbst macht es die größte Freude, andere zu beglücken. Natürlich nimmt sie an, allen anderen ginge es genauso.

Anke ist als Verkäuferin nicht wirklich gut geeignet. Sie schafft es zwar, daß jeder sie mag, und füllt ihre Stunden spielend mit erfolgversprechenden, interessanten Terminen. Doch sie findet es viel zu unhöflich, ihr Gegenüber zu einer Unterschrift oder Entscheidung zu nötigen. Im Team mit Madonna und Jodie kann sie jedoch brillieren: Madonna verkauft, Jodie liefert die saubere Arbeit, und Anke sorgt dafür, daß der Kunde sich wohl fühlt und allen weitererzählt, wie toll er doch die Produkte der drei Ladys findet.

Kein Unternehmen kann sich »innovativ« nennen, ohne vielen Ankes Raum zu geben, die mit neuen Ideen sich daran erfreuen, »um die Ecke denken« zu dürfen, und am liebsten ständig alles hinterfragen. Anke stellt die Welt auf den Kopf und entdeckt dabei immer neue Lösungen und Perspektiven. Bodenständigere Wesen könnten zwischendurch geneigt sein, sie in die Klapsmühle einweisen zu lassen, oder zweifeln zumindest ab und zu an ihrem Verstand. Dabei wäre die Welt sicher kreativer und friedlicher, wenn mehr Menschen mit ihrer kindlichen Art des Gegen-den-Stich-Denkens ausgestattet wären.

Anke weiß um ihre guten Einfälle – und ist stinksauer, wenn sie nicht nach ihrer Meinung befragt wird. Wird sie nicht von Anfang an aktiv mit einbezogen, kann es schon mal sein, daß sie die Ideen anderer schmollend boykottiert.

Weil eine Anke gerne andere begeistert und im Sekundentakt auf neue Ideen anspringt, kommt es immer wieder vor, daß sie Versprechungen macht, die sie gar nicht einhalten kann. Sie vergißt einfach, über den Zwischenstand zu berichten, daß sie die tolle Idee einer gemeinsamen Weihnachtsfeier mit Kunden und Mitarbeitern verworfen hat und statt dessen nun ein Ski-Camp plant. Sie hat auch überhaupt kein Verständnis dafür, wenn andere ihrer Sprunghaftigkeit manchmal nicht folgen können, und findet das höchstens stur und fad. Ihr Leben muß stets bunt und fröhlich sein. Höhen und Tiefen nimmt sie dabei gerne offen an. Hauptsache, es ist nicht langweilig.

Und privat?

Sie ist eine richtige Strahlefrau und mit ihrer fröhlichen, mitreißenden Art eine echte Bereicherung für jede private Einladung. Wenn etwas nervt, dann höchstens ihre permanent gute Laune.

Sie hat gerne ihre vielen Freunde um sich. Deshalb gibt es in ihrer Wohnung auch eine eifrig benutzte Gästecouch und einen völlig überdimensionalen Eßtisch. Familienmitglieder und beste Freunde müssen sich damit abfinden, ihre Anke immer mit vielen anderen zu teilen. Sie ist nicht der Typ, der mit dem Liebsten auf eine Robinson-Insel auswandert. Spätestens nach vier Wochen werden ein paar Partygäste eingeflogen.

Wenn sie kocht, dann stets ohne Rezept und für viele Gäste.

Sie will, daß auch andere sich bei ihr wohl fühlen. Im Kühlschrank sind daher schon mal Lieblingsgerichte und -getränke ihrer besten Freunde zu finden, auch wenn sie sie selbst gar nicht mag. Mehrere Tee-, Bier- oder Marmeladensorten gehören dabei genauso zu ihrem Standardrepertoire wie eine buntgemixte CD-Sammlung für alle Arten von Musikliebhabern.

Frische Blumen, ein angenehmer Raumduft, Kerzen oder eine verspielte Tischdeko gehören selbstverständlich zu ihrem Haushalt. Tische, Regale und alle Arten von Ablagefläche sind meist überladen mit mehr oder weniger ansehnlichem Schnickschnack. Für echte Puristen ein schauerlicher Anblick.

Meist liest sie zwei oder drei Bücher parallel, und die beste Eisdiele der Stadt verläßt sie selten mit weniger als fünf Kugeln im Hörnchen, weil so viele Sorten so lecker sind. Sie ist großzügig mit sich und anderen und geht deshalb in ihrer Freizeit am liebsten stundenlang shoppen. Alltägliche Einkäufe erledigt sie grundsätzlich ohne Einkaufsliste. Dabei kann es schon mal passieren, daß man es ihrem Einkaufswagen ansieht, wenn sie hungrig losgezogen ist.

Modisch wagt sie manchmal ungewöhnliche Experimente und kombiniert sportlich mit chic, Baseballkappe zum Anzug oder Boxer-Schnürschuhe zum Kostüm. Exotische Designer wie Vivienne Westwood oder Jean-Paul Gaultier haben es ihr angetan, weil diese ihre Individualität so herrlich unterstreichen können. Entdeckt sie auf einer Party jedoch eine andere Frau, die ihr Lieblingskleid trägt, wird sie das gute Stück nie wieder anziehen, auch wenn es noch so teuer war.

Optisch erkennt man sie sofort an ihrem Faible für außergewöhnliche und zahlreiche Schuhe oder Handtaschen. Dabei erinnert sie auffallend an »Carrie« aus »Sex and the City«. Die Hauptfigur der amerikanischen Serie bekennt sich mit ihrer 400-Paare-Sammlung zu ihrem Schuhtick und taucht in jeder Szene mit schrillem Outfit als immer wieder neu erschaffener Paradiesvogel auf. So auszusehen wie irgend jemand anderes wäre ihr zutiefst zuwider.

Zu Terminen und Verabredungen kommt die sympathische Katastrophennudel häufig zu spät – stürzt zur Tür herein und entschuldigt sich erst einmal hundertmal. Es ist ihr nämlich sehr unangenehm, daß wieder mal alle auf sie warten mußten (in Wirklichkeit hat niemand pünktlich mit ihr gerechnet, ihre Freunde kennen sie ja schon). Die Gründe für ihr Verspätung sind immer dieselben: Meist hat sie sich irgendwo festgequatscht. Ihr letztes Gespräch hat länger gedauert als erwartet – und natürlich hat sie keine Pufferzeiten zwischen den Terminen einkalkuliert. Sie hat es auch beim besten Willen nicht übers Herz gebracht, ihren Gesprächspartner mittendrin zu bremsen. Das hätte sie sehr unhöflich gefunden. Und dann hat sie locker zehn Minuten in ihrer Riesenhandtasche nach diesem verflixten Autoschlüssel gesucht …

Extra für sie und die Nerven ihrer Lebenspartner wurden übrigens Schlüsselanhänger erfunden, die auf Pfeifen mit einem akustischen Signal reagieren. Beim Schlüsseldienst ist sie trotzdem Stammkundin, weil sie sich öfter mal selbst aussperrt oder ihre Schlüssel irgendwo liegenläßt.

Wenn es Ihnen wichtig ist, eine Anke pünktlich irgendwohin zu bestellen, sollten Sie den Zeitpunkt unbedingt eine halbe Stunde vorverlegen. Verraten Sie ihr diesen Trick jedoch niemals. Denn ihren Wecker hat sie auch schon eine halbe Stunde vorgestellt, um sich selbst zu überlisten und den Tag nicht schon mit einer Verspätung zu beginnen. Das klappt jedoch auch nicht mehr, weil sie sich daran gewöhnt hat und im Kopf immer wieder zurückrechnet.

Sie geht unheimlich gern auf Reisen, die sie selbst spontan gestaltet (auf keinen Fall bucht sie einen Pauschalurlaub!). Dabei entdeckt sie mit ihrem Cabrio oder ihrem Mini Cooper eine Mittelmeerinsel, auf der sie noch nie war, fährt mit Freunden auf eine Skihütte oder träumt von einer Motorradtour durch Kalifornien. Nur in Stressphasen wird sie drei zusammenhängende Wochen Urlaub an einem Ort verbringen. Dabei genießt sie es, wenn sie zwischen verschiedenen Formen der Ruhe wählen kann, wie etwa einem Tauchkurs, Wellnessangeboten und Feinschmeckerrestaurants.

Ihre nie enden wollende, sprühende Kreativität tobt sie liebend gern aus, indem sie ständig ihre Wohnung neu streicht, komplett anders einrichtet oder gleich umzieht. Ein Seminar, ein Buch oder einen Film findet sie dann gut, wenn ihr beim Lesen, Ansehen oder Zuhören in keiner Minute langweilig war und sie zwischendurch herzlich lachen konnte. Über handwerkliche Fehler sieht sie dabei großzügig hinweg. Selbst ein Urlaub, bei dem der Flieger dreimal so lange unterwegs war wie geplant, das Hotelzimmer grottenschlecht war und ihr auch noch die Geldbörse gestohlen wurde, hat noch eine echte Chance, zum Traumurlaub erklärt zu werden, solange Anke zwischendurch ihren Spaß hatte.

Sie erfindet auch sich selbst immer wieder neu, ändert ihren Lebensstil, ihre Frisur und hat pausenlos Lust, etwas Neues dazuzulernen. Wenn einer ihrer zahlreichen Freunde sie einmal länger als zwölf Monate nicht gesprochen hat, empfiehlt es sich, Ankes Adreßdaten wieder einmal zu überprüfen. Bestimmt hat sie entweder einen neuen Job, eine neue Wohnung oder doch zumindest einen neuen Lebensgefährten. Oder etwa nicht?!?

Typ Elke

Typ »Elke«

Ein prominentes Beispiel: Elke Heidenreich oder Gabriele Strehle, Gründerin von Strenesse, sind diesem Typ sehr ähnlich.

Über Elke Heidenreich

»Was ich heute bedauere, ist, daß viele Jugendliche wirklich nur noch auf Konsum und Äußerlichkeiten aus sind, sich politisch überhaupt nicht mehr interessieren, gar keine richtige Sprache mehr haben, nicht mehr lesen. Das bekümmert mich.«

Für Elke Heidenreich sind Werte sehr wichtig. Mit ihrer Fernsehsendung »Lesen!« versucht sie, ihre Leidenschaft für Bücher an andere weiterzugeben, und führt einen engagierten Kampf gegen die Oberflächlichkeit. Ihr tägliches Pensum von mindestens einem Buch ist für sie keine Anstrengung, sondern so wichtig und selbstverständlich wie atmen, essen oder trinken.

Beschreibung des Typs »Elke«

Im Berufsleben

Jedes Unternehmen kann sich glücklich schätzen, wenn gleich mehrere solcher Menschen dort arbeiten. Denn die typische »Elke« zeichnet sich vor allem durch ein hohes Maß an Loyalität aus. Sie wird sich für einen Arbeitgeber oder für einen Beruf entscheiden, den sie für richtig hält, und dort dann für viele Jahre aktiv bleiben. Wer sie wieder loswerden möchte, muß ihr schon kündigen: Von sich aus wird sie immer das Beste aus ihrer Situation machen und auf keinen Fall einen Bruch oder eine Trennung provozieren. Beschließt sie doch einmal, von sich aus zu gehen, erscheint dieser Schritt überraschend und unerwartet, dabei hat sie sich das monatelang sehr gut überlegt. Überredungsversuche sind dann zwecklos: Denn entschieden ist entschieden.

Eine Elke hat ihr Spezialgebiet, auf das sie sich gern konzentriert. Allrounder, die auf allzu vielen Hochzeiten tanzen, sind ihr ein wenig suspekt und erscheinen ihr oberflächlich. Doch insgeheim bewundert sie auch die Vielseitigkeit und Leichtigkeit, mit der eine Anke ihr Leben begreift.

Sobald ein Kollege oder Vorgesetzter, der ihr wichtig ist, sie um Hilfe bittet, läßt sie erst einmal jede andere Aufgabe liegen. Sie fühlt sich am wohlsten in der Rolle der Unterstützerin. Sie braucht auch keine öffentlich überreichten Orden für ihre Leistung. Ihr genügt es völlig, sich am gelungenen Ergebnis zu erfreuen und ein verdientes Schulterklopfen im stillen Kämmerchen zu bekommen. Sie schreibt geniale Drehbücher für die Auftritte anderer, zieht im Hintergrund die Fäden und ist gerne bescheidene Wegbereiterin für stolze Gladiatoren.

Elke ist absolut unbestechlich. Des schnöden Geldes wegen wird sie sich keinesfalls für eine Sache begeistern lassen, die ihr inhaltlich gegen den Strich geht. Niemals würde sie ihre Arbeitsleistung für ein Unternehmen hergeben, dessen Produkte sie umweltschädlich oder einfach nur nutzlos findet.

Veränderungen sind Elke mehr als unangenehm. Die neumodische Idee von mobilen Arbeitsplätzen, wo Mitarbeiter sich morgens ihre persönlichen Sachen in ihrem Schreibtischcontainer abholen und an einen beliebigen freien Tisch rollen, hat sie sicherlich nicht erfunden. Sie braucht ihre gewohnte Umgebung, um richtig gut arbeiten zu können. Mit ein paar persönlichen Gegenständen gestaltet sie ihre alltägliche Umgebung so heimelig wie möglich. Seien Sie also nicht überrascht, wenn eine Kollegin ein mitgebrachtes Kissen auf den Stuhl legt oder gar auf die Idee kommt, das Büro mit Dutzenden von Zimmerpflanzen oder eigenen Gardinen zu schmücken: Sie könnte eine Elke sein.

Dem Innenarchitekten wird es den Magen umdrehen – Elke aber wird ihr persönliches Einbringen begeistert als »gemütlich« bezeichnen.

Sicherheit und Zuverlässigkeit sind für eine echte Elke sehr wichtig. Daher wäre es für sie undenkbar, sich in finanziell waghalsige Aktionen zu stürzen oder den eigenen Arbeitsplatz auf irgendeine Weise zu gefährden. Versicherungen leben gut von ihr: Sie könnte nicht mehr schlafen, wäre sie nicht ausreichend gegen Krankheit, Unfall, Hochwasser oder Heuschreckenplage versichert. Auch finanziell geht sie keinerlei Risiken ein: Bei »Wer wird Millionär?« kommt sie nicht weit, weil sie beim ersten Zweifel gleich alle drei Joker auf einmal verbrät.

Dafür ist sie absolut vertrauenswürdig und 100%ig ehrlich: Sie könnten ohne weiteres jeden Tresorschlüssel, die Kasse oder Ihre Kinder in ihre Obhut übergeben. Was auch immer Sie ihr anvertrauen: Sie wird es wie ihren Augapfel hüten.

Ihr soziales Engagement und ihre Hilfsbereitschaft sind beispielhaft. Wenn sie nicht ohnehin einen sozialen Beruf gewählt hat, bringt sie sich in ihrer Freizeit mit Sicherheit ehrenamtlich in einem Verein, als Elternbeirätin oder bei der freiwilligen Nachbarschaftshilfe ein.

Elke ist Ärztin, Altenpflegerin, Greenpeace-Mitarbeiterin oder Lehrerin aus echter Überzeugung. Sie ist nicht der Typ, der jede Woche nach einer Gehaltserhöhung fragt oder sich selbst ein Denkmal setzen will. Für sie ist es der höchste Lohn, wenn sie anderen helfen kann oder eine gute Sache dank ihrer Unterstützung vorangebracht wird. Daher muß sie ab und zu aufpassen, nicht ausgenutzt zu werden und für ihre Leistung auch eine faire Anerkennung zu erhalten.

Elke hält das Team zusammen und ist die Seele jedes Unternehmens. Sie wird zuhören, wenn jemand sein Herz bei ihr ausschütten möchte, und hilft, wo immer sie kann. Niemals würde sie über ihre Kollegen lästern oder hinter dem Rücken ihres Vorgesetzten herumschimpfen. Viel eher ist sie stets bemüht, aufkommende Unstimmigkeiten zu schlichten und zerstrittene Parteien wieder zusammenzubringen. Durch ihre seltene Gabe, auch in heftigen Auseinandersetzungen neutral und unparteiisch zu bleiben, ist sie der geborene Mediator, Notar oder Therapeut.

Und privat?

Privat ist Elke ein überaus angenehmer, umgänglicher Mensch. Sie kommt mit jedem klar, fällt in größerer Gesellschaft kaum auf (»Wer war noch mal Elke?«), lärmt nicht, schmutzt nicht, eckt nicht an.

Harmonie ist für sie das allerwichtigste. Sie haßt es, wenn andere einen Streit beginnen, und setzt sich gern als Vermittlerin ein. Dabei fällt auf, wie gut sie sich in die Sichtweisen anderer hineinversetzen kann und wie tolerant sie sich gegenüber anderen Ansichten zeigt. Keine Weltanschauung, keine Religion wird von ihr verurteilt. In allem und jedem erkennt sie einen positiven Kern und legt ihn schon mal für andere frei, wenn diese ihn gerade nicht entdecken können.

Sie ist der klassische Muttertyp aus dem Bilderbuch, sie nimmt ihre eigenen Interessen zurück und freut sich am meisten, wenn es ihren Liebsten gutgeht. Wenn sie sich ärgert, schluckt sie ihren Unmut so lange herunter, bis sie ein Magengeschwür bekommt. Bringt jedoch der berühmte kleine Tropfen ihr Toleranzfaß zum Überlaufen, kann es sein, daß auch sie einen regelrechten Wutausbruch bekommt. Mit Sicherheit versteht dann überhaupt niemand um sie herum, was jetzt los ist.

Wer einen Umzug plant oder kurzfristig einen Babysitter braucht, kann sich glücklich schätzen, mit einer Elke befreundet zu sein oder sie in der Nachbarschaft zu wissen.

Sie wird immer für jede Bitte zu haben sein und sich sogar ungefragt gerne mit helfenden Händen oder einem offenen Ohr zur Verfügung stellen.

Sie selbst wird die Hilfe anderer umgekehrt längst nicht so häufig benötigen. Ein Umzug steht ja bei ihr nur selten an. Und auch sonst nimmt Elke sich selbst nicht so wichtig, daß sie andere mit ihren Problemen belästigen wollte.

Auch ihre Erwartungshaltung gegenüber anderen würde sie niemals direkt zum Ausdruck bringen. Sie geht davon aus, daß andere es doch merken müssen, was sie will. Schließlich nimmt sie selbst ihre Mitmenschen sehr feinfühlig wahr und hat sehr präzise Antennen für Stimmungen und Launen.

Spontane Änderungen von Plänen können schon einmal den kompletten Erfolg einer Unternehmung verhindern. Beschließt eine Gruppe von Freunden also, vor dem überfüllten Kino nun doch in einen anderen Film zu gehen, wirft das eine bodenständige Elke komplett aus dem Konzept. Ein Amüsieren ist in dieser Verfassung dann nur noch schwer möglich.

Trifft man Elke auf einer Party, wurde sie mit Sicherheit von ihrer Freundin Anke nach längerem Überreden dorthin geschleppt. Sie ist kein großer Fan von Menschenansammlungen und trifft sich lieber mit einem ihrer wenigen, sehr guten Freunden zu einem Abendessen. Sie konzentriert sich lieber auf ein einziges, vertrautes Augenpaar, als daß sie Small talk mit Proseccoglas in der Hand führen wollte. Schon als Schulmädchen hatte sie eine feste beste Freundin, die sie über all die Jahre begleitet hat. Es dauert eine ganze Weile, bis sie Vertrauen gegenüber anderen Menschen entwickelt. Doch wer erst einmal ihr Herz erobert hat, kann getrost darin einziehen und es sich gemütlich machen.

Die Feinfühligkeit gegenüber anderen wird ihr manchmal leider zum Verhängnis: Elke ist recht schnell beleidigt und verletzt. In solchen Situationen wird sie aber nicht offen über ihre Gefühle sprechen, sondern sich eher still zurückziehen. »Nur der Pudding hört mein Seufzen« könnte von ihr geschrieben worden sein. »Du mußt doch gemerkt haben, daß es mir nicht gutgeht« – wenn sie es auch nicht sagt, so denkt sie es zumindest.

In der Liebe ist Elke eine hoffnungslose Romantikerin. Für eine »schnelle Nummer« ohne Gefühle ist sie nicht zu haben. Sie will verliebt und mit tausend Schmetterlingen im Bauch Zärtlichkeiten genießen und findet allein den Gedanken an einen Quickie im Auto abstoßend und widerlich. Viel lieber inszeniert sie sich und ihrem Partner ein kuscheliges Liebeswochenende mit Kerzen, Champagner, Badesalz und Bolero.

In all ihrem Tun hinterfragt Elke den tieferen Sinn. Sie beschäftigt sich nicht einfach nur mit einem Ding oder Thema, sie erfüllt eine Aufgabe! Keinesfalls stürzt sie sich blindlings in ein Projekt, ohne die Frage nach dem »Warum« sinnvoll beantworten zu können. Kurzfristige Erfolge reizen sie nicht. Es imponiert ihr gewaltig, daß Indianerstämme keine Entscheidung treffen, ohne die Auswirkungen ihres Handelns bis in die siebte nachfolgende Generation zu bedenken.

Vielleicht ist Elke sehr gläubig, vielleicht auch überzeugte Atheistin. In jedem Fall hat sie sich intensiv mit ihrer eigenen Glaubensfrage beschäftigt und hat eine klare Meinung darüber, zu welcher Religion sie sich bekennt. Keinesfalls folgt sie modischen Trends – sie verläßt sich auf ihr eigenes Herz und Hirn.

Sie nimmt das Leben wahrlich nicht auf die leichte Schulter, hinterfragt gern ihr Handeln und wird schnell skeptisch, wenn ihr etwas zu einfach erscheint.

Elke liebt Regelmäßigkeiten und feste Rituale, die sich ständig wiederholen. Sie freut sich alljährlich auf Weihnachten, weil sie jetzt wieder ihre Kisten mit dem Weihnachtsschmuck aus dem Keller holen

und die gesamte Wohnung liebevoll dekorieren kann. Auch wenn sie wenig Zeit hat, wird sie 15 Dosen Plätzchen backen – allerdings nur, wenn dies zu ihren Weihnachtsgewohnheiten gehört. Am 24. Dezember gibt es dann unter Garantie immer dasselbe Essen: einmal Weihnachtsgans, immer Weihnachtsgans. Und an Sylvester gucken dann alle gemeinsam »Dinner for One«, bevor man sich zum Fondue hinsetzt.

Alle Familientraditionen sind heilig und werden eifrigst gepflegt: Wenn sie ihrem Partner alljährlich den immer gleichen Geburtstagskuchen backt, so kann es gut sein, daß schon ihre Mutter dasselbe Rezept für den großen Festtag ihrer Liebsten hervorgekramt hat.

Elke ist die zuverlässige treue Seele, die nie einen Geburtstag vergißt und es auch nicht wagen würde, den Menschen, die ihr besonders nahe sind, einmal keinen Weihnachtsgruß zu schicken. Sie kann ihrer Umgebung unendlich viel Liebe und Geborgenheit schenken. Das kann bereichern oder manchmal auch erdrücken – je nachdem, wieviel Glück und Harmonie der andere verträgt.

Wie Sie andere becircen 3

Verführen und überzeugen – gewußt wie

Bevor Sie einen oder mehrere andere becircen können, müssen Sie natürlich wissen, mit wem Sie es überhaupt zu tun haben.

Die individuellen Mischungen verschiedener weiblicher Circen-Typen haben Sie ja bereits in eigener Anschauung kennengelernt. Diese Art der Beschreibung von Persönlichkeiten paßt natürlich auch auf Männer. Deshalb möchte ich Ihnen nun die männlichen Pendants zu den vier Circen-Typen vorstellen:

Einen passenden Odysseus für jede Circe

Die weiblichen Grundtypen haben Sie sich ja gerade näher angesehen. Zu den Circen, den Ankes, Jodies, Madonnas und Elkes, gibt es den jeweils passenden männlichen Gegentypen, den jeweiligen Odysseus. Auch hier gilt: Jeder einzelne Mann ist wiederum eine ganz eigene Mischung aus den vier beschriebenen Extremen. Ebensowenig wie die Circen lassen sich Männer so einfach in vier große Schubladen packen.

Sicherlich haben Sie schon häufiger festgestellt, daß auf viele Menschen gleich mehrere Beschreibungen gleichermaßen zutreffen. Denn wenn Sie einmal einen Mann genau anschauen, so werden Sie mir sicher zustimmen, daß nicht alle Männer Schweine (Supermachos, Warmduscher, unerbittliche Kopfmenschen oder allzu anhängliche Waschlappen) sind, sondern jeder für sich ein ganz besonders gemixter Odysseus-Cocktail sein kann: Eine Person mit vielen verschiedenen Anlagen, jede mehr oder weniger ausgeprägt.

Die folgenden wirklich überspitzten Beschreibungen der unterschiedlichen Extremtypen werden Ihnen dabei helfen, die Männer, mit denen Sie zu tun haben, zu beschreiben:

Der Strategen-Odysseus

Das männliche Pendant zu Jodie

So erkennen Sie ihn

- Er wirkt stets gepflegt und wie aus dem Ei gepellt.
- Sein Schreibtisch, seine Wohnung und sogar das Innenleben seiner Schubladen sind stets in penibler Ordnung.
- Vielleicht wäre er unverheiratet, wenn da diese steuerliche Vergünstigung nicht wäre.

- Er kommuniziert beruflich sehr gern schriftlich,
- arbeitet gern mit seinem ausgeklügelten Zeitmanagement-System.
- Privat und im Büro versieht er jeden Aktenordner mit einem sauber gedruckten Rückenschild.
- Er lebt keinesfalls über seine Verhältnisse.
- Ihr neues Paar Schuhe kommentiert er allenfalls mit »Was haben die gekostet?«
- Sonderangebote und Rabattmarken schneidet er sorgfältig aus der Zeitung und geht damit einkaufen.
- Seine private Telefonrechnung ist beneidenswert niedrig.

Der Stratege zeichnet sich durch seinen extrem wachen Verstand aus und durch die Fähigkeit, besonders viele Fakten sammeln und weiterverarbeiten zu können. (Das bedeutet im Umkehrschluß natürlich nicht, andere Odysseus-Ausgaben wären dümmer als er! Für andere haben Spaß und Gefühl vielleicht einfach eine höhere Priorität, selbst wenn ihr IQ einen Wert von 140 übersteigt.)

Menschen, die unlogisch oder unsystematisch sind, treiben den Strategen schier zum Wahnsinn.

Wie bei einem Computer geht auch bei ihm nichts verloren. Er nimmt auf, analysiert, rechnet, plant und wägt sorgfältig Dutzende Alternativen gegeneinander ab. Ein wenig emotionslos wirkt er allerdings dabei schon. Denn auch seine Reaktionen auf Gefühlsthemen ähneln denen einer Maschine. Ebensowenig wie ein PC geht auch er nicht darauf ein, wenn man ihn anbrüllt, daß man jetzt sauer auf ihn sei. »Funktioniert« er einmal nicht, ist das auf jeden Fall ein »Anwenderfehler« – an ihm kann es wohl kaum liegen.

Äußerungen versteht er gerne sehr wörtlich, was ihm dann den großen Pluspunkt einbringt, er hätte so einen »erfrischend trockenen

Humor«. Dieser kommt mal absichtlich, mal ungewollt zum Ausdruck, indem er pointiert sachlich antwortet.

Loriot gehört zum Beispiel zu den »Superhirnen«, die diese Eigenschaft stets sehr gekonnt und bewußt eingesetzt haben. Scharfsinnig ahmt er typische Charakterschwächen nach. Dabei übertreibt er noch nicht mal allzusehr. Die Figuren seiner Sketche beschreibt er einfach haargenau und auf den Punkt gebracht.

Mein Lieblingsdialog, »Das Frühstücksei«, erzählt von einem Frühstücksgespräch, wie es zwischen einem Strategen und einer Anke jeden Tag vorkommen könnte. Er will sein Frühstücksei exakt viereinhalb Minuten lang gekocht – sie bereitet es aber nicht nach der Uhr, sondern »nach Gefühl«. Als er sich beklagt, sein Ei habe nicht die gewünschte Konsistenz, schlußfolgert er logisch, aber dennoch gemein: »Aber es ist hart ... vielleicht stimmt da mit deinem Gefühl was nicht ...«

Ein Stratege ist nicht nur detailverliebt und sachlich, er hält auch sehr viel davon, Erzählungen immer exakt und wahrheitsgetreu zu gestalten. Als Extremtyp kann er es auch gar nicht leiden, wenn andere es weniger genau nehmen und übertreiben.

Der absolute Klassiker ist da die Kombination aus dem Strategen-Odysseus und einer Anke, die in lustiger Runde einen Witz oder – noch schlimmer – eine erlebte Anekdote erzählt. Um der Story etwas mehr Pfeffer zu verpassen, fügt sie hier noch ein wenig hinzu, läßt dort eine Kleinigkeit weg und zitiert auch nicht immer wörtlich. Wenn sie nun einen Strategenmann an ihrer Seite hat, wird es für Zuhörer vor allem dadurch lustig, daß er ihr ständig ins Wort fällt, um sie zu korrigieren. »Donnerstag war das – nicht Freitag!« – »Du mußt die Geschichte schon von Anfang an erzählen« oder ein abfälliges »Hach! Niemals waren das 20 Kilometer!« wird er einwerfen, ob das nun wichtig ist oder die Pointe killt, spielt dabei keine Rolle. Entweder hat sie sich schon an ihn gewöhnt, zuckt lächelnd mit den Schultern und redet einfach weiter, oder sie gibt das Wort beleidigt an ihn ab. »Dann erzähl du das doch, wenn du immer alles besser weißt!«

Ein Stratege weiß sehr genau, welche Entscheidungen für ihn oder das Unternehmen sinnvoll sind, weil er sich dies auf das sorgfältigste überlegt und analytisch Vor- und Nachteile abwägen kann. Daher läßt er sich nicht leicht täuschen und von Kleinigkeiten ablenken. Sucht er sich eine Wohnung, weiß er vorher, welche Kriterien für ihn wichtig sind. Niemals käme er auf die Idee, eine Immobilie zu besichtigen, die über seinen Preisvorstellungen liegt oder die eine zu große oder zu kleine Fläche aufweist. Eine Anke oder ihr männliches Pendant würden sich da schon erst mal inspirieren lassen und sich dann spontan in ein Traumhaus verlieben, für das sie unterschreiben, und erst später nachdenken, wie sie das jetzt finanzieren.

Der Stratege ist stets konzentriert und unbestechlich. Im Geschäftsleben hat er die spannende Aufgabe, dafür zu sorgen, daß die Versprechungen, die Supermacho und Unterhalter in Werbeaussagen und Verkaufsgesprächen nach außen gegeben haben, auch eingehalten werden. Er achtet auf die Qualität der Produkte und Leistungen und hat dabei an sich und seine Kollegen allerhöchste Ansprüche.

Der Supermacho-Odysseus

Das männliche Pendant zu Madonna

So erkennen Sie ihn: Er

- hat eine eher laute Stimme und forsches Auftreten,
- provoziert jeden, wo immer er kann,
- fährt gern schnelle Autos,
- steht auf Statussymbole wie schicke Markenuhren oder gesticktes Monogramm auf dem Designerhemd,
- ist immer perfekt und passend angezogen,
- könnte Kettenraucher sein,
- drückt im Fahrstuhl sofort den »Türe-zu«-Knopf, damit es schneller geht,
- liebt Sportarten, bei denen er sich mit anderen messen kann, und käme im Traum nicht auf die Idee, Tennis zu spielen, ohne die Punkte zu zählen,
- textet seine Mitmenschen schnell mal in Grund und Boden; langes Zuhören liegt ihm so gar nicht,
- ist der Erfinder des Männerspiels »Schwanzvergleich«: Er will in jeder Lebenslage besser / schneller / reicher sein als andere.

Der Supermacho ist leicht zu erkennen: Sein Äußeres ist stets gepflegt und sorgfältig gewählt. Er übernimmt grundsätzlich die Führung, wählt im Restaurant ganz selbstverständlich den Wein aus und bestellt ihn für alle mit. Stellen Sie sich den Fiesling »Gecko« aus dem

Film »Wall Street« vor. Michael Douglas spielt hier hervorragend die Charakterrolle eines eiskalten Finanzhais, der mit seinem zackigen Befehlston soviel Power ausstrahlt wie seine feuerroten Hosenträger.

Seine Chefallüren stellt der Supermacho gerne zur Schau, indem er seine Vorstellungen immer klar benennt und dazu neigt, ständig kleine Befehle auszuteilen. Dabei ist auch er voller Tatendrang, kann nichts einfach so liegenlassen und arbeitet gern bis zum Umfallen. Mit Vorliebe umgibt er sich mit Statussymbolen: Es ist ja wohl selbstverständlich, daß er einen Ledersessel braucht. Auch wird er derjenige sein, der sich in langen Diskussionen mit der Geschäftsleitung einen besseren Firmenwagen erkämpft. Er ist ein echtes Raubtier, stets auf der Suche nach neuer Beute, die er mit genialer Strategie erfolgreich jagt. Dabei hat er eine bemerkenswert wache Wahrnehmung für alles, was ihm wichtig erscheint. Es hat jedoch nichts mit Feinfühligkeit oder gar Sentimentalität zu tun, wenn ihm als erstem auffällt, wie sich die Stimmlage seines Gesprächspartners verändert oder in einer Runde jemand irritiert die Stirn runzelt. Diese scharfsinnige Beobachtungsgabe setzt er hauptsächlich ein, um sich auf mögliche Angriffe vorzubereiten oder um seine »Gegner« besser einschätzen zu können.

»Ich habe Lust an Macht« ist bestimmt irgendwo auf seinem sportlich-muskulösen Körper eintätowiert. Er ist ein Fan von schnellen Sportarten wie Squash oder Badminton. Hat er gerade keinen sportlichen Gegner, den er besiegen kann, versucht er laufend, sich selbst zu überbieten. Er arbeitet unerbittlich an seinem Handicap beim Golf, zählt verbissen Kilos, die er im Kraftraum stemmen konnte, und geht niemals ohne Pulsmesser oder Uhr joggen.

Gerade weil dieser Mann so kämpferisch und machtgeil ist, bringt er es dank seiner dynamischen Durchsetzungsstärke beruflich sehr weit. Tatsächlich ist er oft in Führungspositionen zu finden. Als angenehmer Chef wird er dabei selten empfunden. Wie kein anderer beherrscht er die Kunst, selbst winzige Schwachstellen seiner Gegner, Pardon – Partner, zu erkennen und zielsicher in diesen Wunden herumzustochern, wenn ihm dieses Verhalten Vorteile verspricht. In Kombination mit seiner Provokationslust teilt er also stets irgendwelche Verletzungen aus und findet es auch gar nicht so wichtig, gemocht zu werden. Hauptsache, ihm wird Respekt entgegengebracht.

Auch wenn man sein Drängen und Drängeln in Richtung Termine und Ergebnisse anstrengend findet: Zielführend ist seine Art allemal. Dank seines unendlich kraftvollen Antriebsmotors werden Projekte auch zu einem Abschluß gebracht und in dynamischem Tempo vorangetrieben. Wirklich geduldig zeigt sich der Supermacho gerade in der Teamarbeit nicht, was häufig dazu führt, daß er Aufgaben lieber schnell selbst erledigt. Er hat keinerlei Vertrauen, daß andere dies im selben Tempo oder in derselben Qualität schaffen würden. Kurz: Er kann ausgesprochen schlecht delegieren und Verantwortung an Mitarbeiter oder Kollegen übertragen.

Aufgrund dieser Eigenschaft übt er eine enorme Anziehungskraft auf Menschen aus, die eher als »faul« zu bezeichnen sind und genau das Gegenteil von Ehrgeiz ausstrahlen: Es ist doch prima, wenn ein Supermacho in der Nähe ist und alles an sich reißt! Die Energiebündel und die Couch-Potatoes treiben sich gegenseitig in den Wahnsinn und brauchen sich doch wie die Luft zum Atmen. Deshalb finden sie auch in allen Lebenslagen zueinander, sei es nun beruflich oder privat.

Der Unterhalter-Odysseus

Das männliche Gegenstück zur Anke

So erkennen Sie ihn: Er

- ist ein echter Individualist,
- fährt Mini oder Saab oder zumindest ein Auto mit ungewöhnlicher Farbe,
- legt viel Wert auf sein Äußeres, tritt sehr gepflegt auf und sieht zum Anbeißen aus,
- hat stets einen köstlichen Witz auf den Lippen,
- könnte mit seinem schlagfertigen Charme einem Thomas Gottschalk Konkurrenz machen,
- kann nichts für sich behalten – jede Gefühlsschwankung sehen Sie ihm an der Nasenspitze an,
- trifft sich gern mit seinen Freunden und zieht mit Vorliebe nachts mit ihnen durch die Bars.

Das gesamte Leben ist für ihn eine Bühne. Charmant und mit viel Witz wird er andere in seinen Bann ziehen und für sich begeistern. Er kann gar nicht anders, als immer aus den Augenwinkeln zu beobachten, wie sein Verhalten auf andere wirkt.

Ein Tag, der nicht langweilig war, ist für ihn ein guter Tag.

Er ist der geborene Optimist und wird auch den schwierigsten Situationen noch etwas Positives abgewinnen können.

Am schwersten tut er sich mit Jodie. Für ihn ist sie eine alles ver-

hindernde Bedenkenträgerin und Erbsenzählerin. Dabei wären beide gemeinsam eigentlich ein tolles Gespann: Seine Kreativität und ihre Gründlichkeit ergänzen sich hervorragend. Schließlich hat die Perfektionistin sicherlich das Zeug dazu, sich bestens auf seinen bunten Charakter einzustellen. Sie muß lediglich darauf achten, auf ihn nicht langweilig zu wirken – schon hat sie halb gewonnen. Versucht sie, ihn mit Excel-Tabellen zu überzeugen, ist das nicht das beste Mittel. Er wird als König der Präsentationstechniken viel eher eine Kombination aus kurzen Texten, Bildern und Vortrag bevorzugen. Eine kurzweilige Darbietung – mit PowerPoint unterstützt – spricht ihn am meisten an. Auf keinen Fall darf er wichtige Unterlagen nur schriftlich erhalten. Wenn Sie ihn im Boot haben wollen, ist ein persönliches Gespräch unumgänglich. Achten Sie hierbei vor allem auf die äußere Form: Klamotten, Frisur und Make-up sind tadellos und nett anzusehen. Eine eventuell vorbereitete Präsentation kann den kritischen Augen eines Design-Freaks ohne weiteres standhalten.

Der Ideenreichtum und die praktische Kreativität eines Unterhalters sind unbestritten. Darauf ist er stolz und will auch gern die angemessene Anerkennung dafür bekommen. Tödlich ist es daher, ihn bei einem Veränderungsprozeß nicht mit einzubeziehen. Kommt jemand anderes direkt mit einer Lösung daher, landet der arme Tropf augenblicklich in der Schublade »Besserwisser« und kann sich nun die Zähne an den Widerständen des Unterhalters ausbeißen, egal, ob er recht hat oder nicht. Also, ihr lieben, schlauen Köpfe in den Unternehmen: auch wenn ihr nicht vorhabt, darauf zu hören, fragt die Kreativen dennoch nach ihren Ideen! Die Unterhalter sind anschließend die besten Promotoren für eure Themen, die ihr euch vorstellen könnt!

Wenn also die Controller das nächste Mal mit rotem Stift an das Kürzen der Budgets herangehen, tun sie gut daran, die Unternehmenskommunikation sehr frühzeitig einzubinden. Denn hier sitzen häufig die Unterhalter und Ankes, die sich sehr gerne Gedanken machen, wie man diese schlechte Nachricht im Anschluß bestmöglich der Belegschaft verkaufen könnte. Sind diese schon in einer ganz frühen Phase im Projektteam, werden sie die Controlleraufgabe sehr ernst nehmen und zu ihrem Thema machen.

Stehen die Kürzungen jedoch alle schon fest, landet die Bitte nach einer ordentlichen Kommunikationsverpackung auf der Prioritätenliste irgendwo ganz unten. Jetzt sind keine Meisterleistungen mehr zu erwarten. Schade, wenn die Potentiale eines Unternehmens nicht besser genutzt werden.

Jodie und Madonna sollten darauf achten, im Umgang mit dem Unterhalter nicht allzu überheblich zu wirken. Fragen Sie ihn immer wieder nach seiner Sicht, und glauben Sie nur nicht, er würde nicht aufmerksam zuhören, nur, weil er nebenher Termine in den Kalender kritzelt oder abwesend aus dem Fenster blickt. Das sind allenfalls Anzeichen dafür, daß er als Zuhörer gerade unterfordert ist. Geben Sie also mehr Gas, und bringen Sie Abwechslung in Ihre Präsentation!

Der Unterstützer-Odysseus

Das männliche Pendant zur Elke

»Halte dich immer für dümmer als die anderen – sei es aber nicht!«

Jean Cocteau (1889–1963),
französischer Dichter, Maler und Filmregisseur

So erkennen Sie ihn: Er

- kann einem besonders lang tief in die Augen sehen,
- ist im Gespräch sehr verbindlich und persönlich,
- ist nicht unbedingt topmodisch gekleidet,
- mag gerne Antiquitäten oder Oldtimer oder kauft zumindest seine Schuhbürste bei Manufactum,
- fährt oft jahrzehntelang dieselbe Automarke,
- hat vermutlich einen ganz engen, besten Freund oder Freundin,
- bekommt so gut wie nie Strafzettel,
- ist religiös oder überzeugter Atheist,
- hat beruflich ein Spezialgebiet,
- hält sich in Gesprächsrunden am liebsten zurück,
- betreibt Hobbys, bei denen er sich zurückziehen kann, wie Joggen, Schwimmen, Radfahren (aber nicht als Leistungssport),
- spielt ein Instrument oder liebt Filme.

Der Unterstützer ist in erster Linie bescheiden, zurückhaltend und drängt sich ganz sicher nicht in den Vordergrund. Er spielt nicht die erste Geige, ist aber immer für seine Freunde da, wenn sie ihn wirklich brauchen. Aufgrund seiner vorsichtigen Lebensweise bleibt er vor manchem Schaden bewahrt. Allerdings verpaßt er gleichzeitig auch die schönsten Abenteuer des Lebens. Er läßt sich so schnell nichts aufschwatzen, sein Vertrauen muß man sich mit viel Geduld erarbeiten.

Sollten Sie die Chance haben, ihn als Ihren Mitarbeiter anzuheuern: Greifen Sie zu! Er wird Ihnen gegenüber immer loyal sein, Ihnen niemals in den Rücken fallen. Als perfekter »zweiter Mann« wird er für Sie dasein, bevor Sie ihn rufen, und so lang bleiben, bis Sie ihn wieder entlassen. Und selbst wenn Sie eines Tages die Kündigung aussprechen müssen: Solange Sie es auf faire Weise tun, wird er auch weiterhin noch mit Ihnen Tennis spielen und kein schlechtes Wort über Sie verlieren.

Erwarten Sie nur keine raschen Entscheidungen oder Innovationen von ihm – er wird beides sogar eher mit Skepsis beantworten. Das Vier-Augen-Gespräch ist seine bevorzugte Kommunikationsform. Geht es für ihn um wichtige Themen, möchte er diese nicht über eine Großveranstaltung mitgeteilt bekommen. So etwas findet er reichlich albern und unnötig. Eine schriftliche Information allein ist ihm aber auch zuwenig.

Ein persönliches Lob seines direkten Vorgesetzten ist die beste Motivation, die er im beruflichen Umfeld erhalten kann. Bevor Sie mit ihm seine beruflichen Ziele für das kommende Jahr besprechen, sollten Sie unbedingt erst einmal zehn Minuten lang seine aktuellen und vergangenen Leistungen loben, loben und noch mal loben. Und ziehen Sie dabei bloß keine Show ab. Er wird Sie sofort entlarven, wenn Sie es nicht ehrlich mit ihm meinen.

Doch so wichtig es auch sein mag, ihm Anerkennung zu geben: Küren Sie ihn auf keinen Fall vor aller Welt zum »Mitarbeiter des Monats«, er fände das einfach nur peinlich.

Als Lebenspartner ist er ein echter Glücksgriff: Er kann gut zuhören, hat sehr feine Antennen dafür, wie es den Menschen um ihn herum gerade geht, und zeigt sich ausgesprochen tolerant. Jeden Wunsch liest er uns von den Augen ab, und wenn es uns einmal nicht so gutgeht, hat er uns schon zärtlich umarmt, bevor wir auch nur einen leisen Seufzer loslassen konnten. Zu allem Überfluß ist er auch noch ehrlich und treu – was will frau mehr?!

Sie dürfen nur nicht erhoffen, daß dieser zärtliche, verständnisvolle Mann Sie zu einem Quickie im Fahrstuhl überrumpelt. Wenn Sie gesteigerten Wert auf wilden, schnellen Sex in ungewöhnlichen Lebenslagen legen, müssen Sie halt selbst die Initiative ergreifen. Unterschätzen Sie den Unterstützer auch auf diesem Gebiet nicht – es kann gut sein, daß er hocherfreut mitmacht.

Wie viele Menschen geht auch er zunächst einmal davon aus, andere seien so ähnlich veranlagt wie er. Deshalb hält er es auch für völlig unnötig, den eigenen Gefühlen verbal allzu häufig Ausdruck zu verleihen. Freude erkennen Sie an seinen glücklich strahlenden Augen. Seinen Unmut macht er deutlich, indem er sich einfach stumm zurückzieht. Es kann schon mal passieren, daß er wie ein pubertierender Teenager »in sein Zimmer« geht und die Musik aufdreht, anstatt zu streiten. Aus solchen Fluchtgedanken heraus begeistert er sich auch gerne für einsame Sportarten, die er ganz für sich allein ausüben kann. Vielleicht züchtet er auch Bonsais, sammelt Briefmarken oder beschäftigt sich in seiner Freizeit bevorzugt mit Ahnenforschung.

Vermutlich pflegt er in weniger zufriedenen Momenten auch seine künstlerische Ader und versinkt vollkommen in seiner Musik, seinen Bildern oder Büchern. Ganz still geht er selbstverständlich davon aus, daß wir doch gemerkt haben müssen, daß ihn etwas gestört hat.

Eine Madonna, die Konfrontationen förmlich sucht, treibt er mit solchen Rückzugsstrategien regelrecht auf die Palme. Sie kann einfach nicht mit ihm streiten, weil er ihr sofort wie ein Fisch durch die Hände glitscht.

Wenn er mit seiner angebeteten Powerfrau ein Fest besucht, das ihm mißfällt, wirft er ihr allenfalls einen verzweifelten Blick zu und erwartet wie selbstverständlich, daß sie ihn nun an der Hand nimmt und mit ihm gemeinsam die Gesellschaft verläßt. Die beiden müssen schon einen ausgesprochen guten Draht zueinander haben, damit er in einer derartigen Situation toleriert, daß sie sich stundenlang weiteramüsieren will.

Wenn Sie andere erfolgreich becircen wollen

Bewußt oder nicht – jeden Tag setzen wir unsere Circen-Fähigkeiten gleich zigfach ein. Schließlich haben wir es ständig mit anderen Menschen zu tun, von denen wir nur allzu oft etwas »haben wollen«.

Wir verkaufen einem Kunden ein Produkt oder machen unserem Chef oder unserer Chefin klar, daß unser Arbeitsergebnis diesmal ganz besonders gut gelungen ist. Wir vertrösten einen Kollegen und möchten, daß er es versteht, daß wir ihm die gewünschten Texte nun doch erst gegen Ende der Woche liefern können. Wir bitten die Nachbarin, unsere Blumen zu gießen, oder fragen die Boutiquenbesitzerin nach einem Rabatt. Wir beknien unsere Kinder, uns doch am Sonntag ausschlafen zu lassen oder zumindest heute ausnahmsweise einmal die schmutzigen Teller direkt in die Spülmaschine zu stellen. Und nachmittags beim Arzt versuchen wir mit allen Kräften, uns an der unendlich langen Reihe der Wartenden vorbeizumogeln, um schneller dranzukommen. Und am Abend kochen wir diesmal besonders lecker, in der Hoffnung, uns dadurch eine zärtliche Rückenmassage auszuhandeln.

Wir becircen, um in unserem Sinne zu manipulieren.

Die einen nennen es Verführung, für andere ist es ein Überzeugen mit Charisma. Tatsache ist, daß wir uns nicht nur mit reinen Argumenten ins Zeug legen, wenn wir etwas wirklich erreichen wollen. Manches überlegen wir uns ganz bewußt, anderes geschieht wie von selbst.

Wer ein kleines Kind dazu überreden will, jetzt erst mal das Zimmer aufzuräumen, bevor weitergespielt wird, spricht sicherlich in ganz anderem Tonfall, als wenn ein Erwachsener überzeugt werden müßte. Spontan gehen wir ein wenig in die Knie, um in Augenhöhe zu sein, und wechseln in ein kindgerechtes Vokabular.

Ob unsere gewählte Überzeugungsstrategie erfolgreich ist, hat vor allem damit zu tun, wie gut sie zu unserem Gegenüber paßt. Der Köder muß schließlich dem Fisch schmecken und nicht dem Angler.

Auch diejenigen, die wir für uns gewinnen wollen, sind jede oder jeder für sich eine originelle Mischung aus den beschriebenen extremen Grundtypen. Sie alle wollen auf ganz bestimmte Weise angefaßt werden – und so manches Verhalten geht ihnen total gegen den

Strich. Doch dies soll nicht Ihr Problem werden: Wer genau verstanden hat, wen er erreichen will, hat meist schon gewonnen. Marketingexperten befassen sich ja auch erst mal eine ganze Weile damit, wie sie ihre Lieblingskunden beschreiben würden, bevor sie sich eine Werbekampagne ausdenken. Wer musikbegeisterte 16- bis 25jährige ansprechen will, sollte seine Werbebotschaften besser in flotte Jugendsprache übersetzen, bevor er Millionenbudgets mit der Gießkanne verteilt. Auch wenn wir eine einzige Person überzeugen wollen, ist es durchaus sinnvoll, sich vorher ein paar Gedanken darüber zu machen, mit wem wir es hier eigentlich zu tun haben.

Es ist also völlig unwichtig, wie sehr Jodie oder Elke Sie sind: Wenn Sie eine Madonna oder ihr männliches Pendant für sich gewinnen wollen, müssen Sie eine Sprache und Tricks anwenden, die eine Madonna oder ein Supermacho eben aufmerksam werden läßt. Und eine Anke sollte zuerst verstehen, wie eine männliche oder weibliche Jodie so tickt, bevor sie mit ihm oder ihr zu verhandeln beginnt.

Wie Sie einen Strategen oder eine Jodie becircen

Verführen eines Strategen-Odysseus

Er plant und denkt und forscht und analysiert – und dabei sieht er so gar nicht lüstern aus. Doch der Eindruck täuscht: Auch Strategen pflanzen sich fort, und nicht selten tun sie dies mit Spaß!

Zugegeben, er erschüttert uns nicht gerade mit schlüpfrigen Bemerkungen und lasziven Flachlegestrategien. Aber er ist Ihren körperlichen Reizen gegenüber grundsätzlich aufgeschlossen und entpuppt sich nicht selten als ausdauernder Liebhaber, der über filigrane Techniken verfügt. Täuschen Sie sich nicht: Hinter seiner biederen Fassade versteckt er so manch unaufgeräumten Gedanken.

Wenn Sie erreichen wollen, daß er einmal so richtig aus sich herausgeht, sollten Sie einen Rahmen schaffen, der es ihm ermöglicht, sein sonst so waches Gehirn und seinen brillant funktionierenden Verstand auf »Pausenmodus« einzustellen. Am ehesten gelingt so etwas in ungewohnter Umgebung (ab ins Hotel) und nach einem ausgiebigen Entspannungsritual wie einen Saunabesuch, Planschen im Whirlpool oder auch nur in der Badewanne, nach einem Konzertbesuch oder einem langen Waldspaziergang. Ein oder zwei Gläschen Wein unterstützen dieses Umschalten auf Gefühlsebene häufig noch. Sie selbst sollten eher zusehen, daß Sie nüchtern bleiben, damit Sie nicht irgendwann anfangen, allzu albern herumzukichern und sich nicht mehr in der Lage sehen, auf seine Fragen halbwegs vernünftig zu antworten. Er könnte ja seine hohe Meinung von Ihrer geistigen Brillanz in Frage stellen. In diesem Fall würde seine Paarungswilligkeit auf ein uninteressant niedriges Niveau abschwellen …

Becircen eines Strategen und einer Jodie in allen anderen Lebenslagen

Wer den Strategen oder seine Kollegin Jodie für eine bestimmte Entscheidung gewinnen will, bereitet sich am besten sehr sorgfältig auf ein Gespräch vor. Einen Stapel penibel ausgearbeiteter Unterlagen sollte man schon dabeihaben, denn diese beiden brauchen Fakten, Fakten, Fakten. Und davon möglichst kiloweise. Referenzen und Studien kommen ebenfalls sehr gut an. Für diese scharfsinnigen Gemüter ist es nicht so wichtig, wie eine Sache in Zukunft aussehen könnte. Es ist überzeugender, daß andere Unternehmen mit dem neu unterbreiteten Konzept schon gute Erfahrungen gemacht haben und es weiterempfehlen. Wenn diese Strategen Ihnen einen Auftrag erteilen sollen: Klotzen Sie ruhig mit Erfahrungen aus anderen Projekten, die Sie möglichst mit konkreten Zahlen belegen. Wenn Sie einen Job bei Jodie oder Mister Stratege wollen, unterstreichen Sie ihre Führungserfahrung am besten nicht so, daß Sie nur sagen, sie hätten ein Team geführt und seien sehr beliebt gewesen. Für die beiden zählt, daß Sie konkret 48 Mitarbeiter hatten und mit einer Budgetverantwortung über zwei Millionen Euro gut umgehen konnten. Auch interessiert es kühle Denker weniger, daß all die Jahre kein einziger Mitarbeiter gekündigt hat. Vielmehr finden sie es spannend, wenn Sie das Teamergebnis im Laufe von fünf Jahren um 34 % steigern konnten.

Eine vielseitige Anke könnte dazu neigen, den Strategen im Gespräch mit immer neuen Aspekten zu überfordern. Sie muß sich besonders überwinden, bei einem einzigen Thema zu bleiben. Auch wenn sie es sich nicht vorstellen kann: Da gibt es jemanden, der will es tatsächlich ganz genau wissen. Also, Anke: erst mal alle Risiken und Chancen auf den Tisch gepackt. Argumente, die sich nicht in Zahlen übersetzen lassen, zählen nicht. Und wehe, die dritte Stelle nach dem Komma weist einen Rundungsfehler auf. Wer so schlampig anfängt, ist wenig vertrauenerweckend.

Drängen Sie weder den Strategen noch die Jodie zu vorschnellen Entscheidungen. Beide werden sich ohnehin nicht überrumpeln lassen. Der geringste Druck macht sie einfach mißtrauisch. Sie können allenfalls beschleunigen, indem Sie mithelfen, alles, was an Grundlagen und Informationen benötigt wird, zu liefern.

Fazit

Der Stratege liebt ebenso wie Jodie Zahlen und steht nicht sonderlich auf ausschmückende Adjektive in Ihrer Argumentation. Konzentrieren Sie sich, bleiben Sie bei einem einzigen Thema, und untermauern Sie Ihre Aussagen stets mit Belegen. Eine schriftliche Entscheidungsgrundlage ist unbedingt nötig. Entwickeln Sie Ihre Vorschläge Schritt für Schritt, damit sie Ihrer Logik folgen können (und auch sehen, daß Sie überhaupt eine haben). Hauen Sie bei Ihrer Präsentation nicht allzusehr auf den Putz, und lassen Sie unnötigen Schnickschnack besser weg.

Wie Sie einen Supermacho oder eine Madonna becircen

Verführungstips für den Supermacho

Wer diesen Typ Mann verführen will, verhält sich am besten wie eine besonders attraktive Beute: lecker, aber ausreichend widerspenstig und somit scheinbar schwer zu knacken.

Er braucht unbedingt das Gefühl, sein Wild selbst erlegt zu haben. Ein willenloses Wesen, das auf seiner Couch wie von selbst daniedersinkt, ist für ihn in etwa so attraktiv wie eine tote Antilope für den Tiger.

Garantiert führt er irgendwo eine Strichliste, wie viele Frauen er schon ins Bett gekriegt hat. Danach fragt er keineswegs »War ich gut?« – er geht selbstverständlich davon aus, daß er sein Handwerk beherrscht. Bei einem One-Night-Stand achtet er darauf, außer Haus zu vögeln, damit er eine Zigarettenlänge später wieder verschwinden kann. Er ist tendenziell bindungsunwillig, liebt seine Freiheit und will sich auf keinen Fall zähmen lassen. Interessanterweise sucht er sich als dauerhafte Lebenspartnerin dann doch gerne eine Elke, die ihm die fehlende Harmonie und Ruhe geben kann, nach der er in seinem tiefsten Inneren sucht. Wie alle anderen konträren Beziehungen kann auch diese Konstellation nur dann auf Dauer halten, wenn eine Voraussetzung erfüllt ist: Die gegenseitige Toleranz für die völlig unterschiedlichen Sichtweisen hält länger als das Leben der Partner.

In meinem Bekanntenkreis erlebe ich gerade live so eine typische »Supermacho-Elke-Scheidung«: Nach immerhin jahrelang anhaltender Anfangsbegeisterung für die Gegensätze zerbrach die Beziehung schließlich daran, daß er sich irgendwann nur noch gebremst und gelangweilt fühlte. Sein Sprung in die Selbständigkeit, die er gegen einen sicheren Chefsessel in einem Verlag austauschte, stieß bei ihr mit ihren konservativen Wertvorstellungen auf wenig Begeisterung. Sie konnte seine halsbrecherische Risikofreude, die er auch bei den Familienfinanzen austobte, nicht mehr aushalten. Sie zog sich immer mehr von ihm zurück und überließ auch ihm den aktiven Schritt, endlich aus dem gemeinsamen Haus auszuziehen.

Eine Elke kann so große Veränderungen hervorragend »aussitzen«. Im Zweifel hat sie gegenüber allen anderen stets den größeren Vorrat an Geduld.

So becircen Sie Supermacho und Madonna im Beruf

Im beruflichen Umfeld ist es schon sehr schwer, sich gegen einen Supermacho oder eine Madonna durchzusetzen. Denn mit Gefühlsduselei kommt man bei diesen beiden überhaupt nicht weiter. Für sie zählen Sachargumente. Sie testen ihre Mitmenschen laufend auf ihre Standfestigkeit: Wer auf ihre Provokationen hin umfällt, wird von ihnen nicht mehr ernst genommen. Auf die Begrüßung »Sie sehen heute aber scheiße aus«, sollten Sie also nicht beleidigt reagieren, sondern möglichst humorvoll kontra geben. Also, lachen Sie herzlich, und entgegnen Sie: »Ich sehe jeden Tag so scheiße aus. Das ist Ihnen bloß noch nicht aufgefallen, weil Sie sonst um diese Zeit noch nicht so wach sind.«

Wer nicht so schlagfertig ist, ignoriert diese fiesen Spitzen und Bemerkungen am besten. Hauptsache, Sie schnauben nicht »Unverschämtheit« oder so was. Dann haben Sie sich als Schwächere geoutet und verloren. Von diesem Moment an wären Sie nämlich das Weichei und dürften nicht mehr in der Madonna-Superliga mitspielen.

Prallen zwei Madonnen oder auch eine Madonna und ein Supermacho aufeinander, fliegen buchstäblich die Fetzen. Zwei Kampfhähne im Ring – der stärkere Schnelldenker siegt. Beide haben den unbestrittenen Vorteil, von ihren Gegnern wirklich ernst genommen zu werden. Beide kämpfen mit denselben Waffen und können sich nach Herzenslust austoben. Sie teilen heftig aus, können aber meist auch mehr einstecken als andere.

Viele Reibereien könnten die Madonna und der Supermacho sich wirklich ersparen, weil sie nur dazu dienen, den Stärkeren zu benennen. Aber ist es wirklich wichtig, ob Ihr Nachbar oder Sie als Gladiator hervorgehen? Sie wollen doch nur, daß er samstags nicht um 9:00 Uhr den Rasen mäht, wenn Sie noch schlafen. Nehmen Sie sich in solchen Situationen einfach einmal persönlich zurück. Als erklärter Held wird er Ihnen dann vermutlich gönnerhaft den gewünschten Gefallen tun. Also lieber kleinlaut über Müdigkeit jammern, als kratzbürstig die gestreßte Business-Queen heraushängen lassen oder Gegenaktionen androhen.

Eine Anke könnte dazu neigen, Madonna und Supermacho ihre Gefühlswelt nahebringen zu wollen. »Hey, ich bin wirklich total sauer, weil Sie mich vorhin vor versammelter Mannschaft so heruntergeputzt haben. Das würde Ihnen doch auch nicht gefallen, wenn jemand so mit Ihnen umgeht.«

Ein solcher Hinweis ist völlig unnötig und würde von Ihrem toughen Gegenüber wohl gar nicht wirklich gehört. Sie oder er könnte recht arrogant antworten: »Wenn Sie keine Kritik vertragen, müssen Sie sich eben einen anderen Job suchen.« Das Thema wäre damit auch schon wieder abgeschlossen.

Viel besser trifft da der Schuß: »Wissen Sie eigentlich, daß uns ihre Bemerkung von vorhin über 50 000 Euro gekostet hat?! Wenn Sie mich schon kritisieren wollen, können Sie das auch unter vier Augen tun. Sie haben das gesamte Team damit demotiviert und die Arbeit der letzten Wochen in Frage gestellt. Wie soll ich meine Leute nun wieder zu Höchstleistungen anspornen, wenn Sie mich so heruntermachen?«

Das zieht – und provoziert diesen starken Charakter dazu, hierauf zu reagieren.

Überhaupt: Fragen zu stellen ist eine tolle Strategie, um diese Spezies zum Handeln zu bewegen. Darauf versteht eine Elke sich wunderbar. Niemals würde sie ihre Wünsche in klaren Appellen äußern. Sie geht da viel subtiler vor. »Seltsam. Wir sollten doch vom Vertrieb bis 12:00 Uhr die Zahlen bekommen. Es ist ja noch gar nichts da«, bemerkt sie ganz beiläufig in Anwesenheit des Supermachos. Er reagiert prompt und berechenbar, greift zum Hörer und schnauzt den Vertriebsleiter an, wo denn die Unterlagen bleiben. Elke hat ihr Ziel erreicht: Der Verantwortliche wurde in klaren Worten abgemahnt, und sie selbst mußte sich dabei die Finger nicht schmutzig machen.

Eine Jodie beherrscht die sachliche Sprache und argumentiert ähnlich wie Madonna oder Supermacho. Wenn sie nun besonders punkten will, sollte sie ihre Batterien vor einem Gespräch voll aufladen, um nicht zu träge zu wirken. Im Idealfall liefert sie die nötigen Fakten, die es anschließend ermöglichen, eine schnelle Entscheidung zu treffen. Das dürfte eine Jodie auch gar nicht sonderlich stören. Sie muß nicht diejenige sein, die auf ein Knöpfchen drückt. Es reicht ihr, zu wissen, daß sie die Maschine dahinter gebaut hat.

Fazit

Wenn Sie eine Madonna oder einen Supermacho überzeugen wollen, sollten Sie ihre Gefühlsargumente mal hübsch zu Hause lassen. Packen Sie also Ihre eigene Jodie und Madonna aus, so gut es geht. Dann werden Sie auch ernst genommen werden.

Treten Sie so sachlich und stark auf, wie Sie nur können. Fassen Sie sich kurz. Ein Statement, auf den Punkt gebracht, bewirkt viel mehr als ein einstündiger Vortrag. Lassen Sie sich nicht provozieren: entweder, Sie kontern schlagfertig, oder Sie versuchen, die frechen Sprüche einfach zu ignorieren.

Wie Sie einen Unterhalter oder eine Anke becircen

Wie verführen Sie einen Unterhalter?

Diese Gruppe der charmanten Individualisten schätzt originelle Inszenierungen. Doch Vorsicht: Der Unterhalter übernimmt hier am liebsten selbst die Regie. Und diesen Spaß sollten Sie ihm auch nicht verderben. Wenn Sie also komplett das Heft in die Hand nehmen und ein minutiös geplantes Verführungsszenario starten, wird er sich noch nicht einmal von der Badewanne mit Blick auf die Manhattan-Skyline beeindrucken lassen, sofern er kein bißchen mitgestalten kann. Liefern Sie ihm also allenfalls ein Stichwort, und lassen Sie ihn sich in seiner Kreativität austoben. Packen Sie doch einfach mal die Koffer und einen großen Picknickkorb ins Auto, drücken Sie ihm ein paar Landkarten und nette Reiseführer in die Hand (wie etwa die Hoteltips im »Guide de charme«, den es für beinahe alle europäischen Länder gibt), und lassen Sie ihn drauflosfahren. Er wird glücklich sein, daß Sie seine Abenteuerlust und seinen Entdeckungsdrang so schätzen.

Oder Sie schlüpfen einfach einmal in eine andere Rolle. Schicken Sie ihm eine Mail ins Büro, daß ihn heute abend in irgendeiner coolen Szenekneipe eine heiße Blondine/eine Politesse/eine Edelnutte oder Schlimmeres erwartet. Inzwischen besorgen Sie sich Klamotten, die Sie sonst nie tragen würden, und warten einmal ganz gespannt ab, wie sich der Abend entwickelt …

So becircen Sie Unterhalter und Anke im Beruf und auch privat

Der Unterhalter ist genauso wie Anke besonders empfänglich für sinnliche Verkaufs- und Verführungsstrategien. Je origineller und abenteuerlicher die Idee ist, um so lauter werden ihre Begeisterungsrufe klingen. Sie schätzen es, wenn sie von Geschäftspartnern zum Kochkurs beim Sternekoch oder zum Wiener Opernball eingeladen werden. Eine Einladung zum Dinner im Baumhaus oder zur Party im ausrangierten U-Boot wird sicher auch nicht abgelehnt.

Sollen die beiden irgendwelche Sonderaufgaben oder Projekte übernehmen, die in die Freizeit fallen, lassen sie sich sofort begeistern, wenn die Projektarbeit oder das Seminar als Gruppenevent getarnt und mit gemeinsamem Grillabend als Abschluß an sie herangetragen wird.

Für sie ist es besonders wichtig, was andere von ihnen halten. Sie könnten also zu Höchstleistungen angesporntwerden, wenn sie sich einen löblichen Presseartikel erhoffen oder einen Verriß befürchten. Anke und ihr männliches Gegenstück sind regelrecht »mediengeil«. Treffen Sie also auf einen Unterhalter, der als Ihr Dienstleister nicht in die Gänge kommt, machen Sie ihm sofort Dampf, wenn er weiß, mit wie vielen wichtigen Leuten Sie gut verdrahtet sind.

Mit Frauen kommt der Unterhalter sehr gut klar. Obwohl ihn ihre Ordnungsliebe zuweilen ganz schön nervt, fühlt er sich von einer Jodie magisch angezogen. Es ist ihm ein echtes Bedürfnis, die ewige Kritikerin zu missionieren und ihr eine optimistischere Sichtweise nahezubringen. Jodie will den fröhlichen Träumer nur allzugerne vor Schaden bewahren. Daher meint sie es ja nur gut mit ihrem Hinterfragen von wichtigen Details und dem Aussprechen von

Warnungen. Präsentiert er ihr also mal wieder voller Begeisterung eine neue Geschäftsidee, mit der er sich selbständig machen möchte, oder schwärmt er ihr euphorisch von einer neuen Jacht, einem neuen Haus oder einem neuen Auto vor, schrillen bei ihr erst einmal alle Alarmglocken. Natürlich hat er in diesem frühen Stadium seiner kreativen Auswüchse noch keinen Finanzplan gemacht, das Kleingedruckte gelesen oder gar einen Anwalt beauftragt. Genau dies hält sie ihm vor und ist mal wieder heilfroh, daß sie ihn auf den Boden der Tatsachen zurückgeholt hat. Dabei wären ihre völlig richtigen Einwände an dieser Stelle noch gar nicht nötig gewesen. Mister Luftikus befand sich noch mitten in »Phase eins = Brainstorming« und noch längst nicht in »Phase zwei = kurz vor der Umsetzung«.

In dem zwölfköpfigen Team, das ich in meinem letzten Job führte, hatten wir natürlich auch inspirierende Ideensprudler, die sich laufend mit den bremsenden weiblichen wie männlichen Jodies in die Wolle bekamen. Bald einigten wir uns auf die Sprachregelung, daß neue Konzepte immer mit dem Zusatz »Phase eins« oder »Phase zwei« präsentiert wurden. In der ersten Phase war Kritik strengstens verboten. Es durften nur konstruktive Ergänzungen oder neue Impulse gegeben werden. Erst in Phase zwei war es erlaubt, Schwierigkeiten oder Hindernisse, die man sah, zu formulieren.

Siehe da, die Zusammenarbeit wurde spürbar fruchtbarer. Wenn nun doch einmal eine Jodie zu früh zu vorsichtig wurde, hat man sie einfach freundlich erinnert: »Spar es dir auf für später – wir sind noch mitten in Phase eins.«

Auch eine Elke gehört zu den stillen, tiefen Wassern, die ein Kreativkopf gerne ergründen möchte. Für seine Geschichten ist sie ihm eine überaus dankbare Zuhörerin – und was wäre ein Unterhalter schon

ohne Publikum? Ihr gemeinsamer Nenner, eher aus dem Bauch heraus Entscheidungen zu treffen, macht sie zu einem idealen Gespann. Die beiden Turteltauben werden sich stets warmherzig und wohlwollend begegnen. In einer solchen Beziehung ist ganz klar geregelt, wer die erste und wer die zweite Geige spielt. Insofern gibt es keinerlei Machtgerangel.

Seine Lust am ewigen Entdecken neuer Kontinente könnte ihrem Ruhebedürfnis während der Urlaubszeit zuwiderlaufen. Es könnte durchaus sein, daß sie eher zu den Typen gehört, die Durchfall bekommen, sobald sie die deutsche Grenze passieren müssen. Fest steht, daß sie lieber zum fünftenmal in dasselbe Ferienhaus nach Holland fährt (»jetzt haben wir uns dort so schön eingelebt«), als mit ihm einen Abenteuertrip durch Australien auch nur in Erwägung zu ziehen. Wenn sie ihn nicht an eine Affäre verlieren möchte, könnte es eine gute Idee sein, ihn einmal pro Jahr allein auf Reisen zu schicken (und dabei dann ruhig eine Affäre in Kauf zu nehmen, aber besser nicht danach zu fragen).

Abwechslung und Vielfalt sind sein Credo. Wenn ihr die Vorstellung nicht direkt Unbehagen auslöst, könnte sie ihn schwer begeistern, wenn sie sich in sexueller Hinsicht auch mal auf Rollenspiele einläßt. Es müssen ja nicht gleich Handschellen und Peitsche angeschafft werden. Aber wie wäre es denn mal damit, zu Hause Jeans und Pulli durch ein kurzes Kleid und halterlose Strümpfe einzutauschen? Oder an einem ganz normalen Wochentag die Unterwäsche wegzulassen und ihm dies ganz beiläufig während des Abendessens zu verraten? Ihre Wohnung hat vermutlich mehr als 40 Quadratmeter: Aus welchem Grund benutzen Sie immer dieselben vier zum Austausch intimer Zärtlichkeiten? Ideen gibt es genug – sobald Sie ein wenig offen sind für neue Erfahrungen.

Mit einer Anke kann der Unterhalter sprichwörtlich Pferde stehlen und wunderbar Gags und sprühende Ideenfeuerbälle hin- und herspielen. Ein richtig tolles »Kumpelverhältnis«, denn für eine tiefere Freundschaft oder Beziehung findet er sie vermutlich ein wenig zu oberflächlich. Dabei merkt er gar nicht, daß er selbst genau so auf andere wirkt.

Finden die beiden doch zusammen, ist ganz schön was los in der Bude. Immer Action, immer Party und vermutlich ein heilloses Chaos in der Wohnung. Die beiden sollten das Schaffen von Ordnung in ihrem Leben dringend an eine geduldige Putzfrau und an einen guten Steuerberater delegieren – dann steht ihrem genießerischen Lebensstil nichts mehr im Wege.

Eine enorme Steigerung der Beziehungsharmonie kann es auslösen, wenn beide einmal ihren Erzählfluß unterbrechen, tief Luft holen und vielleicht auch zuhören, was der andere zu sagen hat. Andernfalls könnten einfachste Situationen des Alltags an Diskussionen scheitern, die sich im Kreise drehen. Wie schade, wenn die beiden ungeküßt einschlafen müssen, weil sich die Parteien nicht einigen können, wer »oben liegt«.

Vor einer Madonna hat der Unterhalter große Achtung. Gerne wäre er ab und zu so erfolgreich wie sie – doch gerade gestern ist er mit seinen Kumpels noch in einer Bar versumpft und konnte deshalb im Meeting heute nicht ganz so brillieren wie sie. Dabei war sie vielleicht auch noch abends unterwegs – war aber so diszipliniert, in noch so netter Runde rechtzeitig den Absprung zu schaffen. Außerdem braucht sie beneidenswert wenig Schlaf.

Unter Umständen fühlt sich der Unterhalter von ihr auch schnell überrollt. Vielleicht vermißt er ein wenig Humor und Selbstironie in ihrem kämpferischen Ehrgeiz?

Stehlen Sie ihm also nicht die Show, und graben Sie soviel Charme aus, wie Sie in sich entdecken können.

Fazit

Der Unterhalter und eine Anke brauchen immer neue Impulse und Abwechslung. Sehen Sie also zu, daß Sie sie niemals langweilen, und unterfordern Sie sie nicht. Konzentrieren Sie sich voll und ganz darauf, daß sie Sie sympathisch finden: weisen Sie auf Ähnlichkeiten hin, äußern Sie sich begeistert über ihre/seine Ideen, und machen Sie ehrliche Komplimente. Packen Sie so viel Humor und Charme aus, wie Sie nur können. Dann haben Sie die beiden im Boot – und können nun lossegeln, wohin sie auch wollen ...

Wie Sie einen Unterstützer oder eine Elke becircen

Die Verführung des Unterstützers

Der Romantiker unter den Odysseus-Typen sehnt sich nach aufrichtiger Liebe und Zuneigung. Geben Sie ihm also auf keinen Fall das Gefühl, vor allem an seinem Körper interessiert zu sein. Fragen Sie ihn nach seiner Kindheit, nach seiner Familie, nach seinen Interessen.

Diskutieren Sie ausführlich über seine Ansichten zu den Fragen »Gibt es ein Leben nach dem Tod?«, »Haben Pflanzen Gefühle?« oder »Schafft Jan Ullrich ein Comeback?« Besuchen Sie mit ihm ein Konzert seiner Lieblingsband, oder gehen Sie mit ihm ins Stadion, selbst wenn Sie es furchtbar finden. Er wird Ihnen dieses massive Interesse an seiner Person ewig danken.

Für den Fall, daß Sie in Ihrem Leben schon mehr als fünf Liebhaber hatten, sollten Sie dieses süße Geheimnis für sich bewahren. Er hat sich wahrscheinlich mehr oder weniger erfolgreich für Sie aufgespart und hätte gerne den Eindruck, daß dies umgekehrt auch gilt.

Sie brauchen sich nicht selbst zu verleugnen, dürfen ruhig sexy und verführerisch sein, frech und initiativ. Aber nehmen Sie etwas Tempo raus – das schafft Vertrauen. Das Motto »Hände weg von seinem Gürtel!« gilt für Rendezvous Nummer eins, zwei, drei und vermutlich auch noch für das zehnte. Erst wenn Sie glauben, er zweifelt nun ernsthaft an Ihrer Heterosexualität, dürfen Sie sich nach Herzenslust austoben. Vermutlich findet er es dann ganz charmant, wenn Sie die Initiative ergreifen.

Überzeugen und becircen von Unterstützer und Elke in allen anderen Lebenslagen

Im Umgang mit Unterstützern und Elkes brauchen Sie vor allen Dingen eines: Feinfühligkeit und Geduld.

Am besten tun Sie manchmal einfach so, als sei Ihr Gegenüber stumm! Schärfen Sie Ihre Sinne für wortlose Mitteilungen per Gestik und Mimik, und gönnen Sie Ihren Ohren eben längere Ruhepausen im Zusammensein mit diesem unhektischen Charakter. Die Idee, ei-

nen Unterstützer oder eine Elke »umzuerziehen«, dürfte nur in sehr seltenen Fällen von Erfolg gekrönt sein. Ständige Aufforderungen wie »Jetzt sag doch mal was«, oder »Sprich doch einfach über deine Gefühle« oder auch einfach nur »Was denkst du gerade?« empfinden diese wohl eher als nervige Gängeleien. Einzig hilfreich ist es, mit gutem Beispiel voranzugehen. Vielleicht erkennen die beiden von selbst den Wert, den es für sie hat, wenn sie bei anderen genau wissen, woran sie sind. Legen sie dann eines Tages ganz überraschend damit los, ein Stück ihres Innersten nach außen zu kehren, sollten Sie sämtliche Antennen auf Empfang stellen: Wenn jetzt nicht rüberkommt, daß sie ausreden können und man ganz aufmerksam zuhört, schließen sie sogleich wieder die winzige Pforte, die sich soeben einen Spalt breit geöffnet hat.

Beständigkeit ist für sie sehr wichtig. Überfordern Sie sie also nicht mit immer wieder neuen Ideen. Besonders einer Anke fällt das sehr schwer: Schließlich will sie sich doch nur allzugerne mit jemandem darüber austauschen, was ihr gerade mal wieder im Kopf herumgeistert. Verständlich ist das schon, nur muß es doch nicht ausgerechnet immer der Unterstützer oder die Elke-Kollegin sein, dem sie ihre Hirngespinste anvertraut.

Für eine harmonische Beziehung einer Anke mit einem Unterstützer ist es sehr gesund, wenn sie nicht alles mit ihm teilt (bzw. ihm mit-teilt). Vielmehr sollte sie ihre alte Gewohnheit beibehalten, sich auch weiterhin regelmäßig mit ihren Anke-Freundinnen zu treffen und stundenlang mit ihnen zu telefonieren. Bis sie sich dann zu ihm an den Abendbrottisch setzt, hat sie sich einigermaßen ausgeplaudert und kann sich an seinem introvertierten Wesen dann eher erfreuen. Vielleicht genießt sie auch die Stille mit ihm – ist doch auch eine Form von Abwechslung.

Fazit

Um den Unterstützer oder eine Elke zu überzeugen, sollten Sie sich ausführlich Zeit für ein Gespräch nehmen. Eine kurzfristige Strategie wird sofort als Masche zur Überzeugung enttarnt. Vielmehr ist es wichtig, daß Sie diesen Harmoniemenschen regelmäßig und dauerhaft Aufmerksamkeit und auch persönliche Anerkennung schenken. Ist ein wenig anstrengend und zeitintensiv, dafür ernten Sie dann später auch die Früchte, wenn es drauf ankommt. Finanzielle Argumente ziehen hier nicht. Für diese Gruppe sind menschliche Werte weitaus wichtiger.

Gönnen Sie ihm und ihr alle Ruhe, die sie brauchen, und versuchen Sie nicht, diese wunderbare Gelassenheit als Wesenszug zu ändern. Betrachten Sie den Unterstützer einfach manchmal wie eine besonders sensible Pflanze, die eingeht, wenn sie ständig einen neuen Standort bekommt, oder ihre Elke wie ein empfindliches Soufflé, das sofort in sich zusammenfällt, wenn Sie die Ofentür zu früh öffnen.

Mit dem Rücken an der Wand … 4

Wie sich Circen aus scheinbar ausweglosen Situationen befreien

Strategisch und klug haben Sie Ihre heutige Gehaltsverhandlung vorbereitet und zum erfolgreichen Abschluß gebracht. Vielleicht hatten Sie auch Ihr erstes Date mit diesem tollen Mann aus dem Büro schräg gegenüber und wissen nun, daß er zu haben ist und mit Ihnen am Samstag ins Kino will. Sie haben jedenfalls mal wieder alles richtig gemacht und wollen diesen Coup nun gebührend mit Ihrer besten Freundin feiern. Zwei, drei Gläschen Champagner, der nette Barkeeper hat sogar noch einen Cocktail spendiert. Nun fahren Sie glücklich und zufrieden mit dem Auto nach Hause und geraten – in eine Alkoholkontrolle!

Zwei junge Männer klopfen an Ihre Scheibe und bitten Sie zum Pustetest. Papiere haben Sie auch keine dabei. Die sind natürlich zu Hause in einer anderen Handtasche, wo sie nicht hingehören. So ein Mist!

In einer solchen Situation zeigt sich, wie flexibel eine Circe wirklich ist. Denn hier brauchen Sie nur wenig falsch zu machen, um sich den Ärger Ihres Lebens einzuhandeln. Durch das eine oder andere geschickte Manöver können Sie allerdings auch mit einem blauen Auge davonkommen. Werden Sie also von einem Hüter des Gesetzes bei unkorrektem Verhalten erwischt, sollten Sie sich an ein paar Grundregeln halten.

Diese gelten natürlich genauso für Begegnungen mit anderen Autoritäten wie Steuerprüfer, Richter oder auch für die Frau vom Jugendamt, die während Ihres Scheidungsverfahrens prüft, ob Sie für die Aufzucht Ihrer Brut überhaupt geeignet sind.

Erkennen Sie die Machtposition einer Autorität bedingungslos an!

Und wenn Sie hundertmal mehr verdienen, besser aussehen oder den tolleren Titel auf der Visitenkarte haben: Das alles zählt hier nicht. In einer Verkehrskontrolle ist der Polizist der große Macker, und Sie sind erst mal nur die Ertappte. Auch dem Beamten im Einwohnermeldeamt sind Sie völlig ausgeliefert: Sie brauchen schließlich einen neuen Paß! Und er bekommt am Monatsende sein Salär, egal, wie viele Anfragen er abgearbeitet hat und wie schnell oder freundlich er dabei war.

Üben Sie sich also in kleinlauter Demut, statt auf den Putz zu hauen. Stellen Sie auf keinen Fall die Kompetenz des Beamten in Frage. Wenn behauptet wird, Sie seien zu schnell gefahren oder hätten das Formular falsch ausgefüllt, wird das auch so seine Richtigkeit haben. Sie können überrascht sein, verwundert, können unschuldig sagen, so etwas sei Ihnen noch nie passiert. »Aber wenn Sie das sagen, wird das schon stimmen« sollten Sie unbedingt hinzufügen.

Eine Jodie macht hier klare Pluspunkte, weil sie so korrekt und ehrlich wirkt (und natürlich auch ist). Wenn sie es in einer derartigen Begegnung mit einer Staatsperson nun schafft, ihr Detailwissen über so manchen Sachverhalt oder Regelung zunächst einmal für sich zu behalten und die Machtrolle des anderen anzuerkennen, hat sie gute Aussichten auf Gnade.

Königin einer solchen Konfrontation ist ganz klar Elke. Sie weckt den Beschützerinstinkt, provoziert nicht und fordert vor allem nicht zum Kampf heraus.

Ganz anders ergeht es da einer Madonna. Ihre vorlaute Art reizt derartig, daß der Hüter des Gesetzes nicht anders kann, als ihr einmal klarzumachen, wo der Hammer hängt. Wenn sie keine hervorragende Schauspielerin ist oder ausreichend Elke oder Jodie in sich hat, wird sie sich daran gewöhnen müssen, bei der geringsten Kleinigkeit immer besonders hart bestraft zu werden. Wenn Madonna darauf baut, als Vamp einen verführerischen und erfolgreichen Auftritt zu landen, ist sie schief gewickelt. Es könnte schon sein, daß der Uniformierte, der ihr gegenübersteht, insgeheim auf sie abfährt. Doch im Dienst erwischt man diese Berufs-Handschellenfetischisten nie allein, sondern stets im Doppelpack. Vor seinem Kollegen oder gar einer Kollegin wird sich wohl kaum einer die Blöße geben, daß er sich so offensichtlich um den Finger wickeln läßt.

Der Mann oder die Frau in Uniform haben ihren Beruf vielleicht auch deshalb gewählt, weil sie selbst ein wenig Madonna oder Supermacho sind. Autorität zu zeigen ist ihnen oft gar nicht unangenehm (um es einmal höflich zu formulieren). Weniger höflich gesprochen heißt das: Sie lieben es, an ihren Mitbürgern die Domina in sich auszuleben. In ihrem schicken grünen Dreß sind sie »wer« und genießen ihre Machtposition. Wenn es nun jemand wagt, ihre Autorität in

Frage zu stellen, kommen sie erst richtig in Form. Sie fühlen sich am längeren Hebel und reagieren auf die geringste Provokation mit weiteren Machtbeweisen, die sehr unangenehm werden können. Wenn Sie also bei der Zollkontrolle frech werden, kann es sein, daß daraufhin jeder Quadratzentimeter Ihres Fahrzeugs gefilzt wird. Wer in einer Verkehrskontrolle versucht, der Stärkere zu sein, muß vielleicht erst mal seinen Werkzeugkasten und sein Warndreieck und andere Spielereien auspacken, bevor er weiterfahren darf.

Manche dieser Charaktere finden wir auch in Postfilialen (»Ich bestimme, wann dieser Schalter geschlossen wird!«), in Bildungsanstalten (»Für diese freche Bemerkung schreibst du mir bis morgen einen Extra-Aufsatz!«) oder bei der Bahn (»Es ist mir egal, ob der Automat kaputt war – Sie zahlen Strafe fürs Nachlösen Ihrer Karte!«).

Sie begegnen uns im Schwimmbad als Bademeister, der autoritär mit seinen Trillerpfeife herumlärmt, sobald sich zwei Jugendliche naßspritzen, oder in Mietshäusern als keifende Hausmeistergattinnen, die ganz genau kontrollieren, ob Sie heute Ihrem Putzdienst im Treppenhaus nachgekommen sind. Als unsere Nachbarn sehen sie reflexartig auf die Uhr, sobald sie ein lautes Geräusch hören, um alsbald zur mahnenden Tat zu schreiten, falls dieses in die Mittags- oder Nachtruhe fällt.

Finden wir uns damit ab: Es gibt einfach Menschen, die nichts anderes mit ihrer Zeit anzufangen wissen, als uns das Leben schwerzumachen.

Aber es gibt da doch noch ein paar Strategien, dem entgegenzuwirken:

Mitleid zieht (fast) immer!

Eine Bekannte wurde erst kürzlich von einer übereifrigen Polizistin aufgeschrieben, weil sie ihr Auto für den Bruchteil einer Sekunde in zweiter Reihe abstellte. Intuitiv ahnte sie, daß es ihr nun nicht gerade zum Vorteil reichen würde, wenn Sie die Politesse ins Unrecht stellte. »Ich parke doch gar nicht« oder ähnliches kommt wohl nicht so gut an. Statt dessen krempelte sie einfach ihr Hosenbein hoch und verwies mit schmerzlichem Gesichtsausdruck auf eine Narbe an ihrem Bein. Was sie verschwieg: Die Verletzung war schon viele Jahre alt ...

Die Reaktion der Strafzettel-Chefausstellerin erfolgte ganz nach Wunsch: Das Ticket wurde sofort vernichtet.

Mir selbst passierte einmal eine Geschichte, wie sie wohl nur in einem bayerischen Dorf vorkommen kann: Beim Verlassen einer Ortschaft beschleunigte ich schon mal munter drauflos und bemerkte gar nicht, daß ich mich noch mitten in der Tempo-50-Zone befand. Prompt wurde ich wenige Meter später herausgewinkt und mit dem Ergebnis der Radarmessung konfrontiert. Meinen Schrecken mußte ich gar nicht spielen. Wenn mir ein Polizist gegenübersteht, fange ich augenblicklich an zu stammeln und entwickle mich in meinem Auftreten zurück in Richtung Teenager. Damit weckte ich wohl auch dieses Mal den männlichen Instinkt, mir eine schützende Schulter anzubieten, denn ich wurde getröstet: »Es ist ja nichts weiter passiert. Sie bekommen halt einen Bußgeldbescheid nach Hause geschickt, das ist alles.« Spontan antwortete ich mit verängstigter Stimme: »Oje, was wird da nur mein Mann sagen!« Seltsamerweise zog dieses

Argument. Besorgt erkundigte sich der junge Polizist, ob mein Mann ein cholerischer Typ sei, und überlegte angestrengt, wie er mir diesen privaten Kummer ersparen könnte. »Haben Sie vielleicht Bargeld bei sich? Dann bekommen Sie gar keine Post.« Obwohl ich noch nicht mal die Hälfte der fälligen Summe in cash bei mir hatte, gab er sich mit dieser Zahlung zufrieden. Offensichtlich ist es in bayerischen Dörfern noch üblich, daß Frauen mit ihren Männern handfesten Ärger bekommen, wenn sie die Haushaltskasse unnötig belasten. Großzügig wollte er mich vor negativen Konsequenzen schützen.

Zeigen Sie sich also am besten von Ihrer schwächsten Seite. Drücken Sie verzweifelt ein wenig auf die Tränendrüse. Aber übertreiben Sie mit den Horrorgeschichten lieber nicht.

Wenn Sie zu schnell gefahren sind, müssen Sie nicht zu einem geschäftlichen Termin, sondern Ihre Kinder vom Hort oder von der Tagesmutter abholen. Eine Kollegin erzählte mir, daß sie mit dieser Begründung zumindest erreichte, daß ein Polizist sich wirklich mit dem Ausstellen des Strafzettels beeilte und sie nicht länger als unbedingt nötig festhielt. Das ist doch auch schon mal etwas.

Doch sollten Sie nicht allzu dreist schwindeln. Berufsgruppen, die ständig mit Ausreden konfrontiert werden, haben ein geschultes Gehör für Lügengeschichten. Verkneifen Sie sich also besser die erfundene Story von der besten Freundin, die in den Wehen liegt. Wenn Sie schon etwas erfinden, sollte die Geschichte wenigstens halbwegs wahr sein oder gleich so sehr an den Haaren herbeigezogen wirken, daß sie einfach stimmen muß, weil Ihnen niemand so viel Phantasie zutraut.

Jetzt bloß nicht witzig werden!

Hüter des Gesetzes und andere Schreckschrauben haben einen ganz eigenen Humor. (Haben Sie welchen?)

Das durfte ich vor ein paar Wochen erst wieder feststellen, als ich in den Genuß kam, ein Seminar an der Polizei-Führungsakademie zu halten. Als ich bei meiner Vorstellung meine zwei Standardgags zum Austesten der Stimmung in den Raum warf, hoben die Damen und Herren noch nicht mal ihre Augenbrauen. Dabei ernte ich in manch anderem Seminar für exakt dieselben Bemerkungen bisweilen minutenlange Lacher.

Mit Sicherheit haben Autoritätsfanatiker nichts für die lockerflockigen Sprüche übrig, mit denen Sie normalerweise Sympathie erzeugen. Im Zweifel ist es besser, die Klappe zu halten, als die Situation auflockern zu wollen. Gerade eine typische Anke neigt dazu, die eisige Sachlichkeit von Ordnungshütern mit kleinen Witzen durchbrechen zu wollen. Meine Freundin Swantje wurde kürzlich beim Falschparken erwischt und kam genau in dem Moment zu ihrem Auto, als die Politesse das Ticket unter den Scheibenwischer klemmte. Tapfer blickte Swantje dem Ernst der Lage ins Gesicht und versuchte noch nicht einmal, die Frau mit dem Hütchen zur Gnade umzustimmen. Mit treuem Hundeblick machte sie einen kleinen Vorstoß in Richtung Tränendrüse und seufzte, ob sie nicht direkt einen Zehnerblock lösen könne, weil in dem Viertel Parkplätze doch so rar seien. Die Angesprochene murmelte nur etwas von »Beamtenbeleidung« und drohte direkt die nächste Strafe an.

Erst denken, dann handeln. Nicht umgekehrt.

Gerade in Situationen, wo Sie sich besonders schwach und hilflos fühlen, ist es eine hervorragende Strategie, erst mal kühlen Kopf zu bewahren und gut nachzudenken.

Die Improvisationsstärke einer Anke oder Madonna wirkt sich hier eher in Form von wirren Kurzschlußreaktionen aus. Panische Schnellschüsse sind jetzt aber nicht angesagt. Wer also selbst nur sehr wenig Jodie in sich hat, sucht sich am besten eine als Beraterin, sobald sich das Gefühl meldet, die Welt bräche über ihr zusammen. Jodie verliert in einer solchen Lebenslage nicht die Nerven, bleibt ruhig und souverän und kann als einzige die Situation mit ihrem wachen, analytischen Geist in Gänze begreifen. Wie ein Computer ist sie in der Lage, nun konkrete nächste Schritte in Listenform vorzuschlagen. Selbstverständlich versäumt sie es nicht, auch Alternativen mit einzubeziehen und zu jeder möglichen Option die Vor- und Nachteile realistisch darzustellen. Dieser Scharfsinn in Kombination mit dem beinahe unterwürfig wirkenden Stil einer Elke ist die beste Voraussetzung, beinahe schadenfrei aus dem Schlamassel zu kommen, wenn eine übermächtige Autorität das Sagen hat.

Beim Steuerprüfer kann auch eine Anke mit einem blauen Auge davonkommen. Sie sollte einfach zu ihrer Schusseligkeit stehen und gar nicht erst versuchen, mit ihrem schauspielerischen Talent die Musterschülerin zu mimen. Die ist sie nämlich nicht, und der Belegekrämer erkennt das sofort mit geübtem Blick. Da kann sie besser seufzend darüber klagen, daß sie soviel um die Ohren hat und es ihr einfach so schwerfällt, immer alle Bewirtungsbelege sofort auszufüllen. Einen Vortrag vor hundert Leuten halten? Kein Problem. Aber das Zettelchaos jagt ihr einfach Angst ein. Bewundernd wird der Zahlenfiesler bekennen, daß seine eigenen Talente genau andersherum verteilt sind. Vielleicht bekommt er ja Lust, den Retter zu spielen und dieser Frau mal ein paar Tips zu geben, wie sie das Problem besser in den Griff bekommen kann ...

Fragen Sie ihn doch einfach ganz direkt nach konkreten Ratschlägen. Er hört es wie jeder Mann gerne, wenn jemand seine Qualitäten erkennt und in Anspruch nimmt. Aber hören Sie dann auch um Himmels willen genau zu, unterbrechen Sie ihn nicht, und tun Sie zumindest so, als versuchten Sie, all das ab morgen direkt umzusetzen. Am besten schreiben Sie mit und notieren sich das alles brav in Ihrem Notizbuch (und nicht auf einem lose herumfliegenden Blatt!).

Mit einer derartigen Strategie hat eine gute Freundin von mir es einmal geschafft, daß ein als streng verschrienen Prüfer akzeptierte, daß die Belege eines kompletten Jahres fehlten. Sie versuchte gar nicht erst, ihm mit billigen Ausreden zu kommen. Der Ordner war bei einem ihrer Umzüge abhanden gekommen. Er merkte auch so, daß Pingeligkeit nicht gerade eine ihrer großen Stärken war. Er schimpfte sie schließlich wohlwollend-väterlich und beanstandete im Abschlußgespräch nur drei oder vier Zeitschriftenbelege.

Einvernehmliche Lösung statt K.-o.-System

Wenn sich ein Zank zwischen zwei Parteien zu einer juristischen Auseinandersetzung hin entwickelt, führt die Streitbarkeit einer Madonna selten zum idealen Ergebnis. Treffen gar zwei richtige Kampfhähne aufeinander, sind die einzigen Gewinner eines Krachs höchstens die Anwälte, die sie vertreten.

»Mediation« heißt die schlauere Alternative. Ein Mediator, meist Rechtsanwalt mit Spezialausbildung, hat die Aufgabe, gemeinsam mit den beiden Gegnern einer Auseinandersetzung eine einvernehmliche Lösung zu entwickeln. Das funktioniert bei Scheidungen genauso wie bei Nachbarschaftsstreitereien oder regelrechten Krisen zwischen Arbeitgebern und dem Betriebsrat. Einzige Grundvoraussetzung ist, daß beide Seiten sich wirklich auf die Mediation einlassen. In wenigen Gesprächsterminen werden dann die unterschiedlichen Standpunkte beleuchtet und ein Kompromiß entwickelt. Oft reicht es schon, wenn die Gesprächspartner ihre rechtliche Situation genauer kennen und wissen, was sie im schlimmsten Fall zu verlieren haben, damit sie offen werden für konstruktive Lösungen. Angenehmer Nebeneffekt: Eine Mediation ist wesentlich preisgünstiger, als sich gegenseitig bis zur letzten Instanz zu verklagen.

Wenn Sie nur ein wenig Zoff im privaten Umfeld haben, können Sie auch die Augen nach einer Elke offenhalten. Sie ist der ideale Schlichter.

Bestechung mit netten Kleinigkeiten

Vor einer geschäftlichen USA-Reise stellte ich einmal fest, daß – natürlich! – mein Paß abgelaufen war. Inmitten aller weiteren hektischen Vorbereitungen mußte ich nun auch noch diesen Behördengang einschieben, um mir ein provisorisches Übergangspapier zu holen, bis mein neues rotes Dokument fertig wäre. Doch damit nicht genug. Ich war auch noch darauf angewiesen, daß die Mädels vom Amt das Ganze schnell bearbeiteten, weil ich sonst meinen Flug hätte verschieben müssen. Verzweifelt überlegte ich, wie ich die Bearbeitungsfreude der Teilzeitbeamtinnen steigern könnte, und entschloß mich dazu, einen ganzen Korb voll Kinderüberraschungseier zu besorgen. »Das ist ein verzweifelter Bestechungsversuch« kommentierte ich die Übergabe. Und siehe da: Ich erntete Gelächter und – Verständnis! Eine Stunde später konnte ich das fertige Dokument abholen.

Alles müssen Sie sich auch nicht gefallen lassen!

Autorität hin oder her – gerecht sollte es schon noch zugehen, wenn Obrigkeiten mit Normalsterblichen zu tun haben. Spätestens, wenn Sie das Gefühl haben, daß das Verhalten Ihres Gegenübers die Zone der Legalität verläßt, sollte es mit der Unterwürfigkeit vorbei sein. Es gibt immer Instanzen, bei denen Sie sich beschweren können.

Eine Freundin hatte nach der Trennung von ihrem Ehemann das Problem, daß sich die beiden nicht einigen konnten, wer das Kindergeld erhalten sollte. Die Kinder lebten faktisch bei beiden gleichermaßen – für solche Fälle kennt unser Recht offensichtlich noch keine Regelungen. Statt nun das Kindergeld einfach hälftig an beide auszuzahlen, bis der Streit geklärt wäre, behielt das zuständige Arbeitsamt Passau die monatlichen Beträge einfach ein. Und das über eineinhalb Jahre lang! Ein dicker Ordner voll Korrespondenz zwischen der jungen Mutter und dem Amt wurde produziert – es tat sich rein gar nichts. Erst als sich die Frau an den Landrat vor Ort wandte und dieser dann vom Chef des Arbeitsamts eine Stellungnahme anforderte, schien sich die Sachbearbeiterin in Bewegung zu setzen. Zwei Wochen später waren mehrere tausend Euro Nachzahlung auf dem Konto der Mutter.

Schlagen Sie die Erbsenzähler mit ihren eigenen Waffen!

Behördenhengste, deren größte Lebensfreude es ist, ihre Mitmenschen mit umständlichen Formularen zu drangsalieren, kennen wir alle genügend. Der Münchner Georg Zoche ärgerte sich so sehr darüber, wie Beamte seine Zeit verschwendeten, daß er sich zur Rache entschloß. Er gründete das »Zentralbüro zur Komplikationsoptimierung e.V.«.

An diesen Verein kann sich jeder wenden, der seine Lebensqualität durch unnötige Komplikationen beeinträchtigt sieht. Der Verein erfaßt die Beschwerde über einen Paragraphenreiter und übersendet diesem erst einmal einen umfangreichen Fragebogen zur Erfassung des Komplikationsvorgangs. Der Komplikationsgeber (= Beamte) wird zur Auskunft verdonnert, darf sich durch seitenlange Fragen quälen und vor Rücksendung gleich mehrere Unterschriften leisten. Als I-Tüpfelchen benötigt er auch die Unterschrift seines Vorgesetzten, der bestätigt, daß der Sachbearbeiter auch unterschriftsberechtigt ist. Natürlich wird der gesamte Fragebogen noch einmal neu verschickt, sobald eine Kleinigkeit fehlt oder über eine vorgezeichnete Linie hinausgeschrieben wurde.

Mitarbeiter in Behörden, die schon einmal das Vergnügen mit diesem charmanten Verein hatten, bricht allein der Schweiß aus, sobald sie nur den Briefkopf erkennen.

Die Circe – mit allen ihren Sinnen 5

Wie wir selbst unsere Welt intensiver erleben

Fünf Sinne stehen jedem gesunden Menschen zur Verfügung, um die Welt wahrzunehmen. Zählen wir die Intuition dazu, sind es sogar sechs Sinne. Es ist schon verwunderlich, warum wir diese gesammelten Fähigkeiten so selten ausnutzen. Wollen wir andere von etwas überzeugen, begnügen wir uns oftmals mit optischen und akustischen Signalen. Wir argumentieren, reden auf unser Gegenüber ein und untermalen das Gesagte vielleicht sogar mit Bildern. Doch die anderen Wahrnehmungskanäle lassen wir ungenutzt und vergeben uns dabei selbst die Chance auf eine optimale Wirkung.

Die Stereoboxen unserer Anlage nutzen wir doch auch, um uns unsere Lieblingsmusik nicht nur in Mono anzuhören.

Allerhöchste Zeit also, daß wir Circen unsere gesamte Sinnesklaviatur bedienen lernen, indem wir uns einmal ganz bewußtmachen, über welche Wege wir andere erreichen können und wie wir selbst unsere Welt intensiver erleben.

1. Aussehen, sehen und gesehen werden

Über unsere Augen machen wir uns am schnellsten ein Bild von Menschen oder Situationen. Die meisten Menschen verwenden bevorzugt das Sehen, um sich einen Eindruck von etwas zu verschaffen. Ganz unbewußt lassen wir diese Präferenz auch in unsere Sprache einfließen.

»Ich sehe das so ...«, »In meinen Augen ...«, »Ich kann mir bildlich vorstellen ...« beginnen wir unsere Sätze.

Wenn uns etwas wichtig ist, versuchen wir, gleich optisch einen »guten Eindruck« zu machen.

In wenigen Sekunden nehmen wir die wichtigsten Äußerlichkeiten eines Menschen wahr und urteilen gleichzeitig darüber. Wie groß ist jemand, wie ist er angezogen, kann er mir in die Augen sehen? All das entscheidet über den berühmten »ersten Eindruck«.

Jede Kultur interpretiert die optischen Signale dabei anders. Für Europäer wirkt ein eher großgewachsener Mensch mit leicht gebräunter Haut gesund und kraftvoll. Wir unterstellen solchen Menschen ganz unbewußt, daß sie erfolgreicher sind als andere. Tatsächlich scheint es sich zu bewahrheiten: Größere Menschen bringen es auf der Karriereleiter weiter als Kleinwüchsige.

Jetzt können wir ja an unserer Körpergröße nicht viel ändern – den optischen Eindruck aber können wir verbessern. Höhere Schuhe sind da ganz legal geschummelt. Abgesehen davon, daß wir uns mit hohen Hacken ein paar Zentimeter größer machen: Die Körperhaltung sieht schlagartig eleganter und würdevoller aus. Ich behaupte sogar, daß *jede* Frau mit Absätzen besser aussieht. Mag sein, daß ein eher sportlicher Typ sich darin nicht ganz so wohl fühlt. Aber bedenken

Sie: Steffi Graf hat schon mit Turnschuhen tolle Beine, doch wie sexy sehen ihre Beine erst in Pumps aus!!

Einzige Voraussetzung: Trägerinnen hoher Absätze sollten damit auch laufen können. Ohne die entsprechende Übung wirkt eine Frau mit Stöckelschuhen so majestätisch wie ein Frosch auf Stelzen.

Ein Wohlfühlen mit hohen Schuhen hat viel mit Gewohnheit zu tun. Machen wir einen Deal: Probieren Sie vier Wochen lang aus, wenigstens zu Hause Pumps zu tragen. Wenn Sie sich dann immer noch blöd drin vorkommen, dürfen Sie's wieder sein lassen.

Mit der richtigen Körperhaltung machen wir automatisch eine »gute Figur«. Durch aufrechtes Stehen und grazile, feine Bewegungen wirken wir gleich um mehrere Kilo Körpergewicht leichter. Vergessen Sie also endlich die blöde Kalorienzählerei, und werfen Sie die aktuelle Frühjahrsdiät-Tips endlich in den Müll: Sehen Sie sich lieber einmal an, wie Sie selbst in Aktion aussehen. Beobachten Sie einfach einmal Haltung und Gang von Menschen, die Ihnen besonders attraktiv erscheinen. Plump oder dick wirkt doch nur, wer sich nicht bewegen kann. Sobald jedoch die Hängeschultern gerade werden, ein Lächeln über das Gesicht huscht und die eher geduckte Haltung gegen ein leichtes Strecken eingetauscht wird, schmelzen locker mal fünf gefühlte (und gesehene!) Kilos dahin. Vielleicht haben Sie sich ja schon einmal selbst auf Fotos oder einem privaten Video mit einem leichten Katzenbuckel oder grimmiger Miene ertappt. Das macht Ihre Wirkung auf andere aus – nicht der genaue Zeigerstand Ihrer Waage! Die zwei Zentimeter Bauchspeck entdecken doch nur diejenigen, die mit ihrem eigenen Bäuchlein ein Problem haben. Denn unsere Wahrnehmung konzentriert sich gerne auf das, was uns an uns selbst stört. So erklärt sich, warum es Menschen gibt, die ständig über die dicken Hintern anderer lästern und andere eher über Hängebrüste, zu große oder zu kleine Füße spotten oder den Lupenblick für dünne Haare haben. Was finden Sie eigentlich an anderen immer besonders häßlich? Kann es sein, daß Sie selbst genau diese Stelle Ihres eigenen Körpers am wenigsten lieben?! (Ertappt?)

Objektiv schön ist jeder und niemand – es kommt schließlich immer auf den Betrachter an.

Bevor Sie also das nächste Mal beschließen, abnehmen zu wollen, sollten Sie sich erst einmal ganz bewußt vorstellen, wie wohl Iris Berben, Hannelore Elsner oder Sophia Loren mit den dünnen Beinchen einer Kate Moss aussähen. Wie unsexy! Auch Marianne Sägebrecht, die sicher auch zu denjenigen gehört, die nicht alle fünf Minuten ihren Body-Mass-Index berechnen, wirkt doch gerade dank ihrer weichen Rundungen so attraktiv. (Sagen Sie bloß, Sie waren nicht berührt vom Anblick der entblößten Frau in »Out of Rosenheim« ...)

Anders ist es natürlich mit den Pfunden, die gar nicht zu Ihnen gehören und die sich nur vorübergehend einmal auf Ihre Hüften verirren.

Wenn sie Ihre Idealform kennen und schätzen, werden Sie auch Mittel und Wege finden, den kurzfristigen Besuch von Kummer-, Schwangerschafts- oder Langeweilespeck in erträglicher Weise wieder loszuwerden.

(Ich empfehle da nur das Buch: »Essen gehen und dabei abnehmen« von Michel Montignac. Dieses Werk hat mir selbst zwölf Frustkilos vertrieben und seither dauerhaft vom Leib gehalten.)

Wer eher extrovertiert ist und den intensiven Austausch mit anderen Menschen sucht, legt meist viel mehr Wert auf Äußerlichkeiten als diejenigen, die eher in sich gekehrt sind. Eine »Madonna« und eine »Anke« werden also ohnehin versuchen, sich vorteilhaft zu kleiden und optisch gut rüberzukommen. Dies ist natürlich eine ganz feine

Eigenschaft. Sie sollten sich jedoch darüber im klaren sein, daß es nur den übrigen Anke- und Madonna-Typen sowie deren männlichen Pendants angenehm auffallen wird, wie modisch ihre Klamotten sind und wie toll ihre Frisur sitzt. Eine Jodie dagegen wird es sofort merken, wenn ein Knopf abgebrochen ist oder die Schuhe nicht perfekt geputzt sind – Prada-Anzug hin, Manolo-Blahnik-Sandalen her.

Den Jodies und Elkes dieser Welt tut es sicherlich ab und zu ganz gut, sich das Feedback ihrer Mitmenschen einzuholen, wie sie selbst auf andere wirken. Es ist ihnen nämlich selbst gar nicht so wichtig. Mir ist schleierhaft, warum eine Angela Merkel oder ein Wolfgang Thierse sich so beratungsresistent zeigen, wenn es um ihr Erscheinungsbild geht. Es ist doch nicht ehrenrührig, das eigene Auftreten über einen professionellen Ansatz zu verbessern. Dabei ist Stilberatung ebenso legitim wie die Inanspruchnahme eines Rhetoriktrainings. Das gilt für Frauen ebenso wie für Männer. Wer beruflich etwas erreichen möchte, überreicht doch auch keine Unterlagen mit Fettfleck oder empfängt seine Gäste am dreckigen Tisch mit vollen Aschenbechern. Was spricht also dagegen, sich eine typgerechte Frisur zu verschaffen oder sich so zu kleiden, wie man das in unseren Breitengraden so erwartet?

Manche Menschen befürchten ganz offensichtlich, mit einem ansprechenden Erscheinungsbild vom Inhalt ihrer Worte abzulenken. Doch »gutaussehend« heißt nicht gleichzeitig »dumm«. Ganz im Gegenteil: Wer seine Schlagfertigkeit in einer ansprechenden Hülle zum besten gibt, wirkt eben rundherum »smart«.

Wenn eine Madonna sichergehen möchte, mit ihrem Auftritt niemanden zu erschrecken oder einzuschüchtern, könnte sie sich darum bemühen, etwas dezenter und weiblicher zu wirken. Schrille Farben

hat sie gar nicht wirklich nötig. Sie wirkt schon als Person stark genug. Ihr muß klar sein: Dasselbe tiefe Dekolleté, das bei einer Jodie oder Elke einfach nur süß aussieht, macht sie automatisch zum Vamp. Im langen Rock mit dezentem Schlitz dagegen kommt sie als einzige der vier Typen nicht bieder an, sondern wirkt mit hintergründigem Pfiff.

Eine Anke kleidet sich meist ganz gelungen, könnte allerdings auf einen Menschen mit vielen Strategen-Anteilen ein wenig »zersaust« wirken. Es gibt jedoch genügend Möglichkeiten, wie sie ihren Drang nach Individualität ausleben und trotzdem superkorrekt aussehen kann: Wie wäre es, den grauen Anzug mit frechen Schuhen zu kombinieren oder eine farbige Bluse darunter zu tragen? Das Kostüm mit Weste unterm Jackett sieht in Kombination mit der zitronengelben Bluse gar nicht mehr brav aus. Der Perfektionist wird dennoch keine Angriffsfläche für Kritik entdecken können.

Kommt sie allzu schräg und bunt daher, unterstreicht das zwar ihren Typ. Anke muß wissen, daß andere dies provozierend finden könnten.

Eine Elke achtet genau wie eine Jodie weniger auf ihr Äußeres. Mit ihrer äußeren Hülle trägt sie ihre Einstellung zur Schau. Wenn von ihr im Job eine bestimmte Kleidung erwartet wird, kritisiert sie dies als unnötige Maskerade und wird sich mit Händen und Füßen wehren, etwas zu tragen, das ihr gegen den Strich geht. Vielleicht sollte sie ab und zu etwas weniger skeptisch sein: Was ist denn schon dabei, gelegentlich in ein Kostüm zu schlüpfen? Sie sollte Leute, die sich anders anziehen als sie selbst, auch nicht so schnell als »Schnösel« oder »Spießer« abtun. Eine Krawatte verändert den Charakter genausowenig wie ein knöchellanger Rock. Genaugenommen ist doch jedes Textil auf der Haut eine Art Verkleidung, und schließlich gehen wir ja nicht nackt zum Kunden. Wenn Jodie darunter leidet, daß andere sie für langweilig halten, könnte sie viel bewegen, wenn sie ab und zu mehr Pep in ihrer Garderobe zuließe. Und bitte, Jodie, gewöhn dir ab, ständig am Kragen oder an der Krawatte deines Liebsten herumzuzupfen. Nur du siehst, daß sich da eine nicht ganz perfekte Falte gebildet hat.

Nicht nur wir selbst wirken über unser optisches Bild. Wenn wir wollen, können wir auch jede Aussage, die wir machen, zu einem Augenschmaus anrichten und hübsch garnieren. Wenn Sie die Vermutung haben, daß Ihr Gegenüber sehr viel über Bilder wahrnimmt, sollten Sie keine Gelegenheit auslassen, diesen Sinn zu stimulieren, wenn Sie bei ihm oder ihr etwas erreichen wollen. Machen Sie aus ihrer Zahlenkolonne zumindest eine Graphik, verwenden Sie Fotos oder zumindest verbale Metaphern. Sie wollen, daß ihre Mitarbeiter sich auf die neuen Büroräume freuen? Zeigen Sie ihnen Abbildungen, arbeiten Sie mit Collagen, die die neuen Möbel in den Räumen zur Geltung bringen. Je plakativer die Bildsprache wird, um so tiefer gräbt sie sich in unser Gehirn.

In einem Unternehmen, das in der Glasproduktion tätig war, wurde einmal festgestellt, daß der größte Kostenfresser des Unternehmens die vielen kleinen Produktionsfehler waren. In der Tat sah jeder Arbeitsplatz in den Produktionshallen typischerweise gleich aus. Hinter jedem Arbeiter entstand im Laufe eines Tages ein ganzer Berg an Scherben. Diesen Anblick waren alle Mitarbeiter gewohnt, er war so alltäglich für sie, daß niemand mehr die Scherben überhaupt wahrnahm. Nur die externen Berater waren schockiert über dieses Bild. Um den Mitarbeitern nun zu verdeutlichen, welcher Wert hier tagtäglich vernichtet wurde, baute man eine kleine Ausstellung vor der Kantine auf. Links vom Eingang lag ein riesiger Scherbenhaufen, rechts davon stand ein neues Auto auf einem kleinen Podest. Über dem Auto hing ein Plakat mit der Aufschrift: »Das ist der Wert der Scherben, die jede Woche im Altglas landen.«

Und siehe da: ohne, daß eine neue Anweisung zu den Arbeitsabläufen ausgegeben wurde, reduzierte sich der Ausschuß um etwa die Hälfte. Ob das eine weniger bildhafte Sprache in derselben Weise geschafft hätte?

Auch im privaten Bereich kann mit einer wundervollen optischen Verpackung große Wirkung erzielt werden. Nicht umsonst heißt es etwa in der Küche »das Auge ißt mit«. Eine Pizza, im Karton serviert, weckt in uns allenfalls nostalgische Jugenderinnerungen. Besonders attraktiv sieht es nämlich nicht aus, wenn matschige Tomate mit schmelzendem Käse und fettigem Pappkarton eine in Farbe und Konsistenz eigentümliche Symbiose eingeht.

Das einfachste Gericht lädt viel eher zum Anbeißen ein, wenn es auf schönem Geschirr und mit einer kleinen Kräuter- oder Gemüsedekoration angerichtet wird. Über Kunst auf Tellern bekommen Sie sogar vitaminallergische Süßmaulkinder dazu, sich für Spinat und Spiegelei zu begeistern. Richten Sie das Ganze doch mal einfach als Gesicht an: Mit Eier-Augen, Spinathaaren, Tomatenmund und vielleicht noch einer Würstchen-Nase? Beim letzten Kindergeburtstag meiner Tochter wurde ich zum Star der gesamten Meute, weil ich die Tellerränder mittels Spritztülle und sahnigem Frischkäse liebevoll mit den Namen der Kinder beschriftet hatte. Ganz verzückt freuten sie sich über den Spezialservice und aßen brav alles auf, was ich ihnen servierte.

Beim Überreichen von Geschenken spielt die Aufmachung ebenfalls eine große Rolle. Stellen Sie sich vor, Sie laden Gäste zu sich ein und bekommen verschiedene Mitbringsel. Worüber freuen Sie sich wohl mehr: a) über den Jahrgangs-Champagner, der Ihnen einfach so in die Hand gedrückt wird, oder b) über das genau zu Ihnen passende Gedicht, das sorgfältig mit Tuschefüller auf Pergamentpapier geschrieben wurde und Ihnen zusammen mit Ihrer Lieblingsblume überreicht wird?

(Wenn Sie jetzt »a)« gesagt haben, spricht das zwar für den guten Geschmack Ihres Gaumens. Doch Sie brauchen sich auch nicht mehr zu wundern, wenn Sie keine liebevollen Geschenke mehr bekommen ...)

Sollten Sie einen Kunden, Ihre Freunde oder Ihre große Liebe mit wirkungsvollen, optischen Effekten erfreuen oder überzeugen wollen, ist es schlau, vorher zu versuchen, einmal die Welt mit den Augen des anderen zu betrachten. Mag sein, daß es Ihnen schon gar nicht mehr auffällt, daß sich im Eingangsbereich Ihres Hauses häßliche Kartons stapeln, weil Ihnen dieser Anblick sehr vertraut ist. Jedem Fremden fällt es aber sehr wohl auf, daß Ihr Ficus Benjamini an eine dürre Wüstenpflanze erinnert oder die Wände vom vielen Tabakrauch schon ganz gelb-grau aussehen.

Der optische Eindruck ist meist der erste – bereits hier kann sich entscheiden, ob jemand eine Sache »näher betrachten« möchte oder sofort ablehnend reagiert. Es lohnt sich also allemal, ein paar Minuten darüber nachzudenken, in welche Form Sie Ihren Brief oder Ihr Konzept gebracht haben oder wie es in dem Raum aussieht, in dem Sie überzeugen wollen.

Neulich hielt ich ein Seminar in einem Hotel, das mir dafür einen recht nüchtern wirkenden Tagungsraum zur Verfügung stellte. Da mir gerade dieses Kommunikationsthema sehr wichtig war, wollte ich unbedingt eine persönliche Atmosphäre schaffen und beauftragte die Rezeption kurzerhand, mir einen Rosenstrauß zu besorgen. Allein dieser Strauß gab dem Raum ein ganz besonderes Flair, und zum Ende des Seminars überreichte ich jedem Teilnehmer eine Rose als Abschiedsgeschenk. Natürlich kann so eine Geste weder Inkompetenz noch fachliche Mängel vertuschen. Doch wenn auch die inhaltliche Darbietung stimmt, kann so ein Blumenstrauß den guten Eindruck noch verstärken.

Im Gespräch optisch überzeugen – das klingt zunächst nach einem Widerspruch. Das ist es aber keineswegs, es sei denn, Sie telefonieren. Doch selbst hier können Sie versuchen, mit geschickten Worten Bilder zu malen und Ihr Gegenüber dazu bringen, sich bildlich vorzustellen, wie glücklich seine Mitarbeiter aussehen, wenn Ihre angebotenen Produkte bestellt werden.

In jedem persönlichen Gespräch wäre es einfach dumm, die Augen des Gegenübers nicht mit anzusprechen. Gesichtsausdruck und Körpersprache wirken viel stärker als Worte und sind auch meist ehrlicher. Mit zusammengekniffenen Lippen und vor der Brust verschränkten Armen können Sie vermutlich vertrauensvolle Schmeicheleien aussprechen, bis Ihnen der Mund fusselig wird. Glauben wird Ihnen dieses Gesülze vermutlich keiner. Besonders verräterisch wird unsere Gestik, wenn wir uns unbeobachtet fühlen, weil wir etwa in einer Gesprächsrunde gerade selbst nicht sprechen. Gerade extrovertierte Typen wie Madonna oder Anke tragen ihr Herz dann nicht nur auf der Zunge, sondern am ganzen Körper: Da werden Augen zum Himmel gerollt oder Fingerspitzen trommeln ungeduldig auf der Tischplatte herum, wenn sie genervt ist oder eine völlig andere Meinung vertritt. Kameraleute lieben es, derartige Gesichtsentgleisungen im Bild festzuhalten, wenn in einer Talk-Show jemand den Wortbeitrag eines anderen nonverbal kommentiert. In jeder einzelnen Sabine-Christiansen-Sendung werden Gäste minutenlang mit Gesichtern ertappt, die diese garantiert nicht vor dem Spiegel kontrolliert haben.

2. Über das Hören und Zuhören

Neulich, als ich gerade mit dem Auto unterwegs war, lief im Radio »For Your Eyes Only« von Sheena Easton. Diesen Song hatte ich seit Jahren nicht mehr gehört – und plötzlich fühlte ich mich in die Zeit zurückversetzt, als ich mit 15 den gleichnamigen James-Bond-Film im Kino sah, bei dem dies die Titelmelodie war. Popcorn und Cola, Händchenhalten mit meiner Jugendliebe, durchgesessene Kinostühle, meine langen Haare zu einem Pferdeschwanz zurückgebunden, im Dunkeln nach Hause radeln an einem kalten Winternachmittag, all das war mit einemmal wieder so präsent, als hätte ich es erst letzte Woche erlebt. Ich drehte lauter und wäre am liebsten direkt zu meiner Schulfreundin Gabi gefahren, um auf ihrem Sofa ein Täßchen Kirschtee zu trinken.

Musik kann hervorragend eine romantische, abenteuerliche oder einfach nur ruhige Stimmung schaffen. Das zeigt, wie empfänglich unsere Ohren sind und was unser Gehirn so alles aus dem Gehörten macht.

Häufig wird Musik ganz bewußt im Geschäftsleben dazu eingesetzt, um Menschen in eine kauffreudige Stimmung zu versetzen. Das Kaufhaus-Gedudel, das ziemlich nervig wirkt, wenn man einmal genauer hinhört, führt nachweislich dazu, daß die Kunden entspannter sind und länger in den Räumen verweilen. Dabei wird genau darauf geachtet, daß der Sound nicht allzu laut ist, wodurch die Klangharmonien direkt im Unterbewußtsein landen. Wenn Sie sich einmal den Spaß machen und Besucher nach dem Verlassen eines Geschäfts fragen, ob dort Musik gespielt wurde und, falls ja, welche, wird sich kaum jemand daran erinnern können. Dann haben die Marketingstrategen gut gearbeitet: Die subtile Manipulation hat ganz offensichtlich funktioniert.

Auch in Büros läßt sich mit Musik sehr viel Stimmung zaubern: In vielen Firmen dürfen Mitarbeiter während der Arbeitszeit Radio hören. Bei SAP gibt es sogar einen firmeneigenen Sender, wo Profiredakteure Musik und Textbeiträge exklusiv für die Mitarbeiter einspielen.

Gerade eine Anke wird durch Musik im Hintergrund eher kreativ angeregt und arbeitet mit frischem Schwung wesentlich motivierter. Es kann allerdings sein, daß sich Jodie durch eine anhaltende Geräuschkulisse in der Konzentration gestört fühlt und nur genervt ist. Daher ist es auch besser, in einem Gebäude nicht alle Räume »zwangszubeschallen«, sondern es jedem einzelnen zu überlassen, ob und wie laut er gerne berieselt werden möchte.

In Wartezonen Musik einzusetzen ist immer eine gute Idee. Der Empfangsbereich eines Unternehmens wirkt dadurch um Klassen freundlicher. Und wenn es einmal ein wenig länger dauert, bis der gewünschte Ansprechpartner verfügbar ist, sind Besucher, die bei leiser Musik gewartet haben, deutlich besser gelaunt.

Derselbe Effekt läßt sich beim Weiterstellen von Anrufern beobachten: Manche Firmen haben so gute Wartemusik im Hintergrund laufen, daß ich schon von Leuten gehört habe, die absichtlich noch einmal in die Warteschleife zurückgestellt werden wollten, um ihr Lieblingslied zu Ende zu hören.

Nicht wenige Menschen haben ihre Ohren hervorragend darauf trainiert, möglichst viel aus den Äußerungen ihrer Umwelt herauszuhören. Vieltelefonierer sind problemlos in der Lage, nach einem einzigen Wort zu erfassen, welche Laune ihr Chef oder ihre Freundin gerade hat, nachdem diese/r sich einfach nur mit seinem/ihrem Namen am Telefon gemeldet hat. Die Tonlage einer Stimme, das Rauchige, Piepsige oder Krächzige, das wir viel deutlicher wahrnehmen als den Wortinhalt, entscheidet sofort über Sympathie oder Ablehnung.

Doch auch im stimmlichen Bereich müssen wir unsere Wirkung auf andere nicht als gottgegeben hinnehmen. Der Klang einer Stimme kann trainiert werden und ändert sich auch häufig von selbst im Laufe eines Lebens.

Manchmal sind es ganz kleine Kniffe, die unsere stimmliche Wirkung erheblich verbessern können.

Probieren Sie doch einfach einmal an sich selbst aus, wie wandlungsfähig Ihre eigene Stimme ist:

Für einen erfolgreichen Vorher-nachher-Effekt können Sie ja erst einmal eine »So-nicht-Variante« ihrer fürchterlichsten Stimmbanddarbietung aufzeichnen. Rennen Sie zwei Stockwerke wie von einem Kampfhund gehetzt nach oben, nachdem Sie erfolgreich versucht haben, sich selbst zu erschrecken. (Lesen Sie Ihre Steuererklärung, oder stellen Sie sich vor, Sie wurden soeben gebeten, in »Wetten, dass« mit Andrea Bocelli ein Duett zu singen.)

Oben angekommen starten Sie ein vorbereitetes Tonbandgerät, auf das Sie spontan einen kurzen Bewerbungstext für Ihr angestrebtes Amt als Ministerin aufsprechen. Möglicherweise klingen Sie nun eher zittrig, dünn und außer Atem mit einer Nuance ins Piepsige. Auf jeden Fall werden Sie nach dem Abhören der Aufnahme zugeben müssen, daß Sie sich schon besser angehört haben.

Zum Gegenvergleich können Sie sich jetzt einmal optimal positiv stimulieren: Stellen Sie sich ruhig und mit etwa schulterbreiter Beinhaltung bequem in einen Raum, in dem Sie sich möglichst wohl fühlen. Versuchen Sie jetzt, mit einer Hand auf dem Bauch etwa 20mal ruhig ein- und auszuatmen, wobei sich Ihre Bauchdecke beim Einatmen leicht heben sollte. Denken Sie dabei an Ihren schönsten Urlaub, und lassen Sie noch einmal all jene Komplimente in den Ohren klingen, die Ihnen jemals gemacht wurden. Singen Sie jetzt lauthals so lange Ihr Lieblingslied, bis Sie nicht mehr anders können, als selig zu lächeln. Letzteres kontrollieren Sie in einem Spiegel, den Sie extra zu diesem Zweck aufgebaut haben. Jetzt noch einmal zehnmal ganz tief ein- und ausatmen und erneut die Aufnahmetaste des Tonbandgeräts drücken. Den Text belassen Sie einfach gleich, beginnen aber erst drei Sekunden später mit dem Aufsprechen und sehen sich dabei selbst lächelnd im Spiegel an.

Na?!

Es dürften Welten zwischen diesen beiden akustischen Kostproben Ihres Könnens liegen! Da sehen Sie einmal, wie unterschiedlich Sie auf andere wirken können!

Den Trick mit dem Sprechen im Stehen und Lächeln in einen Spiegel lernen Sie in jedem guten Telefonseminar. Volle Konzentration ist wichtig, wenn Sie am Telefon einen überzeugenden Eindruck vermitteln wollen. Glauben Sie ja nicht, Ihre Mutter würde es nicht merken, wenn Sie mit ihr telefonieren und nebenher Mails lesen, oder Ihr Kunde könnte es nicht heraushören, daß Sie noch immer schlecht gelaunt sind, weil Ihnen heute morgen jemand die Vorfahrt genommen hat.

Gabriele Brandau, eine charmante Trainerkollegin, hat mir einmal einen sehr spannenden Trick verraten, der tatsächlich immer funktioniert. Sagen Sie doch einfach schon mal »Willkommen«, bevor Sie einen hereinklingelnden Anruf entgegennehmen. Das Gehirn schafft es nämlich nicht, gleichzeitig »Willkommen« zu sagen und »welcher Idiot stört mich denn jetzt schon wieder« zu denken. Dieses kleine Wort vorab beeinflußt den Klang Ihrer Stimme positiv – und wenn dadurch das eine oder andere Gespräch angenehmer verläuft, hat sich der Aufwand doch locker gelohnt.

Wem ein wichtiges Gespräch bevorsteht, sollte lästige Störgeräusche vermeiden, wann immer dies möglich ist. Neulich traf ich mich in einem Kölner Hotel mit einer Managerin, um sie für ein gemeinsames Projekt zu gewinnen. Die Aussicht aus der Fensterfront des Frühstücksbereichs im ersten Stock war atemberaubend: Bei einem Blick über den Rhein auf den Dom kann sogar eine eingefleischte Münchnerin wie ich zum Köln-Fan werden. Doch meine empfindlichen Ohren waren nach wenigen Minuten völlig geschädigt, und meine Nerven und die meiner Gesprächspartnerin lagen blank: Ein Wasserfall in der Mitte der Hotelhalle stürzte in einer unerträglichen Lautstärke in die Tiefe. Ich war heilfroh, diesen rauschenden Ort nach einer Stunde wieder verlassen zu können. Ich bin überzeugt: Die Mitarbeiter im Servicebereich, die diesen Geräuschpegel den ganzen Tag ertragen müssen, haben Anspruch auf Schmerzensgeld.

Es gibt viele Menschen mit sehr sensiblen Ohren – daher sollten wichtige Besprechungen auch nicht ausgerechnet dort stattfinden, wo in unmittelbarer Nähe laute Maschinen brummen oder eine belebte Straße tobt. Wenn Sie sich wünschen, ungeteilte Aufmerksamkeit zu erhalten, sollten Sie akustische wie optische Ablenkungen ausschalten, so gut es geht. Ein bimmelndes Handy oder das Piepsen eines Computers, der an einen Termin erinnert, können blitzschnell die mühsam aufgebaute Dramaturgie eines Vortrags zum Einsturz bringen.

Nicht nur Außengeräusche, auch die eigene Sprechgeschwindigkeit und Lautstärke haben enormen Einfluß auf die persönliche Wirkung. Temperamentvolle Plappermäuler kommen bei ihren Mitmenschen unterschiedlich sympathisch an. Eine Anke können Sie ruhig immer wieder unterbrechen. Ein solches Verhalten versteht sie als großes Interesse – denn sie würde selbst nicht anders handeln und ständig dazwischenquatschen. Gleiches gilt natürlich für ihr männliches Gegenstück.

Eine Madonna und ein echter Supermacho sind es gewöhnt, den Hauptredeanteil für sich zu beanspruchen. Versucht jemand, eine Bemerkung einzuwerfen, werden sie einfach lauter und sprechen weiter.

Eine Elke hingegen verträgt es überhaupt nicht, wenn ihr andere nicht zuhören und sie nicht ausreden lassen. Ihre Sprechpausen zum Luftholen dauern zuweilen so lange, daß Anke längst davon überzeugt ist, daß sie zu Ende gesprochen hat. Setzt sie dann das Gespräch fort, kann es schon mal passieren, daß sich Elke beleidigt zurückzieht. Eine Anke ahnt dagegen noch nicht einmal, daß sie gerade ein Kapitalverbrechen begangen hat.

Jodie geht mit ihrer Sprache so exakt um wie ein Apotheker mit der Waage: Gesagt wird, was nötig ist, und auch kein Gramm mehr. Um so genervter reagiert sie auf Quasselstrippen wie Anke, die ihre

Erzählungen gerne ausschmücken, hier und da noch einige stimmungsvolle Umschreibungen hinzufügen und auch das Stilmittel der Übertreibung gerne einsetzen, wenn sie damit eine Aussage unterstreichen können.

Auch wenn es ein Versäumnis ist, seiner akustischen Wirkung zu wenig Bedeutung beizumessen: Genauso nachlässig ist es wohl, sich ausschließlich auf gesprochene Worte zu konzentrieren. Manche bereiten sich mehr als gründlich auf einen Wortbeitrag innerhalb eines Meetings vor, drehen und wenden jedes Wort einzeln, bevor sie es aussprechen. Und doch vergessen sie zuweilen das Zusammenspiel von gesamtem Auftreten und gesprochenem Inhalt. Haben Sie schon einmal das zweifelhafte Vergnügen gehabt, einem Vortragenden zu lauschen, der seitenlang von seinem Manuskript abgelesen hat, ohne auch nur im geringsten auf seine Zuhörer einzugehen? Es ist durchaus ein Unterschied, ob Sie ein Tonband aufzeichnen, das sie später jemandem zum Anhören übergeben, oder ob sie live in echter Interaktion mit anderen Menschen stehen. Selbst ein guter Radiomoderator hört sich so an, als könnte er seine Zuhörer vor sich sehen. Wem dieser Eindruck gelingt, ist wirklich ein brillanter Redner.

Die meisten Menschen haben die größte Angst davor, vor größeren Gruppen zu sprechen. Kein Wunder also, wenn so viele Stimmen zittrig, unsicher oder einfach nur hölzern klingen. Viele Referenten oder Sprecher lassen sich nur allzu leicht von der Vorstellung irritieren, einige kritische Zuhörer seien ihnen nicht allzu wohl gesonnen. Doch an die hämischen Stimmen darf man in einem solchen Moment nicht denken. Suchen Sie sich inmitten der Menge viel eher das begeisterte Gesicht eines Zuhörers, den Sie ganz besonders schätzen. Für ihn reden Sie – für niemanden sonst. Wenn Sie einen leidenschaftslosen Vortrag halten, um diejenigen zu strafen, die Ihnen weniger sympathisch sind, sind Sie in Wirklichkeit nur ungerecht gegenüber Ihren Lieblingen.

3. Das Riechen und Erschnuppern feiner Düfte

Stellen Sie sich einmal vor, Sie laufen über ein großes Volksfest oder einen Jahrmarkt. Karusselle und Autoscooter, Achterbahn und Losverkäufer, Imbißbuden und Bierzelte und dazwischen viele, viele Menschen. Können Sie es riechen? Ich wette, Sie erinnern sich genau an die typischen Gerüche, die bei solchen Veranstaltungen unsere Nase kitzeln. Der süße Geruch von Zuckerwatte und gebrannten Mandeln, gegrillte Hähnchen und Currywurst, zwischendurch Bierfahnen, ein wenig Schweiß oder in dörflicheren Regionen auch noch die interessante Duftnote von Pferdeäpfeln.

Wir alle kennen derartige Erlebnisfeuerwerke für die Nase und verbinden damit auch sofort entsprechende Stimmungen, Erlebnisse und Gefühle.

Als ganz besonders stimmungsvoll ist das literarische Meisterwerk von Patrick Süskind zu bezeichnen: »Das Parfum« beschreibt die ungewöhnlichen Fähigkeiten des Jean-Baptiste Grenouille, der Parfumhersteller wurde und schließlich von dem Gedanken besessen war, ein ganz besonderes Parfum herzustellen, das er aus dem Körpergeruch der erotischsten Frauen gewinnen wollte. Millionen Leser verfolgten mit Spannung die Lebensgeschichte des Mörders mit der hochsensiblen, feinen Nase.

Im Film »Der Duft der Frauen« konnte jeder nachvollziehen, wie die von Al Pacino gespielte, blinde Hauptfigur die attraktivsten Damen wegen ihres körpereigenen, ganz speziellen Geruchs identifizierte. Gerüche stehen für Leidenschaft, tiefe Gefühle und Begeisterung.

Wie intensiv duften doch frischgebackene Brezeln, Semmeln respektive Brötchen. Verführerisch umgarnt uns der Duft von Frischgebackenem insbesondere im U-Bahn-Bereich, wo Bäckereien ganz gezielt ihre lockenden Aromen über eine Lüftung nach außen blasen und damit hungrige Spontankäufer anlocken. Es funktioniert – wer kann hier schon mit nüchternem Magen vorbeilaufen? Ebenso attraktiv wirkt Kaffeeduft auf Genießer des schwarzen Getränks. Sind Sie schon mal geweckt worden, indem einfach nur eine Tasse frischen, heißen, dampfenden Kaffees in die Nähe Ihres schlafenden Gesichts gehalten wurde? Traumhaft und unwiderstehlich.

Kein Wunder, warum auch Geschäftsinhaber von Coffeeshops listig ihre Abluftschächte in Richtung Bürgersteig verlegen lassen. (Im Gegensatz hierzu bläst McDonald's seinen wenig verlockenden, alten Fettgeruch aus der Küche besser in den Hinterhof.)

Wissenschaftler haben mittlerweile herausgefunden, wie die wichtigsten natürlichen Aromen auf uns wirken und was sie in unserem Gehirn auslösen: Rosenduft schafft Harmonie, Zitrusfrüchte wie Mandarine, Zitrone oder Orange schärfen unsere Wahrnehmung und sorgen dafür, daß wir wacher und aufmerksamer werden. Eine kleine Duftlampe im Büro kann mit einem Tröpfchen Zitronengrasöl oder wilder Mandarine ihre Arbeitsergebnisse positiv beeinflussen. (Glauben Sie nicht? Ausprobieren!) Bergamotte hebt die Laune an dunklen Wintertagen, und Zedernholz wirkt beruhigend. Je nach Stimmung können Sie also immer den passenden Cocktail als Raumparfum wählen. Wer nicht so gern mit Duftlämpchen herumhantiert, kann genauso auf Räucherstäbchen oder Raumparfum zum Sprayen ausweichen. Wichtig ist nur, beim Einkauf darauf zu achten, daß es sich nicht um »naturidentische«, also künstlich erzeugte Duftnoten handelt. Wer einmal echtes Rosenöl schnuppern durfte, für dessen Herstellung ganze LKW-Ladungen an Rosenblüten verwendet wurden, beleidigt seine Nase, wenn diese dann einem rosenähnlich riechenden Erzeugnis aus dem Chemielabor ausgesetzt wird.

Ich selbst gebe inzwischen kein Seminar mehr, ohne in den Pausen die inspirierenden und frischen Raumsprays von Primavera Life in die Ecken zu sprühen. Die subtilen Kompositionen aus Zitrusfrüchten und Hölzern halten die Teilnehmer auch nach stundenlanger Hirnarbeit munter und beschwingt.

Von diesem Trend inspiriert, haben pfiffige Marketingköpfe mittlerweile ihrer Phantasie freien Lauf gelassen und versucht, geeignete Einsatzbereiche für kaufstimulierende Duftstoffe zu entdecken: Da werden insbesondere gebrauchte Autos mittlerweile vor der Probefahrt mit Parfum bestäubt, das an den typischen Geruch von Neufahrzeugen erinnert. Lebensmittel- und Feinkostabteilungen in Kaufhäusern vermitteln dank fruchtiger und würziger Duftnoten zusätzlich den Eindruck von Frische und animieren zum Kauf.

Doch nicht immer erleben wir die Stimulation unseres Riechorgans so prägnant und intensiv. Meist springt unser Geruchssinn auf weitaus subtilere Reize an, unser Gehirn speichert diese heimlich im Unterbewußtsein ab.

Wir entscheiden über die Nase, ob wir einen Menschen »riechen können«. Unmerklich fühlen wir uns erotisch angezogen, wenn ein Mann so duftet, daß wir ihn für gesund, stark und genetisch zu uns passend erachten. Der, den wir von Herzen lieben, kann schwitzen wie ein Schwein – wir könnten niederknien vor Entzücken. Ich kann mich noch immer genau an den Duft meines Jugendschwarms erinnern, als dieser mich nach einem 20-Kilometer-Lauf mit nassem T-Shirt umarmte. Unter Hunderten hätte ich diesen Geruch als seinen erkannt.

Ist uns jemand ganz offensichtlich nicht sympathisch, genügt die gemeinsame Benutzung eines Fahrstuhls, um uns leicht angeekelt in die Flucht zu schlagen. Wir können es nicht erklären, eigentlich ist er ja auch ganz nett. Aber er stinkt uns ...

Dabei reagieren wir inzwischen nicht mehr nur auf die originären Körperausdünstungen, sondern hauptsächlich darauf, wie sich diese in Kombination mit Parfum, Bodylotion und Haarpflege entwickeln. Da ist es dann eben die mehr oder weniger glückliche Wahl eines Parfums, die darüber entscheidet, ob andere entzückt die kuschelige Nähe suchen oder sich angewidert wegdrehen und die Nase rümpfen.

Ich weiß nicht, wie manche Menschen mit Parfum umgehen. Die Dame mit den schrecklich auftoupierten Haaren, die kürzlich vor mir an der Kasse im Supermarkt stand, hatte wohl darin gebadet. Sie bemerkte nicht einmal, daß selbst die Kassiererin es nicht wagte, ein zweites Mal einzuatmen, so lange sie noch in Sichtweite war. Haben solche Menschen keine Freunde oder Familie, die ihnen einen derartigen Fauxpas dezent mitteilen?

Ein Parfum ist nur dann optimal dosiert, wenn es unmöglich ist, auf einen halben Meter Entfernung die Duftnote und den Hersteller zu erraten. Idealerweise schmiegen sich die Aromen so an die Haut des Trägers, daß sich eine ganz individuelle Note ergibt. Gute – meist auch eher teure – Parfums riechen keineswegs an jedem gleich. Was auf der einen Haut edel-dezent-blumig-frisch duftet, kann sich auf einem anderen Typ eher seifig oder pudrig-fad entwickeln. Daher können Sie einen Fehlkauf nur mit Sicherheit ausschließen, indem Sie eine neue Kreation erst einmal mindestens eine Stunde lang auf Ihrer Haut spazierentragen.

Die Hersteller haben sich übrigens etwas dabei gedacht, daß sich bei einem Druck auf das Sprayknöpfchen nicht direkt die halbe Flasche leert. Ein-, maximal zweimal sollten dieser Knopf gedrückt werden. Alles, was darüber hinausgeht, ist einfach zu viel. Wirklich! Wenn Sie eine Viertelstunde nach dem Auftragen an sich selbst Ihr Parfum noch eindeutig identifizieren können, ist das ein untrügliches Zeichen dafür, daß Sie zuviel erwischt haben.

Interessanterweise greifen diejenigen, die nach der »Je-mehr-umso-besser«-Devise leben, auch zielsicher immer zu den intensivsten und süßesten Duftnoten: In den 80er Jahren belästigten sie ganze Großraumbüros mit aufdringlichem »Poison«, erweiterten dann ihr Portfolio um »Joop« und »Gaultier« und nervten uns später von allen Seiten mit schokoladig-süßem »Angel«. Dabei sind das allesamt hervorragende Parfums – solange man damit geizt.

Die heftigsten Männer entwickelten sich konsequent von »Tabac Original« über »Zino Davidoff« hin zu »Égoïste« von Chanel. Wer sich in eine der genannten Noten einhüllt, wird unter Garantie den gesamten Tag über nicht unnötig angesprochen.

Es ist ohnehin eine sehr interessante Beobachtung, daß Männer augenblicklich anfangen, ihr Eau de Toilette noch einmal nachzulegen, sobald sie erfahren, daß eine Frau am Meeting teilnimmt. Natalie, eine Freundin, die aktuell in der Geschäftsführung eines großen Handelsunternehmens tätig ist, weiß davon ein Lied zu singen. »Hören Sie mal, ist Ihnen heute ihr Parfum ins Badewasser gefallen?« rutscht es ihr schon mal heraus. Sie kann halt die Madonna in sich auch nicht immer zügeln ...

4. Das Schmecken

Eine in Tee getauchte Madeleine war es, die den Helden von Marcel Prousts Lebenswerk »Auf der Suche nach der verlorenen Zeit« an eine Epoche seiner Kindheit erinnerte. Ein derart simples Geschmackserlebnis wie ein aufgeweichter kleiner Kuchen kann ein ganzes Feuerwerk an Erinnerungen und Assoziationen auslösen. Verbinden wir ein intensives Erlebnis mit einem Geschmacksempfinden, bleibt diese Verbindung ewig auf unserer inneren Festplatte abgespeichert und ist jederzeit abrufbar. Überraschend intensiv sind solche Erinnerungen, wenn sehr viel Zeit seit dem ersten Abspeichern vergangen ist.

Sicherlich haben Sie auch in Ihrer Kindheit Speisen, Süßigkeiten oder Getränke genossen, die einfach einmalig waren und an die Sie sich noch sehr gut erinnern können. Darf ich ein paar Stichworte liefern? Waren Sie früher auch ein Fan von »Brauner Bär« und »Dolomiti«? Kennen Sie noch die langen, dünnen Brausestangen, die es beim Bäcker einzeln zu kaufen gab? Haben Sie Ihre Zunge auch wund gelutscht an den bunten Schleck-Muscheln? Viele dieser Klassiker sind heute übrigens wieder im Handel und feiern eine echte Renaissance, unter anderem auch prickelndes Ahoi-Brausepulver oder die winzig kleinen Kirschlollies (allerdings mit weißem, nicht mehr mit dem original-grünen Stiel).

Darüber hinaus gibt es sicher noch Dutzende kulinarische Erinnerungs-Highlights, die sehr persönlich und individuell sind. Die unvergleichlichen Pfefferkuchen meiner Großtante (ich besitze das Rezept, habe sie aber noch nie so hinbekommen), den Braten mit Blaukraut und Knödel, wie nur meine Mutter ihn zubereiten kann, oder die überbackenen Jakobsmuscheln meiner französischen Gastmutter sind Spezialitäten, für die ich meilenweit laufen würde. Doch der ungeschlagene Höhepunkt, den mein Gaumen in Verbindung mit einem tollen Erlebnis haben durfte, waren die hausgemachten Zwetschgenknödel, die meine Großmutter wenige Stunden nach der Geburt meiner Tochter in einer Warmhaltebox ins Krankenhaus brachte. Was für ein Genuß! Nach einer anstrengenden und schlaflosen Nacht war ich gerade dabei, mit dem glücklichsten Moment meines Lebens fertig zu werden. In dieser Situation schmeckte die Lieblingsspeise meiner Kindheit gleich zehnmal so intensiv wie sonst! Die Zwetschgen, die direkt aus Omas Garten kamen, waren unvergleichlich fruchtig und frisch.

(Seitdem spüre ich augenblicklich ein leichtes Ziehen im Bauch, sobald ich wieder diese Knödel esse! Aber sagen Sie es ihr nicht, Oma kocht sie nach wie vor so gern, um mir damit eine besondere Freude zu machen.)

Anthony Bourdin, Spitzenkoch und Buchautor, bereiste die ganze Welt auf der Suche nach dem ultimativen kulinarischen Kick. In seiner unendlichen Neugier probierte er lebende Insekten, seltsam anmutende Innereien bizarrer Tiere und immer neue Gewürz- und Kräuterkombinationen. (Übrigens aus reiner Neugierde und Abenteuerlust, nicht etwa, weil ihm ein Millionen-TV-Publikum eine Dschungelprüfung auferlegte.) Sein Hunger nach überraschenden Erfahrungen scheint dabei unstillbar.

Zugegeben, er als Küchenchef hat ein ganz besonderes Interesse an facettenreicher Stimulation seiner Geschmacksnerven. Doch eine gewisse Empfänglichkeit haben wir alle für derartige Sinnesfreuden.

Neben Sex ist Essen wohl die einzige Tätigkeit, bei der sämtliche Sinne zum Einsatz kommen. Und im Berufsleben ist ein kulinarisches

Verwöhnprogramm eine ganz legale Masche der Verführung. Nicht nur wegen des lockeren Rahmens fördern und intensivieren Essenseinladungen geschäftliche Beziehungen. Unsere Urinstinkte werden angesprochen: Jemand, der uns etwas zu essen gibt, ist ein wahrer Freund, und wir sind ihm erst einmal dankbar für das Stillen unserer Grundbedürfnisse. Das wird bei Verhandlungen gerne ausgenutzt. Versuchen Sie mal, nach einer feudalen Esseneinladung hart um Preise zu verhandeln.

Sind wir satt und zufrieden, betrachten wir die Welt gleich mit wesentlich mehr Wohlwollen, als wenn uns der Magen knurrt. Es ist mir völlig unverständlich, wie Firmen auf die Idee kommen, ihre Kunden zu abendlichen Vorträgen oder anderen gutgemeinten Get-togethers einladen, um ihnen dann nach frühestens zwei Stunden die ersten Salzstangen zum Knabbern zu reichen. Ein ganz normaler Workaholic kommt direkt aus dem Büro, wenn er um 19:00 Uhr irgendwo erscheinen soll. Je nach Arbeitspensum hat er im besten Fall einen Mittagssnack intus. Eine schlechte Voraussetzung, um sich wohl zu fühlen. Wenn Sie also zu einem frühabendlichen Termin einladen, tun Sie sich selbst einen großen Gefallen, wenigstens ein paar kleine Snacks gegen den schlimmsten Hunger bereitzuhalten.

Bei Besprechungen ist es zu jeder Tageszeit eine Geste der Gastfreundschaft und Höflichkeit, dem Gesprächspartner eine Kleinigkeit zu essen und zu trinken anzubieten. Die meisten Firmen übertreffen sich hier gegenseitig in rekordverdächtiger Phantasielosigkeit und Geiz. Haben Sie schon mal jemanden getroffen, der die staubige Einheitsgebäckmischung mag, die scheinbar zu jedem Besprechungstisch gehört wie der Knick im deutschen Sofakissen der 50er Jahre? Einige besonders aufgeschlossene Firmen haben hier bereits den Wellnesstrend aufgegriffen und reichen frisches Obst, das nicht nur besser schmeckt und netter aussieht, sondern auch noch gesund ist.

Doch auch in der Welt der Kekse gibt es doch noch andere Angebote als Bahlsens bunte Vielfalt!

Erfreulicherweise hat sich auch das Genußerlebnis für Kaffee- und Teetrinker mittlerweile erweitert. Die öde Pseudo-Auswahl zwischen den Teesorten Hagebutte, Kamille und Pfefferminz wird heute hoffentlich nur noch in nonnengeführten Krankenhäusern angeboten. Selbst im rollenden Bahn-Bistro gibt es schon seit Jahren leckeren grünen Tee im Angebot, und der Cappuccino ist auch nicht länger einfach nur eine Tasse Kaffee mit Sahnehäubchen.

Denken Sie also ruhig einmal öfter über ein wenig Abwechslung nach, wenn Sie Gäste angenehm bewirten wollen – im Büro oder zu Hause.

Bieten Firmen ihren Mitarbeitern die Möglichkeit, sich zwischendurch ein heißes oder kaltes Getränk zu holen, werden durch Kaffeeküchen oder auch nur durch bereitgestellte Softdrinkautomaten meist richtige Begegnungszentren geschaffen, wo man sich über die wahren News im Unternehmen austauscht. Kürzlich bekam ich mit, wie gut 100 Mitarbeiter eines Dienstleistungsunternehmens in neue Räumlichkeiten umzogen. Leider hatte man im neuen Gebäude im Gegensatz zu vorher viel zu kleine, enge Küchen eingebaut, in denen eine Person sich gerade mal umdrehen konnte. Der gegenseitige Austausch litt so auffallend darunter, daß die Geschäftsleitung kurzerhand beschloß, einen großen Büroraum zum Aufenthaltsraum umzufunktionieren. Eine goldrichtige Entscheidung, wie sich gleich bei der nächsten Mitarbeiterbefragung herausstellte.

»Liebe geht durch den Magen« weiß ein altes Sprichwort. In vielen Kulturen gilt das besonders liebevolle Zubereiten feiner Speisen als Zeichen tiefer Zuneigung und Wertschätzung. So manche Liebesbeziehung soll ihren zarten Ursprung an einem Eßtisch gehabt haben.

Besonders, wenn der Koch oder die Köchin ganz unerwartet phantasievolle Leckereien zubereitet, ist die Verführungskraft einer solchen Darbietung unschlagbar. Meine Freundin Beate schmolz in einer Küche für ihren Peter dahin – just nach der ersten Zubereitung seines mittlerweile legendären »gâteau au chocolat« verbrachten sie die erste gemeinsame Nacht.

Die große Liebe meines Lebens gestand mir einmal, unmittelbar nach dem Genuß von Büffelmozzarella auf warmen Litschis den Beschluß gefaßt zu haben, möglichst schnell bei mir einziehen zu wollen.

Auch im geschäftlichen Zusammenhang kann man mit Gaumenverzücken gewinnbringend Punkte machen. Innegrit Volkhardt, Geschäftsführerin des Hotels »Bayerischer Hof« in München, verriet mir einmal, wie sie in einer kniffeligen Verhandlung plötzlich die Eingebung hatte, feinste, belgische Trüffelpralinen, die sie eigentlich als Geschenk nach Hause mitbringen wollte, zu überreichen. »Meine Gesprächspartnerin wirkte auf mich einfach wie eine Genießerin, da dachte ich, daß ich ihr mit den Pralinen eine Freude mache.« Dank dieses glücklichen Einfalls war das Eis schnell geschmolzen. Das Gespräch endete, nebenbei bemerkt, mit einem Vertragsabschluß. Nicht zuletzt wegen dieses besonderen Gespürs für die Bedürfnisse anderer Menschen hat es die charmante junge Frau zu beachtlichen Erfolgen gebracht: 2002 wurde sie zur Hotelmanagerin des Jahres gekürt.

Ella D. Williams, amerikanische Superunternehmerin, packte bei einem Vortrag in Ludwigsburg einmal aus, welche Tricks sie so einsetzt, um Verkaufsgespräche zu einem glücklichen Abschluß zu bringen. Die quirlige Schwarze mit der – pardon – Figur eines »Weather Girls« ist in der männerdominierten Technikbranche, in der sie zu Hause ist, ohnehin eine ausgemachte Exotin. Als echte Anke-Madonna-Mischung lebt sie diese Individualität voll aus. In erfrischender Weise steht sie dazu, einfach »anders« zu sein. Man könnte sie ständig knuddeln für ihre herzliche, aufrichtige Art. Eines Tages wollte sie einen besonders toughen Unternehmer dazu bringen, ihr neuer Kunde zu werden. Sie wollte mit einer ungewöhnlichen Aufmerksamkeit als Zeichen ihrer Wertschätzung zu dem Termin erscheinen und zauberte gleich bei der Begrüßung einen kleinen, selbstgebackenen Kuchen hervor.

Doch anstatt sich wegen eines Hausfrauen-Mitbringsels zu genieren, war sich Frau Williams der Knallerwirkung ihres Guglhupfs voll bewußt. Wer traut der Vorstandsvorsitzenden eines Millionenunternehmens schon zu, in der Freizeit mit Backformen zu hantieren? Seine harten Verhandlungstaktiken packte ihr Gesprächspartner an diesem Tag gar nicht erst aus. Lammfromm und sichtlich angetan von dieser »sehr speziellen Frau«, unterschrieb er nach zwei äußerst amüsant verbrachten Stunden den Vertrag.

Klar, eine solche Showeinlage kann sich nur erlauben, wer auch fachlich brilliert und keine inhaltlichen Fehler macht. Aber wie wollen Sie sich deutlich von ihren zahlreichen Konkurrenten unterscheiden und das Rennen um einen neuen Kunden oder einen neuen Job gewinnen? Zu viele können ordentliche Produkte, Dienstleistungen und ihre Arbeitskraft anbieten und schaffen es, pünktlich und in ordentlicher Kleidung zum vereinbarten Termin zu erscheinen. Wer siegen will, sollte schon über die Pflicht hinaus eine entsprechende Kür bieten.

5. Fühlen und Tasten

Wollen Sie jemandem ein Auto verkaufen, werden Sie feststellen, wie unterschiedlich Menschen auf verschiedene Argumente anspringen: Während eine Jodie vermutlich erst einmal sämtliche Testberichte studiert und dann genauestens abwägt, welches Preis-Leistungs-Verhältnis ein Fahrzeug zu bieten hat, gibt es aber auch die Circe-Typen, die höchsten Wert auf das Aussehen legen. Niemals würden solche Augenmenschen eine Farbe wählen, die nicht perfekt zu ihnen paßt. Ein haptischer Typ – so nennt man diejenigen, deren Tastsinn besonders ausgeprägt ist – will das neue Fahrzeug erst einmal fühlen: Eine Madonna muß einfach selbst erleben, wie der Motor unter ihrem Hintern abzieht. Mit den Händen fest das weiche, lederne Lenkrad umklammernd, genießt sie es, wenn das PS-starke Gefährt sie beim Beschleunigen in den ergonomisch geformten Sitz drückt.

Sie ist nicht nur ein Fan von interessant gestalteten Oberflächen – sie berührt auch ihre Mitmenschen etwas häufiger als andere. Wer zu den eher zurückhaltenden Wesen zählt, mag da schon einmal irritiert reagieren, wenn er mitten im Gespräch an Armen, Schultern oder Knie berührt wird.

Auch bei Obst- und Gemüsehändlern sind solche Tastaktiven nicht sonderlich beliebt: Sie können nämlich gar nicht anders, als sich mit sanftem Daumen- und Zeigefingerdruck selbst davon zu überzeugen, ob sich die Avocado wirklich reif genug anfühlt oder ob die Tomaten auch schnittfest und knackig sind.

Wer gerne spürt und tastet, nimmt die Dinge bevorzugt selbst »in die Hand«. Fatal, wenn Sie versuchen, so einen Menschen mit Argumenten zuzutexten, während dieser sehnlichst darauf wartet, das, was Sie da die ganze Zeit beschreiben, endlich selbst auszuprobieren. Bestimmte Produkte eignen sich besonders gut dazu, einem möglichen Interessenten vorab ein spürbares Erlebnis zu vermitteln: Autos und Motorräder können probegefahren, Kleidung kann anprobiert werden. Auf Matratzen kann man in den meisten Geschäften vorab probeliegen, pfiffige Möbelhändler liefern schon mal etwas »zur Ansicht« nach Hause.

Hat man dann erst mal in den eigenen vier Wänden auf dem herrlich bequemen Sessel Platz genommen und konnte sich darüber hinaus auch gleich ein Bild davon machen, wie gut das Designerstück in die eigene Umgebung paßt, kann man ja fast nicht mehr widerstehen und erwirbt das kostbare Stück.

All diese Gegenstände, die sich gut ausprobieren lassen, eignen sich weniger für den Verkauf per Internet oder Katalog. Nur wenn der Käufer überzeugt ist, daß das Zurücksenden bei Nichtgefallen völlig problemlos und unkompliziert möglich ist, kommen Bestellungen zustande.

So manchem Hersteller scheint nicht klar zu sein, wie viele potentielle Kunden er von vorneherein ausklammert, wenn er nur sehr wenige Sinne gezielt anspricht.

Ein gutes Beispiel für eine solch ungeschickte Vermarktungsstrategie ist Nikken: Das amerikanische Unternehmen vertreibt Alltagsgegenstände wie Matratzenauflagen, Bettdecken, Gürtel oder Schuheinlagen, die ein permanentes Magnetfeld erzeugen, das Gesundheit und Wohlbefinden nachhaltig verbessern soll.

Doch wen spricht das Unternehmen mit seinen Produkten an?

Eine Jodie will sich durch Fakten überzeugen lassen. Doch leider gibt es keine einzige Studie oder wenigstens eine veröffentlichte Kun-

denbefragung, die eine positive Wirkung der Produkte belegt. Wie ein Magnetfeld funktioniert, leuchtet Jodie ein – doch was ein derartig innovatives Produkt bewirkt, möchte sie erst einmal genauer wissen. Bekommt sie erst einen Prospekt in die Hand, ist der Ofen ganz aus: Schockiert von den ungeschickten Formulierungen und schlechten Übersetzungen wird sie kein Vertrauen in einen Anbieter entwickeln, dessen Infobroschüre schon durch ihr Perfektionsraster gefallen ist.

Eine Madonna probiert etwas Neues furchtbar gerne erst einmal aus. Doch leider ist ein Testen der Produkte nicht vorgesehen. Um wirklich zu wissen, ob die Nachtruhe durch ein Nikken-Schlafsystem intensiver wird oder gar ein Tennisarm schneller heilt, muß Madonna erst einmal tief in die Tasche greifen. Dabei würde sie bei einer Testaktion mit Geld-zurück-Garantie sofort bestellen.

Anke fährt vermutlich sofort und ganz spontan auf die Produkte ab. Sie ist gerne ganz vorne mit dabei, sobald eine Innovation am Markt ist. Sofern sie es sich halbwegs leisten kann, hat sie auch stets das neueste Handy und besaß schon einen DVD-Player, lange bevor sie sich ihren Lieblingsfilm damit ansehen konnte. Doch eine echte Anke ist ebenso wie Madonna Ästhetin: Niemals würde sie sich eine Matratzenauflage kaufen, die mit einem Stoffmuster bezogen ist, das so aussieht, als stamme es noch von ihrer eigenen Urgroßmutter. Die Schuheinlagen und ihre zarten Schnürsandalen – das geht schon mal gar nicht. Und einem Mann, der einen solchen Gürtel trägt, würde sie im Leben nie die Hose öffnen.

Einzig eine Elke kommt als mögliche Kundin in Frage: Da die Produkte ausschließlich über Direktvertrieb angeboten werden, vertraut sie der Person, die ihr das Zeug verkauft, voll und ganz. Der Prospekt interessiert sie nicht – sie glaubt sowieso nur, was ihr jemand erzählt, den sie gut kennt. Attribute wie »gesund« und »umweltfreundlich«

sind ihr hundertmal wichtiger als Oberflächlichkeiten wie Farbe oder Muster.

Mit wenigen Kniffen könnte ein solches Unternehmen also spielend neue Zielgruppen erschließen, ohne es sich gleichzeitig mit seinen angestammten Elke-Kundinnen zu verscherzen. Einige wenige selbständige Vertriebspartner des Unternehmens haben das bereits erkannt und haben sich privat ein Schlafsystem angeschafft, das sie wochenweise zum Ausprobieren verleihen.

6. Die Intuition

»Intuition ist der eigenartige Instinkt, der einer Frau sagt, daß sie recht hat, gleichgültig, ob das stimmt oder nicht.«

Oscar Wilde (1854–1900),
irischer Schriftsteller

Dieses Zitat zeigt sehr deutlich, wie wenig selbst Oscar Wilde mit dem Thema »Intuition« anfangen konnte. Tatsächlich wird Intuition meist als ein rein weibliches Thema angesehen, mit dem höchstens noch schwule Männer oder »Frauenversteher« etwas anzufangen wissen. Vielleicht liegt es daran, daß sich Frauen eher trauen, auf ihren »Bauch« zu hören?

Doch was ist eigentlich Intuition genau?

Kennen Sie noch dieses Bild aus Antoine de Saint-Exupérys weltberühmtem Klassiker »Der kleine Prinz«? Saint-Exupéry selbst hat die

Geschichte illustriert. Je nachdem, wie man sie betrachtet, stellt eine der Zeichnungen einen Hut oder auch einen Zahn dar; andere sehen darin eine Schlange, die einen Elefanten verschluckt hat.

Intuitive Menschen nehmen mehr wahr, als objektiv nachvollziehbar wäre. Sie sehen eine Story dahinter – ob diese nun der »Wahrheit« entspricht oder nicht. In jedem Fall gibt sie die Wahrnehmung und das Empfinden des Betrachters wieder.

Es reicht jedoch nicht, eine starke, intuitive Wahrnehmung zu haben. Wenn man sie gewinnbringend einsetzen will, muß man auch auf sie vertrauen.

All unsere Sinne sind in der Lage, jede Sekunde bis zu einer Milliarde Eindrücke aufzunehmen. Unser Gehirn kann jedoch nur rund 100 davon pro Sekunde verarbeiten.

Wenn Sie also eine objektive Wahrheit wiedergeben möchten, ist das ungefähr so schwierig, als versuchte man, das Wasser der Niagarafälle mit einem Reagenzglas aufzufangen. Sicher, einige Tropfen landen darin. Doch alles andere kippt einfach hinunter in das große Meer, das sich Unterbewußtsein nennt. Zauberhafterweise kann die Festplatte unseres Gehirns jederzeit auf diese unendlichen Informationen zugreifen – sofern wir dies zulassen.

Die angewandte Kinesiologie beschäftigt sich genau damit, auf das verschüttete Wissen unseres Unterbewußtseins zuzugreifen. Bevor wir bewußt auf eine beliebige Frage antworten, reagiert unser Körper bereits reflexartig darauf. Diesen Reflex können erfahrene Kinesiologen messen. In entspanntem Zustand erzeugen wir eine kaum spürbare Muskelanspannung, sobald wir »ja« sagen wollen. Bei »nein« neigt der Mensch dazu, eher loszulassen.

Während einer Therapiesitzung werden dem Patienten verschiedene Fragen gestellt, der Kinesiologe fühlt durch eine leichte Berührung der Handgelenke, ob die Arme vor dem Körper bleiben oder sich reflexartig in Richtung Rücken bewegen. Dabei wird unterstellt, daß der menschliche Organismus ganz klar weiß, durch welche Ereignisse und Erlebnisse man »programmiert« wurde, was einem guttut oder schadet. Eine solche Sitzung ist sehr schwer zu beschreiben, es klingt auch insgesamt ein wenig nach Hexerei. Aber es funktioniert. Mit dieser Methode können hervorragend Lernschwächen bei Kindern oder Mißerfolgsprogramme bei Erwachsenen analysiert und auch therapiert werden.

Ob Sie das Thema Intuition nun wissenschaftlich betrachten wollen oder einfach nur froh sind, sie zu haben: Vertrauen Sie ruhig auf Ihr eigenes »Wissen«, das Sie so manchmal auch gar nicht begründen können. Wenn wir einen neuen Mitarbeiter einstellen, eine neue Wohnung besichtigen oder auf einer Party einen tollen Mann kennenlernen: Meist haben wir doch nach wenigen Sekunden ein nebulöses »Bauchgefühl« dafür, ob eine Entscheidung uns guttut oder nicht. Besser hören wir da gleich drauf. Denn meist ist genau dieser erste Eindruck sehr zutreffend.

Vielleicht entsteht aber auch ein leiser Zweifel, der sich später als unbegründet herausstellt. Ich habe vor etwa einem Jahr ein leises Knirschen verspürt, als ich mit einer Frau über eine Kooperation sprach. Ich sagte ihr sofort, daß ich nicht wirklich etwas zu bemängeln hätte, aber merken würde, daß mein Gefühl noch nicht gemeinsam mit dem Kopf auf unsere Zusammenarbeit angesprungen sei. Sie reagierte herrlich, verstand das sehr gut und bedankte sich für meine Offenheit. Wir verabredeten einfach, jetzt erst einmal nichts zu überstürzen und in einigen Wochen nach mehreren Treffen noch einmal unser »Feeling« zu befragen. Dadurch, daß ich mein Zögern verbal zum Ausdruck gebracht hatte, sind wir richtig toll zusammengewachsen. Heute verbinden uns nicht nur hervorragende laufende Projekte, sondern sogar eine wunderbare Freundschaft. Mein Bauch hatte mich jedoch nicht betrogen: Er spürte, daß sie damals aufgrund vieler Veränderungen, in denen sie steckte, voller Unsicherheiten war, und meldete mir dies als wertvolles Feedback.

Kultig: die Circe als Marke 6

Was macht eine normale Frau zur echten Circe?

Ein eigener Stil macht stark

Haben Sie irgendwelche Vorbilder? Gibt es starke Persönlichkeiten, die es Ihnen besonders angetan haben? Ob wir nun die Leistungen einer Steffi Graf bewundern oder ob uns eine Sandra Starck in »Edel & Starck« imponiert: Starke Charaktere haben oft ein besonders prägnantes Profil. Sie wirken auf uns alles andere als angepaßt.

Eine echte Circe hat ihren eigenen Stil. Sie ist selbst Vorbild und hechelt keinesfalls jeder Modeströmung hinterher. Sie setzt selbst neue Trends und wird von anderen kopiert – keinesfalls umgekehrt.

Wie bei einer echten Marken-Strategie für ein Produkt ist es auch möglich, das eigene Image sehr bewußt zu kreieren. Das heißt keinesfalls, daß Sie in eine künstliche, neue Rolle schlüpfen müßten. Ein verbogener Charakter wirkt ebensowenig authentisch und glaubhaft, als würde Marlboro plötzlich ökologisch und gesund sein wollen oder als wollte sich der Fernsehsender 9Live in einen seriösen Nachrichtenkanal verwandeln. Ein gutes Make-up will ja auch nichts übertünchen, sondern allenfalls vorhandene Stärken betonen und Schwächen kaschieren.

Stellen Sie sich einfach vor, Ihre Persönlichkeit und äußeren Merkmale wären ein komplettes Bühnenbild kurz vor der Generalprobe: Sie als Regisseurin können nun frei entscheiden, welche Stellen Sie besonders ausleuchten oder von welchen Details Sie eher ablenken möchten. Sobald Sie allerdings dazu übergehen, Eigenschaften zu erfinden, die einfach nicht da sind, fühlt sich ihre Umwelt betrogen oder fällt zumindest nicht auf die vorgespielte Illusion herein.

Je bekannter eine Person ist, um so wichtiger ist es für sie, sich frühzeitig Gedanken über ihr »gewolltes Image« zu machen. Nur so haben Prominente die Chance, eine gewisse Privatsphäre für sich zu bewahren und Kritikern nicht unnötig Angriffsfläche für Verletzungen zu bieten.

Renate Künast erzählte einmal während einer Rede, wie ihr Berater ihr empfahl, nun eine »öffentliche Renate Künast« zu erfinden, als sie zur Ministerin berufen wurde. Auch diese »öffentliche Person« sollte echt sein. Nur sollte sie gezielt auswählen, wieviel sie von welchen Bereichen nach außen preisgeben wollte. Also definierte sie einen sehr großzügigen Raum um die private Renate Künast, die niemanden etwas angehen sollte. Mit Erfolg verhinderte sie, daß sich die Presse auf ihr Privatleben stürzte. Öffentlich diskutiert werden heute ausschließlich ihre politischen Entscheidungen und Handlungen.

Vielen anderen bekannten Persönlichkeiten ist es stets hervorragend gelungen, gewisse Lebensbereiche für sich zu behalten und damit das Interesse an ihrer Person auf hohem Niveau zu halten. Wäre Jodie Foster für ihre Fans noch immer genauso interessant, wenn es da nicht dieses sagenhafte Geheimnis um den Vater ihres Kindes gäbe?

Es ist nicht nötig, das gesamte Privatleben zum Geheimnis zu erklären – es reicht schon, wenn Außenstehende das Gefühl haben, daß das, was sie sehen, ein gutes Stück weniger ist als das, was da ist. Es ist völlig okay und wirkt auch überhaupt nicht unprofessionell, wenn Michael und Corinna Schumacher Hochzeitsfotos und Bilder ihrer Kinder zur Betrachtung freigeben. Kati Witt kann sich auch ungestraft für den *Playboy* ausziehen – solange sie nicht gleichzeitig ihre intimen Tagebücher als Serie veröffentlicht und die Geburt ihres ersten Kindes von einem RTL-Team filmen läßt.

Auch wenn wir einmal einen Mini-Augenblick lang die Chance hatten, hinter den privaten Schleier einer Person zu sehen, haben wir ja noch lange nicht den Eindruck, diese Personen in- und auswendig zu kennen.

Bei einer Susan Stahnke verhält sich dies anders: Sie kehrte im wahrsten Sinne des Wortes ihr Innerstes nach außen und beglückte die Öffentlichkeit mit Abenteuerfilmen über ihre Darmspiegelung. Uschi Glas kommunizierte während des Scheidungs-Rosenkriegs ganz offensichtlich häufiger mit der *Bild-Zeitung* als mit ihrem Noch-Ehemann. Der Schauspieler Claude-Oliver Rudolph erörterte vor Millionenpublikum im Talk mit Johannes B. Kerner seine Gefühlslage nach seiner soeben vollzogenen Trennung von der Schauspielerin Sabine von Maydell nach 20 Jahren des Zusammenlebens. Er erklärte im selben Atemzug, daß er nicht vorhabe, seinen zehnjährigen Sohn von der neuen Situation in Kenntnis zu setzen. Der müsse das ja nicht merken – schließlich sei er Schauspieler und zudem ohnehin nicht oft zu Hause. Ist der Mann tatsächlich so naiv zu glauben, ein Zehnjähriger bekäme nichts davon mit, wenn Papi vor Millionenpublikum über Privates plaudert?

Das können wir besser: Eine echte Circe denkt mehr, als sie sagt, und hat mehr, als sie zeigt – nicht umgekehrt.

Glaubhaft und »echt«

Wer sich unterschiedlich verhält, je nachdem, wen er vor sich hat, kann aus sich selbst niemals eine »starke Marke« machen. Solche »Fähnchen im Wind« sind schwache Schleimer ohne eigene Meinung und provozieren mit ihrem Verhalten eher mitleidiges Gelächter, keinesfalls Anerkennung.

Die Fragestellung »Wie wirke ich auf andere« darf nicht zum zentralen Thema werden. Wer stets das sagt, was andere offensichtlich von ihm erwarten, wird leicht durchschaut und sicherlich nicht ernst genommen. Wer Profil zeigen will, braucht zuerst eine eigene Meinung und eine klare Haltung. Dazu gehört es auch, hin und wieder unbequeme Dinge zu sagen und auch einmal jemandem zu widersprechen. »Everybody's darling is everybody's Depp« philosophierte schon Franz Beckenbauer treffend. Es ist unmöglich, von allen gemocht zu werden, und sicherlich auch nicht erstrebenswert. Also sollten wir dies gar nicht erst versuchen.

Warum nur sind so viele Arbeitsuchende im Bewerbungsgespräch oder Singles beim ersten Date geradezu zwanghaft bemüht, gequirlte konforme Nettigkeiten von sich zu geben? Glauben sie im Ernst, ein Unternehmer würde einen herausragenden Job an einen durchschnittlichen Typen vergeben oder Ihr Traummann verliebte sich in ein unauffälliges Persönchen, das zu allem ja und amen sagt? Es ist in solchen Situationen höchstens kurzfristig erfolgreich, wenn man sich verbiegt und vorgibt, jemand anderer zu sein. Sie landen dann zwangsläufig bei einem Partner oder Arbeitgeber, der überhaupt nicht zu Ihnen paßt. Zeigen Sie, was Sie selbst an sich lieben und was Ihnen wichtig ist: Man wird sich nicht trotzdem, sondern genau deshalb für Sie begeistern. Oder eben nicht: In diesem Falle ersparen Sie sich selbst eine spätere Trennung, die sicherlich schmerzlicher ist, als gleich von vornherein abzusagen.

Bedenken Sie immer: Ihre Wirkung hängt von der Wahrnehmung des Empfängers ab – Sie können lediglich steuern, *wieviel* Sie von sich preisgeben.

Jedes halbvolle Glas ist immer gleichzeitig auch halb leer. Es gibt keine Stärken, die nicht auch ihre Schattenseiten hätten. Wer vielseitig ist, kann unorganisiert wirken. Willensstarke Typen werden oft für egoistisch gehalten. Aus überaus sensiblen und feinfühligen Menschen werden schnell mal »Warmduscher«, oder sie müssen sich gegen den Vorwurf wehren, sie seien unterwürfig.

Es hat also keinen Sinn, sich von seinen Schwächen zu trennen und sich nur noch auf die stolzesten Charaktereigenschaften konzentrieren zu wollen. Welche Wesenszüge als gut oder schlecht angesehen werden, hängt ohnehin vom Betrachter ab. Denn jeder Mensch hat seine ganz eigene Interpretation bestimmter Begriffe. Wenn Sie jemanden als »sparsam« loben wollen, kann es durchaus sein, daß dieser »Geizhals« hört. Gesprächig oder unterhaltsam zu sein kann ebenso als Kompliment wie als Beleidigung verstanden werden. Je nachdem, wie diese Attribute im ganz persönlichen Vokabelheft hinterlegt sind.

Solange Sie sich und Ihren Werten treu bleiben, kommen Sie auch authentisch und glaubhaft rüber.

Inszenieren Sie Ihre Spleens

An eine starke Persönlichkeit erinnert man sich – langweilige Durchschnittstypen vergessen wir ganz schnell wieder.

Kürzlich hatte ich das Vergnügen, auf einer Geburtstagseinladung mit einer ganzen Runde bemerkenswerter und spannender Frauen zusammenzutreffen. Im Gespräch stellte ich fest, daß alle eine Gemeinsamkeit hatten: Immer wieder passiert es diesen Unikaten, daß sich selbst nach 15 oder 20 Jahren Hochschulprofessoren, Lehrer oder alte Bekannte noch sehr deutlich an sie erinnern. Der Grund liegt ganz einfach darin, daß ganz besondere Menschen schon immer sehr deutlich aus größeren Gruppen hervorstachen. Jede einzelne Frau dieser Geburtstagsrunde wußte Anekdoten zu berichten, die dafür gesorgt haben, daß sich ihre Mitmenschen sehr lange an sie erinnerten.

Eva erzählte, wie sie einmal als Studentin die Mittagspause zum Einkaufen nutzte und sich gerade so viele Zimmerpalmen bei Aldi besorgte, wie sie tragen konnte. Mangels Auto oder sonstiger Betreuungsmöglichkeit schleppte sie das Grünzeug einfach mit in die nächste Vorlesung und sorgte für allerhand Belustigung im Hörsaal.

Eine andere finanzierte sich ihr Studium dadurch, daß sie jeden Tag in einem weißen Overall voll Werbeaufklebern auf einem Motorroller ein Plakat spazierenfuhr und in diesem Aufzug auch grundsätzlich zu den Vorlesungen erschien.

Und wenn sie sich schon nicht optisch hervortaten, dann doch wenigstens durch ständige lästige und kritische Fragen, aufmüpfige Antworten oder engagierte Initiativen von der Schülerzeitung bis zum Sitzstreik.

Eine wahre Circe ist einfach niemals angepaßt, sondern lebt ihren Querkopf aus, wann immer sie kann!

Erfolgsmenschen sind leidenschaftlich und begeistern sich für ganz bestimmte Dinge. Es imponiert uns, wenn jemand leuchtende Augen bekommt, sobald er von seiner letzten Motorradtour durch die Alpen schwärmt oder genüßlich von einer Weinprobe berichtet. Wer sich so sehr begeistern kann, zeigt, daß er klare Vorlieben hat, die er ganz gezielt pflegt. Wir schätzen es, wenn jemand seine Energien für Themen einsetzt, die ihm wichtig sind. Und obendrein wirkt diese Begeisterungsfähigkeit auch noch sympathisch.

Wenn noch nicht einmal Ihre besten Freunde eine ungefähre Ahnung haben, was sie Ihnen zum Geburtstag schenken sollen, haben Sie ein Problem: Ihre Vorlieben und liebenswerten Eigenheiten sind für andere nicht sichtbar. Sie sollten dringend darüber nachdenken, sich mit ihren Besonderheiten neu zu inszenieren.

Kleine exzentrische Spleens machen uns nicht nur menschlicher, sie zeigen auch, daß wir anspruchsvoll sind und sehr genau wissen, was wir wollen.

Mit Sicherheit haben Sie genügend Vorlieben für Einzigartiges. Zelebrieren Sie sie!

Ideen gibt es da genug:

Definieren Sie beispielsweise für sich einige ständige Begleiter, und machen Sie diese zu Ihrem Markenzeichen. Was wäre Columbo ohne knittrigen Trenchcoat, Zigarre und Pistazienkerne? Von charakterstarken Serienhelden können Sie am besten die enorme Wirkung von individuellen Besonderheiten abgucken. Schimanski sorgte mit seinem olivgrünen Parka für einiges Aufsehen in der bisher doch sehr beamtenmäßigen »Tatort«-Szene. Ottfried Fischer unterstreicht als

»Bulle von Tölz« noch seinen Leibesumfang, indem er in der Serie in jeder freien Minute etwas ißt.

Betonen Sie mit Ihren Spleens ganz bewußt Ihre charakterlichen Besonderheiten. Auf diese Weise dokumentieren Sie, daß Sie ihre Macken selbst kennen und dazu stehen. Jodie sollte also ruhig ihr Faible zur Genauigkeit zum Running Gag deklarieren, indem sie ihren Schreibtisch mit einem Abakus dekoriert oder stets zehn gespitzte Bleistifte im Meeting vor sich ausbreitet.

Und was fällt anderen ein, wenn sie an Sie denken? Ich hätte da so ein paar Ideen:

- Trennen Sie sich nie von Ihrem ganz besonderen Lieblingsfüller, und weigern Sie sich, eine wichtige Unterschrift mit einem anderen Stift zu tätigen.
- Tragen Sie immer eine kleine, silberne oder fellbesetzte Dose mit Ihren Lieblingszigaretten, Pfefferminzbonbons oder Gummibärchen mit sich herum. Aber legen Sie sich auf eine ganz bestimmte, in unserem Land schwer erhältliche Sorte fest.
- Ihr Auftritt als »Jane Bond«: Kreieren Sie Ihr eigenes Kultgetränk mit einer kleinen, abwegigen Besonderheit, das Sie immer bestellen, wenn Sie in Bars oder Restaurants unterwegs sind. Lassen Sie sich Ihren Lieblingscocktail grundsätzlich mit Olive/Zitrone mit oder ohne Eis servieren. Das hat so etwas von »gerührt und nicht geschüttelt«. Im beruflichen Zusammenhang kommt es gut, wenn Sie hier ihre Gesundheit und Fitneß demonstrieren und sich statt auf Whiskey sour eher auf grünen Eistee mit zwei Scheiben Zitrone konzentrieren.
- Schaffen Sie einen optischen Anker, der als Stilelement immer zu Ihnen gehört: eine schrille Handtasche als ständiger Begleiter, eine Herrenuhr an Ihrem zarten Handgelenk, Lippenstift in

Paloma-Picasso-Rot. Oder Sie tragen grundsätzlich besonders auffällige Schuhe. Ein hervorragendes Markenzeichen ist auch ein Hut. Hier sollten Sie allerdings ganz sicher sein, daß er Ihnen auch wirklich gut steht ...

- Attraktive Frauen, die beruflich Bäume ausreißen, wirken gleich doppelt so weiblich, wenn sie einen kleinen männlichen Akzent setzen: Hemdblusen mit Manschettenknöpfen, Hosenanzüge, Zigarre rauchen oder eben die Herrenuhr. Ein derartiger Hingucker sollte aber immer nur einzeln eingesetzt und mit weiblichem Make-up, schönen hohen Schuhen oder dezentem Schmuck kombiniert werden.
- Statten Sie Ihr Büro mit ein bis zwei wohldosierten, besonderen Gags aus, die man nur bei Ihnen findet: ein täuschend echt aussehender Kunstrosenstrauß, ein silberner Bilderrahmen mit Dagobert Duck darin statt Ihrer Familie oder ein Punchingball, der von der Decke hängt, macht Sie gleich doppelt so interessant. Mit Boxhandschuhen im Regal traut man einer Elke oder Jodie gleich einen härteren Verhandlungsstil und größere Durchsetzungsfähigkeit zu. Eine laute Madonna könnte eher mit interessant aussehenden Steinen oder einer Wurzelholzdose voller Glasmurmeln überraschen.
- Gewöhnen Sie sich an, in Hotels immer direkt Ihre Vorlieben für bestimmte Zimmertypen zu benennen: »Nichtraucher, ruhig gelegen und nach Möglichkeit Ostseite« sollten Sie gleich von vorneherein bestellen, wenn Ihnen Morgensonne und ruhiger Schlaf wichtig sind. Sie sind etwas ganz Besonderes! Über solches Verhalten üben Sie am besten ein, sich auch so zu benehmen. Oder glauben Sie, Hillary Clinton läßt einfach nur so »ein Zimmer« buchen?

Schaffen Sie sich Rituale für Ihren Alltag!

Neben einer charmanten Außenwirkung tun feste Rituale auch der eigenen Motivation sehr gut, und Sie können sich in stressigeren Zeiten wieder auf ganz konkrete, regelmäßige Belohnungen freuen.

- Beginnen Sie Ihren Tag stets mit einer Tasse Kaffee oder Tee, die Sie stehend am offenen Fenster trinken.
- Gönnen Sie sich täglich einen Obstsalat oder frischen Orangensaft als Vitaminkick für zwischendurch.
- Belohnen Sie einen erfolgreichen Geschäftsabschluß oder eine gute Note Ihrer Kinder stets mit einem Besuch bei Ihrem Lieblingsitaliener um die Ecke.
- Installieren Sie einen chinesischen Gong in ihrem Büro, den sie jedesmal schlagen, wenn Ihnen ein besonderer Coup gelungen ist. Jeder neue Auftrag ab einem bestimmten finanziellen Volumen könnte so akustisch untermalt werden. Und auch wenn Ihre Kollegen möglicherweise genervt sind – daß Sie Erfolg haben, ist mit einem solchen Gong ganz einfach nicht zu überhören.
- Wenn Sie einen Garten haben: Besorgen Sie sich nach jeder schönen Liebesnacht mit Ihrem Partner eine Blumenzwiebel, die sie im Herbst dann gesammelt einsetzen. Kein Mensch wird beim Betrachten der Frühlingsblüten so verzückt lächeln können wie Sie ...
- Wenn Sie keinen Garten haben: Lassen Sie sich für jede besonders gelungene Nacht eine Rose schenken. Die können Sie dann trocknen und aus den Blüten dekorative Gestecke formen.

- Wünschen Sie sich von Ihren Gästen, die Sie privat zu sich einladen, ganz bestimmte Mitbringsel. Dann können Sie sich irgendwann an einer ganzen Regalwand voller Porzellanfiguren oder Modellautos erfreuen und haben sogar bildlich vor Augen, wie viele liebe Menschen Sie kennen. Wenn Sie nicht so gerne Plunder ansammeln, können Sie ja auch auf Silberlöffel oder anderes ausweichen, das in der Schublade verschwinden kann und dennoch dieselbe Freude auslöst.
- Falls Sie frei wandelnder Single mit dennoch glücklichem Erotikleben sind: Lassen Sie sich doch von Ihren Lovern jeweils ein Paar Ohrringe oder eine Halskette schenken. Eine Freundin hat es auf diese Weise in ihrer Herumstreunerära auf eine gutgefüllte Schmuckschatulle gebracht und besitzt nun ein paar leuchtende Erinnerungsstücke …

Definieren Sie Ihren ganz persönlichen Mindeststandard für Ihr Auftreten

Es kann doch nicht sein, daß ein kurzes Nachdenken über Ihren optischen Eindruck wirklich davon abhängt, ob Sie nur mal eben zum Bäcker gehen oder ins Theater! Sie sind eine Frau von Klasse und sollten für sich selbst einen Standard definieren, der einfach immer ein »must« ist. Alles andere ist doch unter Ihrer Würde ...

- Als erstes gehört einmal Ihr Kleiderschrank ausgemistet: Ist das alles wirklich Ihr Stil? Unterstreichen diese Klamotten Ihre Eleganz? Und hören Sie bloß auf, allen möglichen Müll »für zu Hause« zu behalten. Wollen Sie im Ernst, daß Ihr Liebster Sie in diesen Schlabbersachen im Kartoffelsackformat sieht? (Wenn Sie Single sind: Auch der Postbote wird sich in diesem Aufzug nicht gerade spontan in Sie verlieben!) Auch wenn Sie es sich bequem machen wollen, dürfen Sie dabei sexy aussehen! Es gibt sehr angenehme Materialien mit pfiffigem Look! Alles andere gehört definitiv in die Altkleidersammlung. Sie werden sehen, daß Sie sich viel wohler fühlen, wenn Sie sich selbst jeden Tag gern im Spiegel ansehen!
- Das gleiche gilt für Ihre Schuhe: Weg mit allen abgelatschten Tretern, wo die Sohle sich allmählich verabschiedet, das Leder abgewetzt ist und die Farbe abenteuerliche Schattierungen aufweist. Selbst ein Dolce-&-Gabbana-Anzug kann schlechte Schuhe nicht herausreißen. Umgekehrt garantiert Ihnen eine Edelsandale einen großen Auftritt, auch wenn Sie nur H&M-Klamotten tragen.

- Gönnen Sie sich eine richtig gute Stilberatung, wie sie die Stil-Ikone Sabine Schwind von Egelstein Managern und Normalsterblichen in ganz Deutschland anbietet. Oder lassen Sie vielleicht auch einmal etwas speziell für sich schneidern. Hilde Polz, Modedesignerin in München, hat eigens für unser Netzwerk »femmes géniales« eine eigene Modelinie kreiert und schon so manche Frau glücklich gemacht, indem sie ihr den passenden Schnitt verordnet hat. Solche Künstlerinnen gibt es in allen Städten, hören Sie sich einfach einmal um!
- Auch wenn Sie ihre Haare wachsen lassen wollen oder niemals Zeit haben: Alle sechs bis acht Wochen gehören Sie zu einem anständigen Friseur. Überprüfen Sie noch einmal, ob Ihr Figaro eines echten Circen-Kopfs würdig ist, und trauen Sie sich ruhig, auch ein 20jähriges Vertrauensverhältnis einmal neu zu überdenken. Und: Sobald Ihnen irgendwo auf der Straße eine Frau mit einer richtig guten Frisur auffällt: Fragen Sie sie nach der Adresse ihres Coiffeurs! (Warum haben Sie das bisher noch nie gemacht?)
- Rasieren, epilieren oder Heißwachs? Ich weiß nicht, wie Sie zum Thema Körperhärchen stehen. Doch wenn Sie diese ähnlich schrecklich finden wie ich, sollten sie sie auch konsequent und regelmäßig entfernen. Behandeln Sie ihren Körper einfach jeden Tag so, wie sie ihn vorzugsweise ihrem Geliebten präsentieren würden. Sie werden merken, um wieviel wohler und selbstbewußter sie sich fühlen, wenn Sie sich selbst rundherum gefallen! Eine Freundin verriet mir einmal einen ihrer Tricks für ihr Auftreten: Vor jedem wichtigen Termin oder Rede, die sie halten mußte, achtet sie stets darauf, besonders schöne Spitzenwäsche zu tragen. Obwohl diese natürlich von außen gar

nicht sichtbar ist, hebt sie doch ihr Wohlbefinden und Selbstwertgefühl in einer Weise, daß sie einfach unwiderstehlich wirkt. Ausprobieren! Es funktioniert tatsächlich!

- Jede Circe braucht mindestens fünf Parfums! Es mag ja sein, daß Sie gerade einen aktuellen Lieblingsduft haben. Aber ist es nicht so, daß Sie unterschiedliche Gemütsverfassungen haben? Auch Ihre Pläne und Vorhaben werden nicht jeden Tag gleich sein. Ich frage mich stets, warum sich viele Frauen immer in dasselbe Parfum hüllen, egal, ob sie gerade eine geschäftliche Besprechung haben, mit ihren Freundinnen um die Häuser ziehen oder zum Candlelight-Dinner erwartet werden. Sie brauchen definitiv fünf verschiedene Düfte:

1. »Fun«: ein fröhlicher Duft, der ideal zum Einkaufsbummel oder Kinobesuch paßt. Unaufdringlich, lebenslustig, spritzig. Am besten ein wenig fruchtig und frisch. Hierzu passen Parfums wie
   - »Le feu d'Issey« (Issey Miyake)
   - »happy« von Clinique
   - »Calypso« von Lancôme
   - »Parfum d'été« von Kenzo
   - »Chanel No. 19« von Chanel
   - »sun« von Jil Sander

2. »Harmonie«: Draußen regnet es, Sie haben schlechte Laune und wollen sich am liebsten unter einer weichen Kuscheldecke verstecken? Für solche Tage brauchen wir einen harmonischen, weichen, tröstenden Duft. Ideal:
   - »Flower« von Kenzo
   - »Libertine« von Vivienne Westwood

- »Angel« von Thierry Mugler
- »Yoshi« von Yoshi Yamamoto
- »Pleasures« von Estée Lauder

3. »Sport«: Sie könnten Bäume ausreißen, die Sonne lacht, und Sie haben so richtig Lust, mit dem Fahrrad loszufahren, mit Inline Skates die Stadt unsicher zu machen oder eine Runde Skifahren zu gehen? Zu dieser Stimmung paßt ein sportlich-frischer Duft wie
   - »ck1, summer edition« von Calvin Klein
   - »D & G light blue« von Dolce und Gabbana
   - »Cristalle« von Chanel
   - »le bain« von Joop
   - »Y« von Yves Saint Laurent

4. »Erfolg«: Stellen Sie sich vor, Sie angeln sich nach stundenlanger Verhandlung einen Millionendeal, oder Sie stehen auf einer Bühne und halten vor 1 000 Menschen einen derartig spannenden Vortrag, daß Sie mit Standing ovations belohnt werden. Eine so erfolgreiche Frau muß doch einfach einen anderen Duft tragen, als wenn sie sich mit Freunden zum Segeln trifft! Die ideale Success-Aromahülle liefern
   - »cashmere«,
   - »nu« von Yves Saint Laurent
   - »rush« von Gucci
   - »pure« von Jil Sander
   - »Hugo Woman« von Hugo Boss
   - »Chance« von Chanel

5. »Erotik«: Klar, zu Seidenwäsche und Kerzenlicht passen die sinnlichen Kompositionen, die betören und becircen. Diese intensiven Aromen sollten besonders sparsam verwendet werden, wenn sie niemanden umhauen sollen. Sonst kehrt sich die Wirkung nur allzuleicht um. Als ideale Verführer gelten
   - »Envy« von Gucci
   - »very irrestistible« von Givenchy
   - »all about eve« von Joop
   - »miracle« von Lancôme
   - Gaultier's Klassiker

Es kann natürlich gut sein, daß auf Sie ganz andere Düfte als die oben vorgeschlagenen erfolgreich oder sexy wirken – wichtig ist nur, daß Sie Ihre Zerstäuberfläschchen stets wohldosiert und zum Anlaß passend einsetzen. Sobald Sie dies eine Weile sehr bewußt tun, werden Sie merken, wie gut Sie sich selbst allein durch eine solchen Duft stimulieren können. Ihre Verhandlungen werden mit Ihrem persönlichen »Success«-Parfum immer sicherer, und sobald Sie ein Tröpfchen »Fun« aufgelegt haben, dürfte Sie die Unternehmungslust schon im Bauch kitzeln!

Stilsicher mit den richtigen Accessoires ausgestattet und vor allem ohne allen Ballast, der sich im Laufe eines Lebens im Kleiderschrank wie bei den alltäglichen Gewohnheiten ansammelt, können Sie nun ganz lässig auch den Momenten entgegenblicken, in denen Sie einmal nicht so gut drauf sind ...

Immer gut drauf? Das geht ja gar nicht! 7

*Auch eine Circe hat mal einen schlechten Tag ...
und eine Strategie, wie sie mit solchen Tiefs klarkommt*

Manche Tage beginnen so, daß ich sie nach zwei Minuten am liebsten gleich wieder beenden würde.

An solchen Tagen stimmt einfach überhaupt nichts. Schon beim Aufwachen ist mir klar: Das ist nicht mein Tag. Der Wecker klingelt mich unerbittlich aus meinen schönsten Träumen. Wie ferngesteuert erhebe ich mich dann, unlustig und grantig. Ich würde sonst was darum geben, mich wieder hinlegen zu dürfen. Bleigewichtig schlurfe ich frierend zu meinen Kindern, um sie zu wecken, und bereite ihnen mechanisch ein Frühstück. Ich bin eine schlechte Mutter, denn es ist mal wieder kein Lieblingsmüsli mehr da. Kraftlos versuche ich, meinen bleichgesichtigen Nachkommen mein karges Angebot zu verkaufen, und bin dabei nicht sonderlich erfolgreich. Natürlich passiert es genau an diesem Tag, daß mein Sohn außerdem vorwurfsvoll feststellt, daß die einzige Jeans, die ihm momentan wirklich gut paßt, noch nicht gewaschen ist. Garantiert verpaßt meine Tochter ihre S-Bahn zur Schule, weil ich ihr noch husch, husch ein paar unterschriebene Zettelchen mitgeben mußte, und – verflixt – wo in aller Welt ist nur mein Autoschlüssel?! In der Eile trete ich mit meinen beigefarbenen Stiefeln in die einzige Pfütze des Landkreises und klemme meinen Lieblingsmantel in der Autotür ein. Kaum im Büro angekommen, klingelt das Telefon noch vor dem ersten Kaffee: Ein Kunde storniert ganz kurzfristig ein Seminar aus terminlichen Gründen. Ich kann ihn schlecht anschnauzen, sonst gibt es vermutlich noch nicht einmal einen Ersatztermin. Heute scheinen sich einfach alle gegen mich verschworen zu haben. Bestimmt bringe ich es in meiner Superlaune nun fertig, selbst meinen liebsten Mitmenschen gegenüber pampig zu werden. Spätestens jetzt ist mir so richtig zum Heulen, und ich frage mich ernsthaft, was ich da eigentlich genau mache mit meinem Leben.

Sie kennen das Gefühl nur zu gut? Hey, auch eine Circe hat mal einen schlechten Tag! Erfolgreiche Menschen unterscheiden sich nicht dadurch von Verlierern, daß sie niemals in ein Motivationsloch fallen! Auch eine strahlende Oscargewinnerin oder Olympiasiegerin steht mal im Regen oder bekommt Migräne.

Als echte Circe sollten Sie ganz souverän damit umgehen, wenn mal nicht alles genial läuft!

Demotivation ist wie Schnupfen!

Jeden und jede kann es jederzeit erwischen – ganz ohne aktives Dazutun. Plötzlich und ohne Vorankündigung wachen wir mit einem herzhaften Niesen auf. Manche bleiben jahrelang verschont, andere kämpfen ganze Monate gegen eine rote Nase an. Das ist alles normal!

Vielleicht sollten wir mit einem vorübergehenden Tief tatsächlich so umgehen, als handle es sich um eine Krankheit. Wenn es also irgendwie möglich ist, klinken wir uns besser mal für einen Tag aus dem Alltagsgeschehen aus. Eine kleine Auszeit wirkt da manchmal Wunder. Da kann schon ein ausgedehnter Spaziergang dazu führen, daß es uns anschließend gleich viel bessergeht.

Schwierig wird es nur, wenn wir so tun, als wäre alles in bester Ordnung. Unser Gemüt ist nämlich gerade auf Fruststimmung programmiert. Wenn wir einfach so versuchen, weiter zu »funktionieren«, und unser alltägliches Programm abspulen, werden uns Millionen Dinge auffallen, die uns stören. Wenn Sie es also irgendwie schaffen auszubrechen: tun Sie's! Und pflegen sie sich mindestens so liebevoll, als bahne sich eine böse Erkältung an. Also: ab aufs Sofa, mit einem leckeren Tee und einem schönen Buch. Heute gibt es Sie überhaupt nicht!

Und wenn das nicht geht: Informieren Sie Ihr allernächstes Umfeld wenigstens mit knappen Worten, daß heute nicht Ihr Tag ist. Dann bekommen Sie auch nicht so leicht neuen Streit, weil einer Ihrer lieben Nächsten Ihr Herumgemuffel auf sich selbst bezieht.

Und freuen Sie sich dann auf einen Verwöhnfeierabend.

Frust will auch mal ausgelebt werden

Überspielen Sie Ihre schlechten Gefühle nicht: Geben Sie sich Ihrem Unbehagen mit ganzer Inbrunst hin! Zerfließen Sie dabei ruhig ein wenig in Selbstmitleid. Und am besten schreiben Sie sogar auf, warum Sie der ärmste Wurm auf Erden sind. Erst so wird Ihnen schließlich selbst auffallen, daß Sie doch ein wenig übertreiben.

Am schlimmsten sind aber die Sorgenberge, die sich gar nicht so recht identifizieren lassen. Da wird dann schnell verallgemeinert, was schon sprachlich auffällt: »alles« ist »ständig« und »immer« »dauernd« furchtbar. »Nie« gelingt Ihnen was, »alle« nerven Sie, und »nichts« bekommen Sie auf die Reihe. Solches Allgemeingejammere bringt Sie keinen Zentimeter weiter. Kritik sollte immer konstruktiv und konkret formuliert sein, egal, ob Sie sich selbst oder jemand anderen an den Pranger stellen.

Helke Fussell, die man hauptberuflich als Gelassenheitstrainerin buchen kann, bereicherte kürzlich die Gäste eines Festes mit einer kabarettistischen Einlage als »Jammertante«. Es war einfach genial, so vor Augen geführt zu bekommen, wie ein Mensch auf andere wirkt, der den ganzen Tag herumnölt, dabei buchstäblich einen Katzenbuckel macht und hängende Mundwinkel zur Schau trägt. Wenn sich nur einige aufgrund dieses Auftritts vorgenommen haben, niemals so auszusehen, hat Helke wieder einmal ein gutes Werk an der Menschheit vollbracht.

Jeder von uns kann ganz aktiv etwas dazu tun, damit sich die Laune wieder hebt. Wenn Sie allein versuchen, jeden einzelnen Punkt, der Sie an ihrem aktuellen Leben stört, einmal bewußt auszuformulieren, werden Sie ganz schnell merken, daß da gar nicht soviel zusammenkommt. Stellen Sie sich einfach vor, Sie könnten Ihrem Schicksal einen Beschwerdebrief zukommen lassen. Je genauer Sie artikulieren, womit Sie unzufrieden sind, um so besser stehen Ihre Chancen, daß sich schnell etwas ändert. Das funktioniert im Luxushotel ebenso wie in Ihrem Leben. Mit der Besonderheit, daß Sie selbst der Hotelmanager Ihres eigenen Wohlbefindens sind.

Wenn Sie weniger traurig, sondern eher wütend sind: Auch dieses Gefühl darf und sollte mal ausgelebt werden. Wenn Sie weder gegenüber ihrem Chef, Ihrem Kunden oder Ihrem Partner handgreiflich werden wollen (was Sie ehrt und was auch unter keinen Umständen ratsam ist), müssen Sie irgendwo anders Dampf ablassen. Möglichkeiten gibt es da genug: Nach einer Stunde Sport ist meist der größte cholerische Anfall wieder verflogen. Was halten Sie davon, auf einen Punchingball einzuschlagen? Sie können Ihre Wut natürlich auch genausogut im Squash-Court herausschwitzen. Bitte dabei höchstens mit voller Kraft auf den Ball eindreschen, auf keinen Fall den Schläger hinterherwerfen. Das ist zum einen gefährlich für Ihren Mitspieler, zum anderen ärgern Sie sich dann ja doch nur, wenn das teure Racket kaputtgeht ...

Meine Freundin Eva schwört aufs Joggen. Ihr Büro liegt hierfür ideal – direkt am Englischen Garten. Wenn sie in einer Arbeit nicht weiterkommt oder von quengeligen Anrufern genervt wird, ist ihre Laune nach einer kurzen Flucht in Turnschuhen anschließend wie ausgewechselt.

Weniger Sportbegeisterte können es auch mit Singen oder Trommeln probieren. Leider ist dieses akustische Austoben nur dann möglich, wenn Sie allein sind oder über einen schalldichten Keller verfügen. Ich selbst habe für solche Wutanfälle immer eine CD zum kräftigen Mitträllern oder melodischen Mitbrüllen greifbar. Evita, Carmen oder AC/DC sind da so meine Favoriten. Allerdings nur bei geschlossenen Fenstern, sonst irritiert das schon mal meine Nachbarn bei der Gartenarbeit.

Wenn Sie so richtig in Rage sind, sollten Sie ihren Mitmenschen erst einmal aus dem Weg gehen und sich möglichst nicht ans Steuer Ihres Wagens setzen. Sie wollen doch nicht wirklich Ihre Familie, Ihre

Kollegen oder andere Verkehrsteilnehmer in Mitleidenschaft ziehen. Wenn Sie in Ihrem Zustand ungerecht würden oder sogar einen Unfall verursachten, ginge es Ihnen hinterher garantiert nicht besser.

Ausleben sollten Sie Ihre schlechte Stimmung schon – aber tun Sie es besser für sich allein.

Schuhe kaufen und andere Selbstverwöhnmanöver

Bei einer Erkältung hilft ein Seidenschal, etwas heißer Tee und Bettruhe. Wenn es Ihrem Gemüt nicht gutgeht, gibt es andere Verwöhnprogramme (siehe dazu auch das folgende Kapitel »Mach's dir selbst!« ab Seite 179). Und Schuhe kaufen hilft fast immer!

Doch Vorsicht: Solche Ersatzdrogen sind gefährlich, wenn Sie sich nicht in nächster Zeit auch mit sich selbst auseinandersetzen. Wenn es ein echtes Problem zu lösen gibt, können Sie nicht immer nur davonlaufen! Seien Sie sich also darüber im klaren, daß Frustshopping allenfalls zur Ablenkung oder zur gezielten Stimmungsaufbesserung dient.

Eine weitere Nebenwirkung: Shoppen ist teuer! Wenn Sie nicht sowieso ein wenig Taschengeld übrig haben, trifft sie die Katerstimmung gleich um so heftiger, wenn Ihr Leidensdruck nun zusätzlich zu einer saftigen Kontoüberziehung geführt hat. Womit bekämpfen Sie dann den neuen Frust?

Erst mal Abstand gewinnen

Aus gesunder Distanz betrachtet, verlieren viele Situationen ihre Dramatik und Bitterkeit. Das kennen wir alle, daß uns selbst die unangenehmsten Erlebnisse wie in einen zarten Wattemantel gehüllt erscheinen, wenn wir sie nach Jahren wieder aus unserem Gedächtnis hervorkramen. Wer nicht erst 50 weitere graue Haare abwarten will, kann diesen Abstand auch räumlich erzeugen. Ein kleiner Tapetenwechsel wirkt da manchmal Wunder. Oft reicht bereits ein ausführlicher Spaziergang, und die Welt sieht wieder viel erträglicher aus.

Bei manchen Konflikten geht es jedoch einfach nicht, sich für eine halbe Stunde oder länger auszuklinken. Wenn Sie sich gerade mit einem Kollegen oder Chef zanken, kommt es sicher nicht so gut an, wenn Sie das Szenario plötzlich stumm verlassen. Hier reicht es manchmal bereits aus, einen kleinen Perspektivwechsel vorzunehmen: Versuchen Sie einfach, sich an einer anderen Stelle im Raum zu positionieren. Schlüpfen Sie doch einmal kurz in die Rolle eines unsichtbaren Beobachters: Wie mag der Streit wohl für einen Dritten aussehen? Was könnte er von Ihnen und Ihrem Kontrahenten für ein Bild haben? Atmen Sie einmal tief durch, und machen Sie dann ein wenig ruhiger weiter …

Holen Sie sich einen hilfreichen Blick von außen

Ein intensives Gespräch mit einer Freundin kann ebenfalls gute Unterstützung in schwachen Momenten geben. Oft reicht es schon, sich ein wenig Ballast von der Seele zu reden und einen offenen Zuhörer zu finden, um sich anschließend besser zu fühlen.

Wenn Sie jedoch Ihre Situation wirklich nachhaltig verbessern möchten, kommen Sie nicht weiter, wenn Sie sich nur mit Menschen austauschen, die mit Ihnen mitjammern. So drehen Sie sich nur mit Ihrem Selbstmitleid im Kreise. Verständnis ist gut – ein kritischer Blick ist besser.

Einen konstruktiven Lösungsansatz entdecken Sie vielleicht nur, wenn jemand auch mal ein wenig streng mit Ihnen ist. Ein Motivationsschub kann nicht von außen kommen, der entsteht schon in Ihrem Kopf. Stellt jemand, der es gut mit Ihnen meint, die richtigen Fragen, kann das Ihren Optimismus wieder wachkitzeln.

»Love it, change it, or leave it«, meinte mein Coach Holger Eckstein einmal ganz trocken zu mir, als ich vor Jahren während einer Sitzung über meine tiefe Unzufriedenheit im Job klagte.

Eine recht naheliegende Feststellung: Wenn mich etwas so massiv stört, daß ich es nicht mehr »lieben« kann, bleibt mir nur noch, die Situation zu verändern oder den eingeschlagenen Weg ganz sein zu lassen. Schimpfen und jammern ist ganz prima, solange man auch wieder damit aufhört. Wenn es uns selbst nicht gelingt, uns am eigenen Schopf aus einem Motivationsloch zu ziehen, dann schafft das sicher jemand anderes, der außen steht und nicht mit uns im selben Sumpf steckt.

Suchen Sie sich aber einen starken Gesprächspartner! Es ist mehr als unfair, andere mit runterzuziehen, vor allem wenn Sie dabei an jemanden geraten, der damit schlecht klarkommt.

Meine Freundin Christine ist ein sehr feinfühliger Mensch: Sie braucht sich gar nicht anzustrengen, um die Stimmungen anderer mitfühlen zu können. Zu gerne schütten deshalb besonders ihre Kolleginnen und Kollegen ihr Herz gerade bei ihr aus. Es ist einfach klasse, daß sie immer so verständnisvoll zuhört. Dabei kann sie sich so in die Probleme anderer hineinsteigern, daß sie selbst ganz betroffen wirkt. Kürzlich konnte sie ein ganzes Wochenende kaum mehr schlafen, weil sie sich Sorgen um eine Kollegin machte, die gerade mitten im Scheidungskrieg steckte. Nur: Diese Kollegin tauchte am Montagmorgen quietschfidel und gut erholt von einem Kurztrip in die Berge wieder im Büro auf und wunderte sich über das müde Gesicht von Christine.

Die besten Gesprächspartner sind oft diejenigen, die gar nicht von Ihrer Situation betroffen sind. Kollegen oder beste Freunde sind nicht wirklich neutral; sie spielen eine ganz eigene, wichtige Rolle in Ihrem privaten oder beruflichen Leben. Mit Ihrem Lebensgefährten sind Sie gar so verflochten, daß da schon mal Themen in einen Topf geworfen werden, die gar nicht zusammengehören.

Ideal ist ein professioneller Coach. Er hat garantiert maximales Interesse, Sie bei Ihrer Weiterentwicklung zu unterstützen. Schließlich Sind Sie eine lebendige Referenz seines Könnens und werden ihn vermutlich weiterempfehlen, wenn Sie mit dem Ergebnis zufrieden sind. Einen passenden Coach finden Sie am besten über Empfehlungen. Ein Kennenlerngespräch sollte kostenlos erfolgen und ermöglicht Ihnen die Einschätzung, ob Sie sich hier gut aufgehoben fühlen. Trauen Sie auch hier Ihrem Bauchgefühl!

Machen Sie mit sich selbst einen Vertrag

Es ist nur allzuleicht, Tausende von Entschuldigungen aus dem Hut zu zaubern, warum Sie Ihr Leben nicht verändern wollen. »Kein Geld«, »keine Zeit«, »alle anderen sind schuld« sind die meistgenannten Argumente. »Ich würde ja, aber« beginnt da jeder Satz. Um Ausreden sind wir genausowenig verlegen, wie wenn es gilt, unsere Abwesenheit im Fitneßstudio zu begründen. Doch genau betrachtet lassen sich die vielen Wenns und Abers recht leicht entkräften.

Wenn Ihnen also Ihr Job gewaltig stinkt oder Ihr Nachbar Sie unerträglich nervt, sollten Sie ihre Toleranzgrenze einmal ganz klar definieren. Machen Sie mit sich selbst einen Vertrag, der vor allem eine sehr deutliche Zeitkomponente und ein realistisches Ziel beinhaltet: Wenn sich bis zu einem bestimmten Zeitpunkt nichts geändert hat, werde ich die Konsequenzen ziehen. Jetzt müssen Sie nur noch definieren: Wann setzen Sie sich selbst einen Termin, was soll sich genau ändern, und wie sehen Ihre Konsequenzen aus, falls es nicht klappt?

Also zum Beispiel so: Bis Ende Februar habe ich gemeinsam mit meinem Chef meinen Aufgabenbereich so überarbeitet, daß ich ein eigenes Projekt verantworte. Wenn das nichts wird, starte ich ab März aktiv mit der Suche nach einem neuen Job.

Nur so können Sie mit Recht behaupten, daß Sie Ihr Leben selbst anpacken. Sonst verheddern Sie sich in einer Jammerfalle, die Ihre Laune dauerhaft nach unten zieht und an der Situation gewiß nichts ändert.

Das Leben ist ein Spiel, dessen Regeln sich immer wieder ändern. Jeder Mensch hat die Freiheit, in den vorgegebenen Rahmenbedingungen daraus das Beste für sich zu machen.

Natürlich können Sie sich jeden Tag darüber beklagen, daß die Regierung an der miserablen wirtschaftlichen Situation im allgemeinen und an Ihrer schlechten Auftragslage im besonderen schuld ist. Natürlich ist es schwierig, angesichts des deutschen Schulwesens und nicht vorhandenen Kinderbetreuungssystems Job und Kinder unter einen Hut zu bekommen. Aber das ist kein Grund, eines von beiden zu lassen, wenn Sie doch beides wollen.

Der Fingerzeig auf schuldige Systeme oder Verantwortliche bringt Sie überhaupt nicht weiter. Darum geht es im Spiel des Lebens nicht. Die alles entscheidende Frage lautet: »Was machen SIE aus Ihrem Leben?«!

Beim Monopoly setzen Sie sich ja auch nicht hin und motzen stundenlang, daß es Ihnen nicht gefällt, Miete zu bezahlen, wenn Ihrem Mitspieler die Schloßallee gehört und Sie drauf landen. Tragen Sie es lieber mit Humor, und denken Sie schon mal über den nächsten Spielzug nach, wo Sie wieder etwas entscheiden und lenken können.

Kennen Sie auch diese Sorte Mensch, die immer nur die Umstände anprangert und so dauerhaft unzufrieden mit sich und ihrem Leben wirkt, daß die Mundwinkel stets nach unten zeigen, als ob sie dort festgenäht wären? Das ist eine Frage von grundsätzlicher Lebenseinstellung und nicht von Schicksalsschlägen. Es gibt genügend Menschen, die allen Grund zur Verbitterung hätten. Doch auch unter denjenigen, die von einer schlimmen Krankheit getroffen werden, die aufgrund widrigster Umstände von existentieller Armut betroffen sind oder ähnliche, prägende Erlebnisse zu verarbeiten haben, gibt es überraschend viele, die sich nun erst recht nicht unterbuttern lassen. Vergleichen Sie nur einmal den Gesichtsausdruck eines Medaillengewinners der Paralympics mit dem eines grantigen Autofahrers im Montagmorgenstau. Die meisten Auslöser für große Aufregung sind doch völlig unverhältnismäßig und für Außenstehende geradezu lächerlich.

Und selbst wenn Sie es einmal ganz böse erwischt hat, ist es ohnehin die beste Strategie, nach vorne zu blicken und nun einfach das Bestmögliche aus der Situation zu machen.

Als die geborene Circe gehört dies ja ohnehin zu Ihrem Naturell, oder?

Jammerlieschen finden allenfalls Leidensgenossen – Circen haben Erfolgspartner!

8 Mach's dir selbst!

Das seelische Eigenverwöhnprogramm
als Grundlage jeder erfolgreichen Circen-Attacke!
(Nur wer sich selbst gut fühlt, kann andere becircen!)

Ganz langsam taucht zunächst mein Bein in das herrlich warme Badewasser, bevor mein ganzer Körper in dem nach Rosenöl duftenden heißen Naß verschwindet. Um mich herum ein Meer von Kerzen. Genüßlich schließe ich die Augen und treibe dahin, lasse meine Gedanken schweifen, träume von einem Nickerchen im Schlauchboot, mitten auf einem sonnigen Teich mit Hunderten von Seerosen ... Meine Lieblings-CD, die aktuelle »Cafe del Mar«, die ich während eines kurzen Bummels auf meiner letzten Dienstreise entdeckt hatte, liefert mir leise Brandungswellen direkt aus der Stereobox in mein Badezimmer. Ich greife nach dem Champagnerglas auf dem Tablett neben mir, tauche meinen Finger ein und benetze meinen seidigen Schweißfilm auf der Haut mit einigen prickelnden, eiskalten Perlen, bevor ich einen großzügigen Schluck trinke. Neben mir aufgereiht erwarten mich ein Dutzend Döschen, Tiegelchen und Tuben; das große Verwöhnprogramm für meinen Körper: eine Haarmaske, ein sanftes Gesichtspeeling mit Meeresalgen, Rasierzeug für die Beine sowie eine lecker duftende Entspannungsmaske für Gesicht und Dekolleté. Herrlich! Eine gesamte CD-Länge werde ich nun nur meiner Schönheit widmen – was für ein Tagesabschluß!

Neidisch? Dann frage ich mich, warum wir das alle nicht öfter tun: Es muß ja nicht gleich jeden Tag Champagner sein – ein frischgepreßter Orangensaft oder eine Tasse heiße Schokolade (nicht Kakaopulver, Scho-ko-la-de!) mit Sahnehäubchen haben eine ähnliche Wirkung.

Statt dessen versumpfen wir abends bei einem schlechten Film auf der Couch, jammern über das phantasielose Fernsehprogramm und bedecken unser kleines Bäuchlein, das bestimmt drei Zentimeter umfangreicher geworden ist als letztes Jahr, vorsichtshalber mit einer knautschigen Wolldecke. Sind wir besonders schlecht gelaunt, vergleichen wir unseren Körper gleich mit der Traumfigur, die wir mit 18 hatten (zumindest hatten wir die in unserer Erinnerung) und weigern uns standhaft, uns einfach mal einer Konfektionsgröße höher zu bedienen, mit der wir den obersten Hosenknopf auch ohne komplizierte Atemtechnik schließen könnten.

Einen guten Wein öffnen wir niemals für uns allein, erst recht keinen Champagner. Auch der Speiseplan sieht sehr funktional aus, wenn wir alleine essen: Schnell muß es gehen, satt sollen wir werden, und Kalorien werden auch gezählt. Dafür akzeptieren wir hinterher irgendwelches Knabberzeugs oder auch mal (nur ein bißchen) Schokolade, weil wir ja gelesen haben, daß die glücklich macht. Bestellen wir uns eine Pizza, essen wir die einfach direkt aus der Pappschachtel, ohne dies jedoch jemals vor unseren Freundinnen zuzugeben. So was machen schließlich höchstens Männer und auch nur die, die im Urlaub im Jogginganzug einkaufen gehen.

Doch wenn wir dann Mister Super-Lover-Lover um den Verstand bringen wollen, wundern wir uns, wenn die Verführungsphantasie ein wenig eingerostet ist und keine guten Ideen ausspuckt. Tägliche Übung macht hier genauso die Meisterin wie beim Klavierspielen oder im Golf.

Kein Wunder, wenn unsere Anstrengungen nicht den umwerfenden Erfolg erzielen, den wir uns ausgemalt haben. Versetzen Sie sich in die Lage Ihres Quells der Begierde: Wollen Sie nicht auch lieber von jemandem verführt werden, der sich selbst gern verwöhnt?

Wir essen ja auch nicht gern bei einem Koch, der klapperdürr und lustlos aussieht, und konsultieren nicht den katholischen Dorfpfarrer bei sexuellen Problemen.

Wie sollen andere nett zu uns sein, wenn wir es selbst schon nicht sind? Wer soll einen Körper begehren, über den wir ständig meckern? Eigenwerbung fängt bei Eigenliebe an. Es lohnt sich wirklich, sich mit sich selbst anzufreunden. Schließlich haben wir hoffentlich noch ein paar wunderschöne Jahrzehnte lang das Vergnügen mit uns. Fangen Sie am besten sofort damit an, sich jeden Tag wenigstens einmal so aufmerksam zu behandeln, als wären Sie verliebt.

Der Mensch ist ein Gewohnheitstier

Die beeindruckendsten Momente unseres Lebens waren gleichzeitig auch die ungewöhnlichsten: Wir erinnern uns besser an Situationen, wo völlig unerwartete Ereignisse tiefen Eindruck hinterlassen haben:

- der Abend, an dem wir eigentlich nicht ausgehen wollten, dann aber doch in einer vergnügten Runde lieber Menschen bis fünf Uhr morgens tanzen waren,
- das spontane Picknick mit Freunden auf einem kleinen Segelboot mitten auf dem See und umgeben von Natur, so weit das Auge reicht,
- ein Konzertbesuch, zu dem wir überredet wurden und bei dem wir dann plötzlich Gänsehaut bekamen, weil das Orchester so ergreifend spielte.

In den Tiefen unseres Gedächtnisses liegt eine Schatzkiste mit derartigen Erinnerungen. Und in der Kiste ist noch Platz! Also auf zu neuen Kostbarkeiten!

Überraschen Sie sich selbst!

Warum nicht einmal etwas völlig Neues ausprobieren? Sicherlich gibt es jede Menge Aktivitäten, die Sie noch nie mitgemacht haben, ohne genau zu wissen, warum nicht. Ich meine jetzt nicht die Tatsache, daß Sie keine Ballonfahrt unternehmen wollen, weil Sie unter Höhenangst leiden. Sie brauchen auch keine gegrillten Heuschrecken zu essen, wenn Sie sich wirklich davor ekeln. Derartige Selbstüberwindungen dienen allenfalls als Mutprobe, weniger als Verwöhnprogramm. Viel besser geeignet sind da die nachfolgend beschriebenen Ideen. Verführen Sie am besten jede einzelne Circe in sich, Sie haben ja von allen vier Extremen etwas!

Für eine Madonna

Mittlerweile wissen wir wohl alle, daß unsere Energiereserven nicht unerschöpflich sind. Ein wenig Ruhe und Entspannung ist gerade für die typische Madonna genau das richtige:

- Nutzen Sie doch mal Ihre Mittagspause für eine Kopfmassage beim Friseur. Diesen Service bieten immer mehr Figaros zusätzlich zum Haarschnitt oder auch einfach nur so an: Schließen Sie die Augen, und erleben Sie, wie gut Ihrer Kopfhaut das Einmassieren eines wohlig duftenden Haarwassers tut. Und dann zurück ins Büro schweben! Der ganze Spaß kostet übrigens keine 15 Euro. Das sollten Sie sich schon mal wert sein.
- Überreden Sie einen Freund oder eine Freundin, Ihnen einmal sein oder ihr Hobby näherzubringen! Gehen Sie doch einfach mal mit auf die Jagd, zum Skifahren, zum Golfspielen oder in die Oper. Mit der entsprechenden Unterstützung macht es gleich noch viel mehr Spaß, sich einmal mit etwas völlig Neuem zu beschäftigen.
- Eine Massage ist Kurzurlaub pur – eine hawaiianische Lomi-Lomi-Massage ist der Himmel auf Erden! Jemand, der immer alles selbst anpackt, ist mit einer 30minütigen Normalbehandlung nicht wirklich locker zu bekommen. Nach einer guten Ganzkörper-Lomi-Lomi, die zweieinhalb Stunden (!) dauert, fühlt sich die zornigste Wildkatze wieder wie ein frisch entpuppter Schmetterling … Der Zeit- und Geldeinsatz (zwischen 100 und 180 €, also weniger als der Kundendienst fürs Auto) lohnt sich!

- Wer immer mit dem Kopf auf Höhenflügen unterwegs ist, braucht zwischendrin mal wieder Erdung. Warum nicht im wahrsten Sinne des Wortes? Barfuß durch eine Wiese laufen, mit den Knien im Blumenbeet herumrutschen und Unkraut jäten oder im Wald Pilze finden bieten den perfekten Ausgleich für Schwerdenkerinnen.

Für die Anke

Sie lieben die Abwechslung – daher paßt vermutlich jede der hier beschriebenen Ideen zu Ihnen. Vielleicht sollten Sie jede einzelne davon auf einem separaten Stück Papier notieren (und noch ein paar Ihrer eigenen brillanten Einfälle hinzufügen) und das Ganze in Ihre ganz persönliche Glückslotteriebox werfen. Wann immer Sie sich etwas Gutes tun wollen, fischen Sie sich einfach ein »Los« heraus! Das beste: Es gibt keine Nieten!

- Essen Sie doch einmal etwas völlig anderes! Sushi mit eingelegtem Ingwer haben bisher jeden Gaumen beim Erstkontakt überrascht. Oder Sie probieren mal afrikanische, kreolische oder andere exotische Spezialitäten. Die Großstadt in Ihrer Nähe kann sicher mit einer Geschmacksrichtung aufwarten, die Sie noch nicht kennen. Außergewöhnliche Kochexperimente bieten übrigens die »jungen Wilden«: besonders kreative, jüngere Köche, die nicht davor zurückschrecken, Hummer mit Schokoladensauce oder Thunfischcarpaccio mit Zitronengrassorbet zu servieren. Nur Mut, Sie könnten Ihre neue Lieblingsspeise verpassen!

- Sie sind Langschläferin? Dann gönnen Sie sich wenigstens ein einziges Mal das Erlebnis eines Sonnenaufgangs. Sie brauchen nur den Wetterbericht so abzupassen, daß der Himmel halbwegs klar und nicht bewölkt ist. Stellen Sie sich den Wecker auf die unchristliche Zeit des Morgengrauens und – gehen Sie eine Runde spazieren. Lassen Sie sich treiben, Sie werden überrascht sein, wohin Sie Ihre Gedanken führen. Wie wäre es gleich mal mit morgen?
- Noch etwas für Langschläfer, die sonst immer in letzter Minute aufstehen und dann ohne Frühstück hektisch das Haus verlassen: Stehen Sie einmal so rechtzeitig auf, daß Sie sich eine ganze Stunde Zeit für ein Frühstück nehmen können. Einfach so, mitten in der Woche! Mit Zeitung lesen, Frühstücksei, frischem Orangensaft oder, warum nicht, mit frischgebackenem Pfannkuchen. Was immer Sie gerne mögen, nehmen Sie es sich. Den gesamten Tag über wird es niemand schaffen, das Lächeln aus Ihrem Gesicht wieder zu vertreiben!
- Wer waren vor zehn Jahren ihre besten Freunde? Denken Sie doch mal scharf nach – und verabreden Sie sich mit jemandem, den Sie immer sehr gemocht haben, der aber aus unerfindlichen Gründen aus Ihrem Blickfeld verschwunden ist. Vermutlich steht Ihnen zumindest ein spaßiges Telefonat voller Überraschungen bevor. Wenn das Treffen besonders erfreulich war, können Sie ja gleich die Organisation des nächsten Klassentreffens in die Hand nehmen.

Für Elke

Ihnen scheint es besonders schwerzufallen, auch mal an sich zu denken. Sie haben doch so nette Ideen, wenn es darum geht, anderen eine Freude zu machen! Heute sind SIE mal dran – das muß schließlich auch einmal sein.

- Machen Sie sich selbst ein Geschenk! Ziehen Sie los, und kaufen Sie etwas Nettes: ein Buch, einen neuen Lippenstift, einen richtig guten Wein oder eine CD. Stellen Sie sich beim Einkauf vor, Sie würden ihre beste Freundin beschenken – und lassen Sie das Präsent gleich vor Ort verpacken, das erhöht die Freude! Noch besser (kostet allerdings ein wenig Zeit und Geld): Besorgen Sie sich gleich 24 Geschenke, verpacken Sie jedes einzeln, und basteln Sie sich selbst einen Adventskalender! Dafür brauchen Sie nicht bis Dezember zu warten – das geht auch mitten im Jahr! Wetten, Sie haben spätestens am dritten Tag vergessen, was in den Päckchen drin ist?
- Besorgen Sie sich einfach einen ganzen Arm voll richtig schöner Blumen. Wer weiß, wenn Sie die im Büro auf Ihren Schreibtisch stellen, bekommen Sie vielleicht noch mehr dazu, weil alle glauben, Sie hätten Geburtstag ...
- Natürlich können Sie Ihre Fingernägel auch selbst perfekt in Form bringen: Heute gönnen Sie sich einmal eine professionelle Maniküre und probieren auch gleich einmal einen Lack in einer Farbe, die Sie noch nie getragen haben. Stellen Sie sich dabei vor, Sie sind für heute ein Star, der sich gerade für ihren großen Auftritt von ihrer Maskenbildnerin verwöhnen läßt.

- Schnappen Sie sich ein paar Kinder (wenn Sie keine eigenen haben: Ihre Freundin, Schwester oder Nachbarin werden Sie dafür küssen), und laufen Sie mit ihnen zum nächsten Spielplatz. Jetzt sind Sie mal nicht die Aufpasserin, sondern die Spielgefährtin: los, ab auf die Schaukel und auf die Wippe. Auf allen vieren herumkrabbeln und Sandkuchen backen. Wenn das nicht entspannt, ist Ihnen mit gar nichts mehr zu helfen.

Für eine Jodie

Ihre manchmal masochistische Begeisterung für eigenen Perfektionismus läßt wenig Raum für Genuß. Versuchen Sie doch einfach einmal, den Kopf auszuknipsen und diese vernünftige Welt der Erwachsenen ein wenig loszulassen ...

- Spielen Sie doch einfach mal wieder Kind: Haben Sie früher nicht auch einmal davon geträumt, einen ganzen Einkaufswagen voll Süßigkeiten zu bekommen? Oder im Restaurant – völlig unvernünftig – statt eines normalen Essens drei Nachspeisen zu bestellen? Niemand kann Sie mehr daran hindern, dies zu tun!
- Haben Sie schon einmal Sport am frühen Morgen ausprobiert? Eine Runde Schwimmen im Becken oder gar in einem See noch vor der Arbeit, wenn dies kaum jemand tut, kann selbst Schwimmmuffel in begeisterte Wasserratten verwandeln! Oder genießen Sie doch einmal den feuchten Wiesentau unter Ihren Füßen, wenn Sie in aller Frühe eine Runde laufen. Kein Ver-

gleich zum Einreihen in die vielen Dutzend Sportler, die dies am Abend nach der Arbeit tun!

- Schnappen Sie sich einen Block und Buntstifte oder – wenn Sie es sich leisten können – eine Leinwand und Ölfarben. Und los geht's! Sie können nicht malen? Na und! Keine Kunstlehrer und keine Geschwister oder Freunde weit und breit werden Ihr Werk kritisieren! Es ist herrlich befreiend, einfach einmal mit Farben draufloszuklecksen! Warten Sie doch mal ab, was passiert. Vielleicht schlummert ja eine bisher unentdeckte Künstlerin in Ihnen!
- Schenken Sie einem wildfremden Menschen eine Blume. Das Glücksgefühl ist einfach unbeschreiblich. Wenn Ihnen das peinlich ist, können Sie ja auch heimlich jemandem eine Freude machen. Klemmen Sie einfach eine Blüte unter einen Scheibenwischer, oder legen Sie einem Kollegen ein paar Pralinen auf die Tastatur. Angenehmer Nebeneffekt: Der Beschenkte wird ganz überrascht nachdenken, wer wohl der Absender dieser netten Geste sein könnte und vorsichtshalber einmal viel netter als sonst mit seinen Mitmenschen umgehen.

Alltägliche Dinge einmal ganz anders machen

Sie haben für alle obengenannten Ideen keine Zeit? Das ist eine billige Ausrede! Schließlich verbringen Sie jede Woche viele ineffiziente Stunden vor dem Fernseher oder beim Herumräumen in Ihrer Wohnung, stimmt's?! Es ist einfach eine Frage der Organisation, dann bekommen Sie es auch als mehrfache Mutter oder Hundebesitzerin hin, sich die nötigen Freiräume zu verschaffen. Das Leben ist viel zu kurz und zu schön, um sich nicht an jedem einzelnen Tag mehrmals Momenten voller Genuß hinzugeben.

Zeitsparend und dennoch wirksam ist das etwas ungewöhnlichere Anpacken von alltäglichen Aufgaben.

Ist Ihnen schon einmal aufgefallen, daß Sie die herabhängenden Kabel im Flur ohne Lampe oft erst nach einem längeren Urlaub wieder wahrnehmen? Ihre Wohnung wieder mit anderen Augen sehen, nachdem Sie eine Weile nicht drin waren? Wenn Sie sehr aufmerksam versuchen, Ihr Leben mit den wachen Augen eines Außerirdischen zu betrachten, werden Sie ganz viele Kleinigkeiten entdecken, die doch gar nicht so sein müßten, wie sie sind:

- Warum fahren Sie immer denselben Weg zur Arbeit? Variieren Sie doch einmal die Strecke oder sogar das Transportmittel. Sie werden überrascht sein, wieviel Schönes und Neues Sie entdecken, wenn Sie Ihre gewohnte U-Bahn-Strecke einmal abradeln oder, statt genervt in Ihrem Auto hinter der Trambahn herzutuckern, mit einer Zeitung auf dem Schoß darin sitzen und auf die Autofahrer herabschauen.
- Zähneputzen, duschen, kämmen, fönen, eincremen, schminken, anziehen. Hey, haben Sie nicht einmal Lust, aus diesem Trott auszubrechen? Wie wäre es einmal damit, zu baden statt zu duschen, einmal eine neue Bodylotion auszuprobieren oder einfach nur Musik ins Bad zu stellen? Oder Sie tauschen einfach einmal die Reihenfolge und setzen sich erst im Bademantel zum Frühstück und hüpfen dann mit Kaffee im Bauch in Ihre Naßzelle? Oft reicht es, eine winzige Kleinigkeit anders zu machen, um Ihrem Tag einen kleinen Stups in eine neue Richtung zu geben.

- Knipsen Sie doch einfach einmal für ein paar Minuten eine wichtige Sinneswahrnehmung aus und dafür die anderen stärker an: Schließen Sie beispielsweise für fünf Minuten die Augen. Sie werden staunen, wie viele Geräusche Sie wahrnehmen, selbst wenn Sie sich allein in einem ruhigen Zimmer befinden. Oder tasten Sie sich blind durchs Treppenhaus, wenn Sie gerade unbeobachtet ein Stockwerk überwinden möchten. Erinnern Sie sich, wie viele Stufen die Treppe hat, die Sie jeden Tag zigfach benutzen?
- Sie fahren beruflich viel Auto? Tun Sie dies doch einfach einmal mit einem Becher Kaffee als Reiseproviant oder mit einem Krimihörspiel im CD-Wechsler. Selbst eine fünfstündige Fahrt kann sehr unterhaltsam werden, wenn man ganz nebenbei Harry Potter gehört hat oder einmal laut zwei Stunden »Carmen« mitsingen konnte, ohne sich von jemand anderem akustische Umweltverschmutzung vorwerfen lassen zu müssen. (Vorsicht, cabriofahrende Circen: die erstaunten Gesichter könnten Ihnen gelten …)
- Wer hat behauptet, daß Geschäftsreisen immer nur hektisch und stressig sein müssen? Wenn Sie Ihre Flüge einmal zur Abwechslung mit ausreichendem Zeitpuffer zu Ihren Terminen hin buchen, können Sie Ihre Lebensqualität enorm bereichern. Haben Sie oder Ihre Familie wirklich etwas davon, wenn Sie im Eilschritt zum Taxi sausen und verschwitzt und genervt auf den letzten Drücker am Flughafen ankommen, um dann um 20:00 Uhr statt um 22:00 Uhr zu Hause aufzuschlagen? Ist es da nicht viel unterhaltsamer, einmal in Ruhe durch fremde Geschäfte zu bummeln (wann kommt man dazu sonst schon?), ganz allein ein neues Restaurant auszuprobieren, in aller Ruhe in einem Café an einem schönen Platz zu sitzen und dabei ein

Buch zu lesen? Ich selbst habe mir schon vor einigen Jahren angewöhnt, mich für jede Geschäftsreise mit zumindest einer Stunde Freizeit in einer fremden Stadt zu belohnen. Dann schlendere ich über den Hamburger Fischmarkt, bummle durch die Düsseldorfer Altstadt, kaufe mir eine bunte Perlenkette in den Hackeschen Höfen in Berlin, treffe mich mit einer alten Freundin, die ich aufgrund der Entfernung nur selten sehen kann, zum Kaffee oder sitze einfach nur in irgendeinem Coffeeshop und gucke mir die Menschen an. Es ist jedesmal wie Kurzurlaub für mich, und beim Nachhausekommen sind meine Sinne wieder geschärft für die schönen Dinge in der eigenen Umgebung. Meine Kinder schlafen auch ohne diesen Privatausflug schon, wenn ich wieder heimkomme, und mein Liebster verbringt vielleicht gerade einen supernetten Abend mit einem Kumpel bei einem Bier, weil er weiß, daß ich noch gar nicht daheim bin.

- Gehen Sie doch einfach mal frühstücken! Mitten unter der Woche und ohne besonderen Grund. Bestimmt gibt es in der Nähe Ihres Büros ein nettes Hotel mit sagenhaftem Buffet, wo Sie sich in der eigenen Stadt einmal wie eine Touristin fühlen können. Nie habe ich München mit so neugierigen Augen betrachtet wie eines Morgens, als ich auf dem Dach des »Bayerischen Hof« in den Genuß eines Frühstücks kam, weil ich mich einfach um eine Stunde vertan hatte und für einen Termin in der Innenstadt ausnahmsweise einmal zu früh und nicht verspätet dran war.
- Die Sonne lacht zum Fenster herein, es ist heiß, und Sie sitzen in einem winzigen, stickigen Besprechungszimmer, weil Sie noch diesen wichtigen Termin durchstehen müssen. Wenn Sie in der glücklichen Lage sind, Ihre Termine selbst gestalten zu

können: Nutzen Sie den Freiraum! Im Süden Deutschlands ist es längst nicht mehr ungewöhnlich, daß selbst Bewerbungsgespräche im Biergarten stattfinden, die Werbeagentur ihr Briefing im Eiscafé bekommt oder ein Teammeeting auf einer schattigen Wiese im Englischen Garten abgehalten wird. Nur Mut, die Qualität der Gespräche wird durch die abwechslungsreiche Auswahl der Orte eher erhöht als gedrückt.

- Essen Sie doch einfach mal in der Badewanne. Oder auf einer Parkbank. Oder nur zu einer ungewöhnlichen Zeit.

Antizyklisch genießen

- Ein Picknick im Freien – mitten im Winter! Warum eigentlich nicht? Richtig warm eingemummelt in Skiklamotten ist das Auspacken von Thermoskanne und Sandwichs die Krönung jedes längeren Spaziergangs.
- Auch witzig: Grillen im Winter. Die duftenden Bratwürste werden dann am liebsten gleich im Stehen am glühenden Grill verzehrt.
- Genauso stimmungsvoll ist natürlich der Fondue-Abend oder der Bratapfel als Nachtisch im Juli.
- Wenn Sie nichts mehr hassen, als stundenlang in einer Schlange vor der Kasse anzustehen, sollten Sie versuchen, auch den Zeitpunkt Ihres Wocheneinkaufs oder Ihrer Freizeitaktivitäten zu überdenken. In vielen Büros wird mittlerweile mit Gleitzeit gearbeitet. Völlig unverständlich für mich, warum sich immer noch jeden Samstag Massen von genervten Berufstätigen gegenseitig die Einkaufswagen in die Hacken rammen. An einem

ganz normalen Montag während der Mittagspause wird das Durchprobieren an der Käsetheke zur genußvollen Abwechslung vom Job und dauert außerdem noch nicht einmal halb so lange wie am Wochenende.

- Auch der Arztbesuch wird wesentlich angenehmer, wenn Sie ihn nicht in die stressigen Frühabendstunden quetschen, sondern sich lieber tagsüber eine kleine Auszeit nehmen. Wofür gibt es schließlich Gleitzeit? Die eingesparten Minuten können Sie dann direkt wieder in einen Cafébesuch oder in einen kleinen Spaziergang investieren.
- Lust auf einen Kurztrip übers Wochenende? Typische Wassersportregionen wie der italienische Gardasee oder die Ferieninsel Sylt zeigen sich in den Wintermonaten von einer ganz besonders attraktiven Seite. Auch die Hochburgen des Wintersports sind im Sommer echte Geheimtips. Jetzt können Sie in aller Ruhe neue Restaurants oder romantische Spazierwege entdecken. Und ganz nebenbei bemerkt kostet jede Übernachtung fast nur noch die Hälfte.

Tapetenwechsel hebt die Stimmung

Ob Sie den Tapetenwechsel nun wörtlich nehmen oder sich einfach nur für ein paar Tage anderen Wind um die Nase wehen lassen: Neue Eindrücke machen uns wieder wacher und streicheln die Seele. Dabei muß nicht unbedingt viel Geld investiert werden. Die nachfolgenden Ideen können auch mit kleinerem Geldbeutel realisiert werden und bringen Ihre Inspiration zum Fließen:

- Einfach einmal eine neue Perspektive einnehmen können Sie, indem Sie versuchen, die Möbel Ihrer Wohnung umzustellen. Muß das Bett wirklich da stehen, wo es sich jetzt befindet? Wie wirkt der Raum, wenn Sie den Eßtisch um 90 Grad drehen? Manchmal genügt es schon, die angestammten Plätze am Tisch zu tauschen, um die eigenen vier Wände aus einem ganz neuen Blickwinkel zu erleben.
- Ein Kopfstand fürs Wohlbefinden: Schauen Sie sich doch einmal Ihr Wohnzimmer oder Ihren Garten zehn Minuten lang aufmerksam aus der Kopfstandperspektive an. Es ist erstaunlich, wie viele Details Ihnen erst jetzt auffallen.
- Wohnungstausch: Wenn gerade Zeit und Geld für einen Urlaub knapp sind und Sie allein leben (mit Familie wird es reichlich kompliziert), können Sie ja mal ganz offen in Ihrem Freundeskreis nachfragen, wer Lust hätte, für ein, zwei Wochen mit Ihnen die Wohnung zu tauschen. Selbst wenn der- oder diejenige nur zwei Straßen weiter weg wohnt, werden Sie durch die neue, fremde Umgebung sofort eine Art Urlaubsgefühl bekommen, auch wenn Sie weiterhin jeden Tag zur Arbeit gehen. Und der schönste Effekt ist, daß Sie bei der Rückkehr die eigenen vier Wände wieder viel bewußter erleben und auch zu schätzen wissen. Und vielleicht können Sie auch ein paar Eigenheiten adaptieren, weil Ihnen zuvor noch nie die praktische Idee gekommen ist, das Geschirr gleich in das Regal oberhalb der Spülmaschine einzuräumen, oder weil Sie erlebt haben, wie angenehm ein handtuchwärmender Heizkörper im Badezimmer sein kann.

  Eine sehr liebe Freundin schlüpfte sogar mit zwei Kleinkindern für ein paar Wochen in eine solche Leihwohnung, als sie sich gerade von ihrem Mann getrennt hatte. In ihren eigenen vier

Wänden, wo in jedem Bücherregal oder inmitten der CD-Sammlung unendlich viele gemeinsame Erinnerungen lauerten, heulte und schniefte sie den ganzen Tag, weil jeder Winkel schrie: »Hier fehlt einer!« Nach erfolgreicher Ablenkung in der Wohnung einer Freundin, die sich auf Geschäftsreise befand, konnte sie wieder halbwegs beschwingt zurückkehren. Und fing auch gleich an mit dem Renovieren …

- Farbe an die Wand! Das klingt zwar nach mittelschweren Umbaumaßnahmen, ist aber eigentlich ein Kinderspiel. Ich habe es selbst nicht für möglich gehalten, aber an einem einzigen Wochenende schaffen Sie es, die wichtigsten Wände Ihrer Wohnung in wahre Stimmungszauberer zu verwandeln. Es muß ja nicht gleich alles neu gestrichen werden. Eine einzige Wand in kräftiges Bordeauxrot getaucht, läßt den gesamten Raum neu erstrahlen. Kleben Sie nur an den Rändern (oben, unten, an den Seiten und zu den Lichtschaltern) einen Rand von einigen Zentimetern ab, der dann weiß bleibt. Das sieht sauberer und gewollter aus und gibt der neuen Farbe auch gleich einen Rahmen.
- Wohnungsentrümpeln! Man nehme einen bis zehn große Umzugskartons und packe ein ganzes Wochenende lang einmal konsequent all diejenigen Gegenstände in den Keller oder auf den Dachboden, die länger als zwölf Monate keine Beachtung gefunden haben. Also weg mit den Lieblingsbüchern und all den ach so tollen CDs, auf die Sie »keinesfalls verzichten« wollen, die aber trotzdem lange nicht gehört wurden. Fort mit den vielen T-Shirts, die vergeblich auf einen Einsatz zum Sporteln warten, und weg mit den Gesellschaftsspielen, die ein armseliges Dasein als Staubfänger fristen. Genießen Sie die aufgeräumte Leere, und lassen Sie sich von den Lücken im Regal

inspirieren. Was wünschen Sie sich wirklich? Was fehlt Ihnen? Nach einigen Wochen Verzicht können Sie ja langsam in den Keller gehen und Stück für Stück wieder heraufholen. Nur nicht alles auf einmal! Wenn Sie täglich nicht mehr als eine CD hervorzaubern, fühlt sich das an wie neu gekauft.

Sicherlich haben Sie beim Lesen nun jede Menge eigener Ideen entwickelt, wie Sie sich selbst Gutes tun können. Egal, was es ist, wichtig ist nur, daß Sie es wirklich tun! Und das ganz oft, am besten täglich. Es kann ja wohl nicht angehen, daß Sie dem Benjamini-Bäumchen, das Sie mal von Tante Frieda geschenkt bekommen haben, öfter Wasser geben, als daß Sie sich selbst eine Freude machen. Wer ist denn wertvoller? Ihre Energie und netten Ideen sind bei Ihnen selbst hervorragend investiert. Sie wissen mit Sicherheit, der Gebende hat es lieb mit Ihnen gemeint. Sie können davon ausgehen, daß die nette Geste auch gut ankommt. Und Sie werden verblüfft sein, wie dieses Eigenverwöhnprogramm auch nach außen strahlt. Ein leuchtendes, glückliches Gesicht macht den Menschen darum herum so viel Freude, daß diese nun plötzlich auch viel netter sind. Lächeln steckt an – schlechte Laune ebenso. Es liegt an Ihnen, welches Gefühl Sie um sich herum fortgepflanzt sehen wollen!

Die Circen-Trickkiste 9

Passende Überzeugungshilfsmittel für jeden Typ

Die Raffinesse einer Circe kommt in den unterschiedlichsten Lebenslagen immer wieder zum Einsatz. Sehr häufig wollen wir einen ganz bestimmten Menschen für uns gewinnen. Unseren Chef, der uns die Verantwortung für ein besonders interessantes Projekt übertragen soll, behandeln wir dabei vermutlich anders als die Kollegin, die bitte, bitte mit uns den Urlaub tauschen soll, damit wir mit unseren Freunden gemeinsam in die Berge fahren können, oder unsere ältere Tochter, die abends auf ihre kleine Schwester aufpassen soll.

Wenn Sie andere in einem Gespräch unter vier Augen wirksam überzeugen wollen, sollten Sie vorher stets die genau passende Strategie wählen.

In diesem Kapitel bekommen Sie deshalb noch eine kleine Packanleitung für eine Circen-Trickkiste.

Wie Sie Ihre ganz persönliche Trickkiste zusammenstellen

Nehmen Sie bloß nichts auf, was nicht wirklich zu Ihnen paßt. Sie sollen ja keine Hollywood-Show abziehen, sondern allenfalls Ihre Individualität unterstützen. Was auf keinen Fall in die Trickkiste gehört, sind deshalb künstliche Masken oder sonstiger Firlefanz, der weder mit Ihren Inhalten noch mit Ihnen als Person etwas zu tun hat. Tabu sind also alle Kleidungsstücke, in denen Sie sich absolut nicht wohl fühlen, oder Make-up, das Sie selbst als zu grell und aufgesetzt empfinden. Betrachten Sie sich möglichst aufmerksam im Spiegel, und wählen Sie dann eine Hülle aus, die einfach so ist wie Sie. Die Perlenkette, die das Auftreten Ihrer besten Freundin mit klassischer Eleganz noch unterstreicht, kann an ihrem Hals bieder und langweilig wirken. Wenn Ihnen zartes Rosé besonders gut gefällt, sollten Sie dennoch einen weiten Bogen um diese Farbe machen, wenn Sie mittelblond sind und einen gelblichblassen Teint Ihr eigen nennen. (Ist Ihnen schon einmal aufgefallen, daß es immer die blassen Blondies sind, die rosarote Blusen tragen? Warum sagt ihnen denn keiner, daß das einfach nicht geht?!)

Wonderbra ist völlig okay – aber stopfen Sie diesen nicht auch noch mit Kisseneinlagen aus! Auch wenn Sie Schönheitsoperationen grundlegend ablehnen: Das Entfernen bestimmter Körperhaare ist ebensowenig ein Eingriff in die Natur wie das Feilen der Nägel oder das Lackieren derselben.

Wenn Sie einen geschäftlichen Termin vor sich haben und von Ihren Beinen die Knie oder auch etwas mehr zeigen möchten, ist das Tragen einer Strumpfhose Pflicht – egal bei welchem Wetter. In Ihre Handtasche oder den Schreibtischcontainer gehört daher mindestens eine Ersatzstrumpfhose. Sie können davon ausgehen, daß die Laufmasche, die Sie sich in dieser Woche zwangsläufig irgendwo ziehen, genau dann entsteht, wenn gleich anschließend ein wichtiger Kunde erwartet wird. An besonders heißen Tagen ist es sicher angenehmer, offizielle Meetings in leichter Hose, dafür aber unbestrumpft zu besuchen. Ihre nackten Zehen sollten Sie eher privaten Blicken vorbehalten. Es gibt mehr Fußfetischisten, als Sie denken. Für solche ist die freie Sicht auf einen zarten Frauenfuß so aufregend, als würden Sie im Bikinioberteil im Büro erscheinen.

Ebenfalls verboten ist Geklautes aller Art: Weder die Witze von Frau Meier noch das nachgeäffte Gekicher von Frau Müller haben in Ihrem Image etwas verloren. Und wenn Sie den intelligenten Satz eines großen Dichters oder Denkers wiedergeben möchten, sollten Sie unbedingt den Urheber kennen. Das Zitieren guter Sprüche wirkt nur halb so gebildet oder schlimmstenfalls peinlich, wenn Sie den ursprünglichen Verfasser nicht verraten können oder wollen. Ein derartiges Schmücken mit fremden Federn wäre unter jeder Circen-Würde und kommt für eine Frau Ihrer Klasse nicht in Frage!

Die besten Tricks für das Überzeugen von Jodie, Anke, Elke und Madonna und ihren männlichen Pendants

Stellen Sie sich nun einmal vor, Sie hätten ein superwichtiges Gespräch vor sich und noch Zeit genug, in aller Ruhe Ihre Vorbereitungen zu treffen. In Ihre Überzeugungstrickkiste sollten Sie genau die

Dinge einpacken, die zu Ihrer Gesprächspartnerin oder zu Ihrem Gesprächspartner am besten passen:

Circen-Tricks für Madonna oder Supermacho

Wenn Sie eine Madonna oder einen Supermacho überzeugen wollen, brauchen Sie

- eine Uhr, denn die beiden haben es stets eilig und wollen nicht sinnlos zugetextet werden,
- einen eigenen Termin im Anschluß: So merken sie, daß auch Sie viel beschäftigt sind, und Sie genießen ihren Respekt,
- gute Schuhe und Klamotten mit Designer-Label,
- ein klares Ziel für das Gespräch, das Sie deutlich gleich zu Beginn formulieren,
- ein leistungsbezogenes Kompliment, das die (hohe) Meinung anderer über die Arbeit von Madonna/Supermacho zum Ausdruck bringt, wie etwa »Im letzten Meeting habe ich viel über Ihr erfolgreiches Projekt gehört« oder »Eine Freundin hat mir schon ganz begeistert von Ihren Produkten erzählt«,
- viele Fragen: Am besten lassen Sie Madonna/Supermacho das meiste selbst sagen. Über Fragen bringen Sie Ihr Interesse am besten zum Ausdruck. Wenn Sie mehr zuhören als sprechen, haben Sie schon halb gewonnen.
- Wenn Sie zu einer Aktion becircen wollen, genügt meist schon eine kleine Provokation wie etwa die Anmerkung: »Haben Sie Ihre Mitarbeiter so gut im Griff, daß Sie das bis Montag schaffen?« Eine solche Anmerkung fordert den sportlichen Ehrgeiz heraus!

- eine materielle Belohnung: Madonnas und Supermachos lieben leistungsgerechte Bezahlung. Versuchen Sie ruhig, sie im Preis zu drücken. Wenn ein Angebot von 1 000 € im Raum steht, könnte Ihr Vorschlag lauten: »Sagen wir, 800 €. Falls Sie jedoch vor dem Termin fertig werden, bekommen Sie 1 100 €.«
- eine dicke Haut: Eine Madonna oder ein Macho werden Sie vermutlich im Gespräch nicht nur einmal provozieren. Jetzt heißt es: Nur nichts persönlich nehmen, immer schön auf einer sachlichen Ebene bleiben.
- jede Menge harter Argumente: Madonnas und Supermachos wollen gewinnen! Stellen Sie also jede erdenkliche Form von Nutzen möglichst plastisch und deutlich dar.
- Bilder und Beweise zum Anfassen: Fertigen Sie eine Skizze Ihrer Idee an, bauen Sie einen Dummy, bringen Sie Muster mit. Alles, was man ansehen, anfassen und ausprobieren kann, hilft gerade bei dieser Zielgruppe besonders gut weiter,
- eine kräftige, klare Stimme, eine aufrechte Haltung, ein gerader Blick in die Augen und alles, was sonst noch unterstreicht, daß Sie jede Menge Selbstbewußtsein haben,
- viel Ruhe: Sie machen den souveränsten Eindruck, wenn Sie sich zwischendurch einfach einmal mit aufmerksamem Blick gegenübersetzen, Madonna oder ihrem männlichen Pendant tief in die Augen blicken und gar nichts sagen. Bei niemandem sonst können Sie einen derartigen Sog erzeugen und den anderen zum Sprechen verleiten. Auf diese Weise erfahren Sie am schnellsten, was Ihrem Gesprächspartner wirklich wichtig ist und worauf er hinauswill,
- ein Glamour-Geschenk: Falls Sie eine kleine Aufmerksamkeit mitbringen möchten, sollte diese auch ordentlich »was hermachen«. Mit bekannten Labels können Sie hier nicht falsch

liegen. Mit einer Flasche Piper Heidsieck in der Hand kommen Sie vermutlich besser an als mit dem Erzeugnis eines unbekannten Winzers, auch wenn dieses jedem Kenner eindeutig besser schmeckt.

Circen-Tricks für Ankes und Unterhalter

Wenn Sie eine Anke oder einen Unterhalter becircen wollen, gehört eine andere Ausrüstung ins Handgepäck:

- alles, was Ihre Originalität unterstreicht: Lackieren Sie sich Ihre Nägel jeweils in einem anderen Rotton, hängen Sie sich eine alte Uhr an Ihre Halskette, oder tragen Sie Zuckerperlen als Armschmuck,
- eine rosarote Brille: Geben Sie sich alle Mühe, das Leben so positiv wie nur irgend möglich zu betrachten. Mit pessimistischen Äußerungen manövrieren Sie sich selbst ins Aus. Damit will eine Anke sich nicht beschäftigen. Jammern müssen Sie woanders,
- einen ungewöhnlichen Ort: Wenn Sie den Raum für die Besprechung oder auch für das private Date frei auswählen können, sollten Sie ruhig Ihre Phantasie ein wenig arbeiten lassen. Das Drehrestaurant hoch über den Dächern der Stadt ist für eine Vertragsverhandlung sicher ähnlich ungewöhnlich wie die Currywurstbude für ein Interview oder das Baumhaus für einen Heiratsantrag. Oder Sie mieten eine Kabine des Wiener Riesenrads für ein Dinner an …
- Charme, soviel Sie tragen können: Geben Sie ihrem Gegenüber

zu jeder Sekunde das Gefühl, im Mittelpunkt des Universums zu stehen, und umgarnen Sie ihn oder sie, was das Zeug hält. Bei Anke und dem Unterhalter können Sie mit Komplimenten, Lächeln oder kleinen Aufmerksamkeiten gar nicht dick genug auftragen,

- jede Menge Superlative: Was auch immer Sie anpreisen, betonen Sie ruhig, daß dies das Beste, Spannendste, Aufregendste, Genialste, Größte und absolut einzigartig ist. Anke und der Unterhalter übertreiben ja selbst so oft und gern, daß sie automatisch immer 50 % dessen abziehen, was sie selbst hören und sehen. Wenn Sie dem Tür und Tor öffnen und sogar selbst auf Ihre eigenen Fehler hinweisen würden, bliebe ja hinterher kaum mehr etwas an positiven Verkaufsargumenten übrig,
- kleine Geschenke: diese werden zu 100 % als Zeichen persönlicher Wertschätzung verstanden, genau wie die zuvor schon ausgesprochenen Komplimente. Bei mitgebrachten Aufmerksamkeiten kommt es hier weniger auf den materiellen Wert als auf die persönliche, nette Geste an. Der passionierte Zigarrenraucher wird sich über einen silbernen Zigarrenbohrer als fortschrittlichere Variante eines Cutters sicher mehr freuen als über einen teuren Briefbeschwerer, der so wenig persönlich ist, daß er gleich bei der nächsten Gelegenheit weiterverschenkt wird,
- etwas zum Schreiben: Sie werden im Gespräch sicher Dutzende neue Geschenkideen für den nächsten Besuch aufschnappen. Die sollten Sie sich gleich notieren, damit Sie die vielen Hinweise nicht wieder vergessen. Eine Anke wird begeistert von dem Buch erzählen, das sie gerade liest. Sie wird den wunderschönen Modeschmuck kommentieren, den Sie da tragen (und gleich wissen wollen, wo es ihn zu kaufen gibt). Sie wird verraten, daß sie eigentlich viel mehr Golfbälle braucht, weil ihre

grundsätzlich im Teich landen. Um sie beim nächsten Treffen so richtig zu beeindrucken, haben Sie wie zufällig ein weiteres Buch von Ankes Lieblingsautor dabei, ein paar bunte Ohrringe an oder ein paar Golfbälle mehr in der Tasche.

Tricks für Elke und den Unterstützer

Sie sind unterwegs zu einem Termin mit einer Elke oder einem Unterstützer? Auch hierfür können Sie eine ganz gezielte Circen-Trickkiste zusammenstellen:

- eine duftende Kleinigkeit: Wenn Sie sich privat verabreden, dürfen ein paar Blumen als Mitbringsel nicht fehlen. Damit liegen Sie nie verkehrt – bei anderen Geschenken könnte es sein, daß Sie weniger Begeisterung auslösen. Elke ist nämlich ein echter Antimaterialist und empfindet viele dinglichen Geschenke als unnötigen Firlefanz. Daher gilt die Faustregel: Jedes Geschenk ist gut, sobald es auf Ebay keinen Verkaufserlös erzielen würde,
- jede Menge Zeit und ungeteilte Aufmerksamkeit: Schalten Sie Ihr Handy aus, und lassen Sie ihre Augen auf Elkes Gesicht ruhen. Sie haßt Gespräche »zwischen Tür und Angel« geradezu und genießt den ruhigen Austausch unter vier Augen,
- volle Konzentration: Im Gespräch mit Elke sollten Sie nicht zwischen 1 000 Themen hin und her springen. Das erscheint Elke oder ihrem männlichen Pendant, dem Unterstützer, sehr wirr und oberflächlich. Diese beiden wollen lieber mehr in die Tiefe als in die Breite gehen,

- eine gefühlsbetonte Sprache: beschreiben Sie einfach hin und wieder, wie Sie sich gerade fühlen. Das funktioniert auch in einer noch so geschäftlichen Besprechung. Kommentieren Sie einfach, was das soeben präsentierte Anzeigenmotiv in Ihnen auslöst, oder mutmaßen Sie, wie sich Ihre Kunden wohl durch die eine oder andere Maßnahme angesprochen fühlen. Versuchen Sie, hierbei möglichst viele, starke Adjektive zu verwenden,
- ein Maximum an Natürlichkeit: Wenn Sie einen Unterstützer verführen wollen, können Sie den grellen Lippenstift und Ihren Wonderbra am besten gleich zu Hause lassen. Derartige Hilfsmittel schrecken ihn massiv ab. Er steht auf alles, was »echt« ist. Das heißt ja nicht gleich, daß Sie den Schmutz unter den Fingernägeln kultivieren müssen und um die Dusche künftig einen Bogen machen. Ein gepflegtes Äußeres schätzt er durchaus, künstliche Masken aber nicht. Großer Vorteil: Mit ihm können Sie alt werden, ganz ohne Lifting und das teure Einbauen von Silikonkissen. Er wird auch Ihre Fältchen ehrlich lieben,
- eine eher leise Stimme: Auch wenn Sie viel Madonna in sich haben, sollten Sie sich bei diesem Gesprächspartner viel Mühe geben, nicht allzu laut und schrill zu erscheinen. Wenn Sie sich hierfür zu sehr verbiegen müßten, genügt es meist schon, ein wenig Tempo herauszunehmen und lieber einen Tick länger nachzudenken, bevor Sie weitersprechen.

Wie Sie eine Jodie und einen Strategen für sich gewinnen

Wenn Sie es mit einer Jodie oder einem Strategen zu tun haben, denken Sie unbedingt an folgende Utensilien:

- einen Taschenrechner: Damit können Sie jedes positive Argument in geldwerten Nutzen für Ihren Gesprächspartner umrechnen. Das beeindruckt mehr als die vielen »soft facts«, die Ihnen sonst so eingefallen wären.
- Holen Sie jedesmal tief Luft, bevor Sie etwas sagen, und reduzieren Sie ihre Aussagen auf das Wesentliche. Nichts nervt eine Jodie mehr als Nullaussagen oder gar unlogische Schlußfolgerungen. Dagegen kommen Sie bei dieser Gruppe der strategischen Denker gut an, wenn Sie auch mal aufmerksam zuhören können,
- Scharfsinn und eine feine Beobachtungsgabe: Wer einen wachen Verstand mitbringt und diesen auch einsetzt, kann hier echte Bewunderungspunkte einheimsen. Dazu gehört es vor allem, schlaue Fragen zu stellen. Immer stumm so zu tun, als hätte man alles verstanden, ist ein Zeichen größter Dämlichkeit, falls es nicht stimmt. Intelligente Menschen fragen sehr oft und sehr neugierig nach!
- Zahnseide: Undenkbar, eine Filetfaser oder ein Mohnkörnchen verirrte sich während eines Dinners zwischen Ihre Schneidezähne und Sie könnten sich noch nicht einmal zurückziehen, um den Makel zu beheben! Ihr Gesprächspartner könnte Ihnen vermutlich von da an ebenso aufmerksam folgen wie Evelyn Hamann ihrem Loriot im berühmten Nudel-Sketch. Das tollste

Gefühlsgeständnis und die spannendste Nachricht interessieren nicht wirklich, wenn man ständig auf eine Nudel an der Oberlippe oder ein Rucolablättchen zwischen weißen Zähnen fixiert ist,

- Zehn Minuten Zeit für die Autowaschanlage: Insbesondere dann, wenn Sie selbst viel von Madonna oder Anke haben, ist davon auszugehen, daß Ihr Auto nicht gerade superordentlich aussieht. Nehmen Sie sich also vor einem wichtigen Date die Zeit, einmal durch die Waschanlage zu sausen.

Vermutlich ist das Opfer Ihrer nächsten Circen-Attacke natürlich kein reiner Extremtyp, sondern wieder eine Mischung der beschriebenen Charaktere. Daher sollte auch Ihre Trickkiste eine möglichst bunte Palette an Auswahl beinhalten. Ihr wichtigstes Rüstzeug ist deshalb, daß Sie sich folgendes bewußt machen: Ihr Gegenüber tickt vermutlich anders als Sie selbst. Für eine gelungene Überzeugungs-Strategie ist es deshalb völlig unwichtig, was Ihnen selbst gefiele und welches Verhalten bei Ihnen gut ankäme. Schlüpfen Sie einfach einmal gedanklich in die Haut Ihrer Gesprächspartnerin und fragen Sie sich, welche Argumente aus ihrer Perspektive wichtig sein könnten.

Damit wird es dann spielend leicht für Sie sein, die richtigen Tricks zum richtigen Zeitpunkt zu plazieren und ganz schnell zum Ziel Ihrer Wünsche zu kommen. Und da wollten Sie doch hin, oder?

Das Circen-Netz 10

Gemeinsam circt es sich leichter ...

Was glauben Sie eigentlich, wie Traumjobs, Traumhäuser oder Traumtypen in neue Hände geraten? Ganz sicher nicht über offizielle Ebay-Versteigerungen, auf die jeder Zugriff hat und durch die je nach Begehrlichkeit ein passender Preis erzielt werden kann. Klar, auch dort gibt es manchmal Glückstreffer. Es sollen schon Dachterrassenwohnungen zum Schnäppchenpreis in Tageszeitungen inseriert worden sein. Doch die Regel ist das nicht.

»Beziehungen« lautet das Zauberwort. Jemand kennt jemanden, der einen kennt, und schwuppdiwupp werden große Deals klammheimlich abgewickelt. Es wurden nur ein paar Drähte gespannt und die für eine Vertrauensbasis nötigen Empfehlungen eingeholt.

Wehe dem, der nicht gut vernetzt ist. Bevor Ihnen jemand einen Ball zuwirft, muß dieser schon wissen, daß es Sie gibt, wo Sie stehen und daß Sie gut fangen können.

Erst kürzlich bekam ich einen Anruf eines Headhunters, der einen hochdotierten und spannenden Job als Leiter der Unternehmenskommunikation für ein Telekommunikationsunternehmen suchte.

Er hatte bereits eine ganze Liste heißer Kandidaten vorliegen, über die er nun Erkundigungen einholte. Klar empfiehlt man hier gerne kompetente Köpfe weiter, die man gut kennt. Und genau hier liegt der Knackpunkt: Von einigen Namen der besagten Liste wußte ich nur zu gut, daß sie absolute Networking-Nullen waren, weil kaum jemand sie kannte. Sie pflegen wenig Austausch mit Kollegen des Wettbewerbs und lassen sich auch bei Journalisten eher selten persönlich blicken. Das »lästige Kontakten« überlassen sie ihren Pressesprechern und agieren lieber strategisch und im verborgenen.

Andere hingegen waren bekannt wie »bunte Hunde«: Sie beherrschen perfekt die Kunst der Eigen-PR. Über ihre Namen stolpert man immer wieder in Fachartikeln und Vorträgen, man sieht ihre Gesichter auf wichtigen Kongressen, Messen und anderen Veranstaltungen. Diese Selbstvermarktungsprofis kultivieren ihre Kontakte wie andere ihre Briefmarkensammlung. Die Früchte ihrer Bemühungen kommen oft erst Jahre später zum Tragen. Doch sie wachsen kontinuierlich ...

Die meisten Frauen beherrschen die Kunst der Kommunikation hervorragend und üben diese auch sehr gern und häufig aus. Sie sind Königinnen im Aufbau und in der Pflege von Kontakten. Wenn es darum geht, einen Presseartikel in einem Bestsellerblatt zu plazieren oder diesen zu texten, fühlt sich vor allem das »schwache Geschlecht« zu dieser Aufgabe berufen. Manche PR-Abteilungen oder Agenturen sind komplett weiblich besetzt, andere haben vielleicht den einen oder anderen »Quotenmann«.

Mädchen reden – Jungs gucken schweigend zusammen Fußball. Es heißt ja schließlich auch DIE Kommunikation ...

Erfolgreiche Netzwerkarbeit hängt unmittelbar mit hervorragender Kommunikation zusammen. Da ist die Annahme naheliegend, Frauen wären die besseren »Networker«.

Mit der richtigen Portion Madonna setzt frau dieses Talent gewinnbringend für sich ein und verwandelt nettes Geplauder in Kapital.

Kontakte müssen aufgebaut werden, bevor man sie braucht!

Es gibt unzählige Situationen, wo es guttut, die richtigen Menschen zu kennen: Beim Umzug braucht man starke Hände, die mit anpacken. Wird der Babysitter genau dann krank, wenn beruflich die hektischste Woche des Jahres angebrochen ist, kann zuverlässiger Ersatz nicht mit Gold aufgewogen werden. Jeder Journalist liest lieber die Pressemitteilung eines Absenders, den er kennt und schätzt. Auch wenn Sie sich für einen neuen Job oder einen Auftrag bewerben und gute Referenzen benötigen, können Kontakte helfen. Es kann ja nicht schaden, wenn ausgerechnet derjenige, der über Ihr Schicksal entscheidet, mit einem Ihrer Freunde jede Woche Tennis spielt. Ihre gute Leistung müssen Sie dann schon selbst unter Beweis stellen. Doch mit den richtigen Beziehungen können Sie wenigstens die Wahrscheinlichkeit erhöhen, daß Ihre Bewerbung überhaupt angesehen wird.

Versetzen Sie sich einfach einmal in die Lage eines Arbeitgebers, und stellen Sie sich vor, auf Ihrem Schreibtisch läge ein meterhoher Stapel Lebensläufe. Jetzt bekommen Sie eine private Empfehlung: »Guck dir die Mappe von Frau Dings mal an. Die ist echt gut!« Na, macht das nicht neugierig? Klar, deswegen schicken Sie noch lange keinen blind unterschriebenen Arbeitsvertrag raus, aber die Bewerbung bekommt ein wenig mehr Aufmerksamkeit als alle anderen.

Aber: Sollten Sie Ihre Freunde immer nur dann ausgraben, wenn Sie sie ganz dringend brauchen, haben Sie bald keine mehr. Es hat nichts mit kühler Berechnung zu tun, wenn Sie nette Kontakte nicht nur aus reiner Sympathie, sondern auch deshalb pflegen, weil man ja nie wissen kann, wofür sie mal gut sind.

Hören Sie sich doch einmal um, wie andere an ihre besten Kundenadressen gelangt sind oder welche beruflichen Ziele aufgrund persönlicher Empfehlungen erreicht wurden.

Sie können sich jetzt natürlich resigniert zurücklehnen und darüber verzweifeln, daß andere eben immer die besseren Kontakte haben. Sie können aber auch die Ärmel hochkrempeln und an Ihrer Strategie basteln, wie Sie an die Menschen herankommen, die Ihnen wichtig sind. Fast niemandem werden die wichtigsten Beziehungen in die Wiege gelegt. Die Menschen mit den beeindruckendsten Adreßbüchern sind meist einfach nur frech beim Ansprechen Fremder und ausdauernd in der Beziehungspflege. Das ist weniger eine Kunst als ein hervorragend beherrschtes Handwerk!

Networking – wo und wie?

Die gute Nachricht: Viele von uns machen beim Networking auch ohne Strategie intuitiv alles richtig. Um ein funktionierendes Netzwerk aufzubauen, ist es Grundvoraussetzung, Menschen von Herzen gern zu haben. Nicht zuletzt sollten Sie es sich zum Vergnügen werden lassen, dauerhaft mit ihnen in Verbindung zu bleiben.

Gibt es alte Schulfreundinnen oder Studienkolleginnen, die Sie alle Jubeljahre einfach so anrufen, um mal wieder hallo zu sagen? Ist der eine oder andere Verflossene heute zum guten Freund geworden? Herzlichen Glückwunsch – Sie sind vermutlich eine brillante Netzwerkerin. Es gibt mit Sicherheit viele Menschen, die sich in angenehmster Weise an Sie erinnern und die Sie nun jederzeit auch einmal um einen Gefallen bitten könnten, wenn es nötig ist. (Hoffentlich tun Sie es dann auch – aber dazu später mehr.)

Viele pflegen ihre Kontakte ganz privat, ohne diese Aktivität unbedingt als Netzwerkarbeit zu bezeichnen.

Allein das Sammeln von Geburtsdaten und regelmäßige Verschicken von Glückwunschkarten oder Weihnachtsgrüßen trägt dazu bei, in angenehmer Verbindung zu bleiben und lieben Menschen zu zeigen, daß man an sie denkt. Nicht immer geschieht dies jedoch strategisch.

Eine Freundin von mir liest mit großer Begeisterung und verschlingt Bücher gleich kiloweise. Aus diesem privaten Hobby heraus kam sie eines Tages auf die Idee, einmal monatlich eine Handvoll Leute zu sich nach Hause einzuladen, damit sie sich gegenseitig Buchempfehlungen aussprechen könnten. Die Runde setzt sich immer wieder neu zusammen, je nachdem, wer gerade Zeit und Lust hat. Oft bringen auch Gäste einen Freund oder eine Freundin mit, die diese Treffen spannend finden. Jeder der Anwesenden leistet einen Beitrag zum Buffet in Form von festen oder flüssigen kulinarischen Köstlichkeiten und stellt den anderen seinen aktuellen Lieblingsroman genüßlich zwischen Grissini und Erdbeercreme vor. Dabei wird viel diskutiert und gelacht, neue Weine werden probiert und ISB-Nummern ausgetauscht. Über diese Abende bekam ein Steuerberater ganz nebenbei ein neues Mandat, eine junge Frau fand einen Käufer für ihre Eigentumswohnung. Und natürlich bildeten sich einige ganz neue Freundschaften.

Im Vordergrund steht bei diesen Treffen jedoch immer das verbindende gemeinsame Hobby.

Möglichkeiten für spaßige, lockere Kontaktpflege gibt es genug. Ich selbst lade seit Jahren regelmäßig interessante geschäftliche Kontakte zu mir nach Hause zum Essen ein: »Achter-Essen« heißen diese Runden, bei denen acht Personen, die sich untereinander bis dato nicht kennen, gemeinsam kochen und ab etwa 20:00 Uhr zusammen dinieren. Nur so kann ich es zeitlich schaffen, mit den vielen, vielen spannenden Menschen, die ich durch meine beruflichen Aktivitäten kennenlerne, in recht persönlicher Weise den Kontakt zu vertiefen. Wollte ich mich mit jeder einzelnen Person, die ich näher kennenlernen möchte, allein zum Essen treffen, wäre das in einem Leben gar nicht zu schaffen. Abgesehen davon stellt ein solches Dinner unter vier Augen mitunter eine völlig unangemessene Nähe her, die auch unangenehm werden kann. Durch Essenseinladungen in kleinen Gruppen können immer wieder neue Verbindungen und konkrete Projekte entstehen. Ein wunderschönes Gefühl, passende Partner zusammenzubringen. Doch ganz uneigennützig ruiniere ich mir natürlich nicht meine Fingernägel und verbrühe mich an Auflaufformen. Als Organisatorin erreiche ich, daß sich meine Gäste auch nachhaltig an mich erinnern. So habe ich keinerlei Skrupel, auch nach Jahren wieder jemanden um einen Gefallen zu bitten. Diese Achter-Essen haben für mich eine optimale Aufwand-Nutzen-Wirkung: Die Runde ist klein genug, um intensive Gespräche zu ermöglichen. Bei großen Stehempfängen kommt man leider häufig über Small talk nicht hinaus. Und da ich ohnehin für mein Leben gern koche, empfinde ich das Geschnippel und Gebrutzel auch nicht als wirkliche Arbeit.

Gute und ehrliche Verbindungen bringen uns privat wie beruflich weiter. Am liebsten helfen wir doch auch selbst denjenigen gerne mal mit einem Tip oder einer kleinen Empfehlung, zu denen der Draht stimmt. Hat sich jemand allerdings jahrelang nicht für uns interessiert, wirkt es schon fast unverschämt, plötzlich mit einem eigennützigen Anliegen anzukommen.

Auf großen Veranstaltungen wie Messen, Vorträgen oder Netzwerkpartys ist es eine leichte Übung, Dutzende Visitenkarten einzusammeln. Viele betreiben dieses Spiel regelrecht als Sport und gehen anschließend mit einer ausgebeulten Tasche voller neuer Namen und Telefonnummern nach Hause. Doch was passiert dann? Die wenigsten beherrschen die hohe Kunst der Beziehungspflege – das weiß ich aus eigener Erfahrung. Die Visitenkarten werden bestenfalls eingescannt und »verwaltet«, nur selten entsteht eine richtige Verbindung zu diesen frischen Kontakten. Nach wenigen Monaten schafft es dann kein Mensch mehr, den Namen noch Gesichter zuzuordnen.

Für ein funktionierendes, ganz privates Netzwerk ist es nicht entscheidend, wie viele Adressen in einer Datenbank dahinschlummern. Viel wichtiger ist es, lieber weniger, aber dafür strategisch wichtige und tiefergehende Beziehungen regelmäßig zu pflegen. Dann stehen die Chancen ausgezeichnet, diese Kontakte auch einmal zum eigenen Vorteil nutzen zu können.

Für die meisten sachlichen Entscheidungen ist Vertrauen die wichtigste Basis. Und Vertrauen entsteht zwischen Menschen – nicht zwischen Visitenkarten oder Namen.

Keine Angst – Kontakten tut auch gar nicht weh ...

Manche Menschen stellen sich beim Ansprechen neuer Kontakte schlimmer an, als handle es sich um eine Wurzelbehandlung beim Zahnarzt. Dabei tut es wirklich und ganz sicher nicht weh. Besonders eine Jodie oder Elke kostet es durchaus Überwindung, einen wildfremden Menschen einfach so anzurufen oder anzusprechen. »Den kenne ich doch gar nicht« oder »Könntest du nicht ...?« dürften häufig gebrauchte Floskeln sein. Dabei gibt es hervorragende Strategien für diese beiden eher introvertierten Typen, sich dennoch ein hervorragendes Kontaktenetz aufzubauen.

1. Kontakteknüpfen per Tastatur

Wer sagt denn, daß man interessante Menschen immer gleich persönlich anquatschen muß? Das schriftliche Heranpirschen ist oft viel geschickter. Vor allem dann, wenn die betreffende Zielperson viel beschäftigt ist, ständig unter Termindruck steht und auf Veranstaltungen meistens umringt ist. Mit einer kurzen Mail kann man sein Anliegen hervorragend auf den Punkt bringen und stört nie – denn der Empfänger entscheidet selbst, wann er seine Mails liest. Selbst Prominente, die Sie nur aus den Medien kennen, können Sie ohne weiteres auf diese Weise angehen. Und: Erschrecken Sie nicht. Es kann gut sein, daß Sie sogar eine persönliche Antwort erhalten!

2. Kontaktagenten vorschalten

Sicherlich gibt es in Ihrem Umfeld eine Anke, die Spaß daran hat, Sie mit anderen zusammenzubringen. Sie müssen nur klar formulieren, wen Sie gerne kennenlernen möchten. Und das am besten noch vor einer großen Veranstaltung oder Einladung. Sie wird sich Ihren Wunsch zu eigen machen und vermutlich sogar die Gästeliste, sofern möglich, noch einmal ein wenig erweitern. Egal, ob Sie bemerken, daß es doch sehr schade sei, wie wenig attraktive, intelligente Single-Männer um die 40 frei herumlaufen, oder ob Sie nachfragen, ob Ihre Freundin zufällig irgendwelche Kontakte in die Verlagsbranche hätte – bei einer Anke liegen Sie immer richtig. Wenn sie schon selbst nicht über den entsprechenden Eintrag in Ihrem Adreßbuch verfügt, so kennt sie doch mit Sicherheit jemanden, der jemanden kennt ... Es wird ihr eine große Freude sein, Sie jemandem vorzustellen oder die eine oder andere Tür zu öffnen. Schließlich empfindet sie es als großes Kompliment, daß jemand ihre Kontaktstärke zu schätzen weiß und sich nicht darüber lustig macht, mit wem sie so alles per du ist.

Sie dürfen nur nicht davon ausgehen, daß Anke von sich aus errät, wen Sie gerne treffen wollen. Für eine solche Feinfühligkeit ist sie viel zu sehr mit ihren eigenen Themen beschäftigt. Also verraten Sie ihr Ihre Wünsche!

3. Meiden Sie allzu große Menschenaufläufe

Ohne Begleitung einer Anke ist eine Elke oder Jodie auf einer Großveranstaltung einsam und verloren. Sparen Sie sich also lieber die Zeit, die Sie sich stumm am Tresen einer Bar herumquälen und grübeln, ob Sie sich mit einem länglichen Cocktailglas wohler fühlen als mit einer Proseccoflöte. Investieren Sie Ihre Energie lieber in die aktive Teilnahme an Veranstaltungen, die eher Ihrem Naturell entsprechen: Essenseinladungen im kleinen Kreis statt Cocktailpartys oder Fachvorträge statt Messe-Events sind Ihre Plattform. Niemandem wird auffallen, daß Sie gar nicht so gerne auf Fremde zugehen. Sicherlich werden Sie eher wenige, aber dafür vielleicht sehr wertvolle neue Menschen kennenlernen. Völlig unsinnig dagegen ist es, gemeinsam mit einer anderen Elke zum großen Netzwerk-Event zu erscheinen: Im Doppelpack werden Sie noch nicht einmal aus Mitleid angequatscht, um Sie besser zu integrieren. Vermutlich strahlen zwei so freundliche Wesen, wie Sie es sind, eine derartige Harmonie aus, daß niemand Sie beide stören möchte. Garantiert verlassen Sie die Veranstaltung, ohne auch nur einen nennenswerten Satz mit einem Fremden gewechselt zu haben.

Beziehungsmanagement will gelernt sein

Im privaten Zusammenhang funktioniert die Beziehungspflege auf ganz natürliche Weise: Wir treffen uns mit den Menschen, die wir mögen, und melden uns bei ihnen, wenn wir Lust dazu haben. Zumindest Elke und Anke tun dies. Und es geschieht auf eine so selbstverständliche und ehrliche Art, daß wir uns niemals die Frage stellen, ob wir ihnen wirklich wichtig sind. Ihre Herzlichkeit ist echt, und vor allem eine Anke geizt nicht damit, diese zu zeigen. Im Gegensatz zu Elke, die höchstens zu einer kleinen Handvoll Menschen intensive Innigkeit pflegt, ist es erstaunlich, mit wie vielen Menschen eine Anke richtig gut befreundet sein kann. Ihr Kommentar: »Es ist so schön – jetzt haben wir uns so lange nicht gesehen, aber es kommt mir vor, als wären Stunden und nicht Monate vergangen«, trifft auf viele ihrer Freundschaften zu. Denn auch der Tag einer Anke hat nur 24 Stunden …

Bei einer Jodie oder Madonna sieht das private Kontaktnetz schon anders aus. Ein warmherziger Umgang gehört nicht gerade zu den Stärken dieser beiden. Den Vorwurf: »Du rufst auch nur an, wenn du etwas von mir brauchst«, wird eine Madonna sicher schon öfter gehört haben. Und wenn sie ganz ehrlich ist, geht sie in der Tat manchmal etwas berechnend vor, wenn sie darüber nachdenkt, wen sie zu ihrem nächsten Geburtstag einlädt oder mit wem sie sich für Samstag abend verabredet.

Mit einer Jodie ist nur befreundet, der es akzeptiert und verträgt, immer derjenige zu sein, der hier den Kontakt initiiert und hält. Sie nutzt ihr Telefon nicht zum Quatschen, sondern ausschließlich, um Fragen und Antworten hin- und herzuspielen. Dafür übersieht sie in

ihrer perfekten Ordnung niemals einen Geburtstag und führt schon mal darüber Buch, von wem sie Weihnachtskarten erhalten hat, um sich dann im kommenden Jahr mit einer zu revanchieren. Sie sollte einmal ernsthaft darüber nachdenken, wie ihr ganz persönliches Verhältnis von ausgesprochenen zu erhaltenen Einladungen aussieht und wann sie ihr privates Telefon das letzte Mal benutzt hat, um einen lieben Menschen anzurufen – einfach nur so.

Im beruflichen Zusammenhang geht es dagegen nicht nur um Beliebtheit. Hier sind gute Kontakte manchmal bares Geld wert. Wer selbständig arbeitet und täglich darauf angewiesen ist, daß die Auftragslage stimmt, kennt diesen Zusammenhang am deutlichsten. So manche Pleite soll schon dadurch zustande gekommen sein, daß sich Unternehmer mit selbstverständlich brillantem Angebot darauf verlassen hatten, daß sich dies schon herumsprechen würde. Die meisten Ärzte scheinen zu glauben, daß Mund-zu-Mund-Propaganda etwas Unhygienisches ist. Warum sonst nutzen sie so gar keine Chance, weiterempfohlen zu werden? Wie viele Mediziner kennen Sie, die ab und zu einmal einen Vortrag halten oder einen Fachartikel schreiben, um auf ihr Wissen aufmerksam zu machen? Eine Zahnärztin, mit der ich einmal über Business-Netzwerke plauderte, meinte gar: »So etwas brauche ich nicht. Ich bin Ärztin.« Mit dieser Einstellung wird die Kapazität ihres Wartezimmers sicherlich auch in Zukunft nicht ausgeschöpft sein.

»Klappern gehört zum Handwerk«, weiß schon ein altes Sprichwort, und dazu gehört es nun einmal, ganz aktiv auf andere zuzugehen oder zumindest sichtbar zu sein.

Visitenkarten sammeln – aber richtig!

Die Jagd auf neue Kontakte ist grundsätzlich sinnvoll, solange dies einigermaßen koordiniert vonstatten geht. Lernen Sie im Geschäftsleben sehr häufig neue Gesichter kennen, ist es ratsam, sich möglichst sofort ein paar Notizen zur Person zu machen. Später werden sie Ihnen dabei helfen, den Namen richtig zuzuordnen. Denn spätestens wenn Sie 100 Visitenkarten oder mehr zu Ihrem Kontakteschatz zählen, werden Sie anfangen, sich an einzelne Namen schlicht nicht mehr zu erinnern. All Ihre gesammelten Kontakte würden damit so wertlos werden wie die Gelben Seiten in Ihrem Regal.

Wenn Sie also schon dabei sind, die Telefonnummer und Adresse irgendwo abzuspeichern, können Sie auch gleich ein paar Informationen mehr hinzufügen. Allein der Hinweis, wann und zu welcher Gelegenheit Sie diesen Menschen zum erstenmal getroffen haben, hilft Ihrem Gedächtnis auch nach Jahren sofort wieder auf die Sprünge. Bei größeren Veranstaltungen ist es am einfachsten, die wichtigsten Stichworte direkt auf der Rückseite der frisch überreichten Visitenkarte zu notieren. Bemerkungen wie »Infomaterial schicken«, »Termin vereinbaren«, »Montag anrufen« oder »will Anzeigen verkaufen« kritzle ich meist auf die Karten, die ich selbst einsammle. Warten Sie damit aber besser, bis ihr Gegenüber Sie nicht mehr beobachtet. Vor allem Vertreter kreativer Berufe nehmen es schnell einmal persönlich, wenn Sie das perfekte Design und Schriftbild der monatelang entwickelten Karte durch Ihr Gekritzel verschandeln.

Notieren Sie unbedingt auch Persönliches. Wer weiß, vielleicht können Sie die Informationen »fährt Saab Cabrio, hat 2 Kinder, raucht Zigarre, macht Urlaub in der Provence« eines Tages einmal gebrauchen. Spätestens, wenn Sie einmal über ein Geschenk für eine Geburtstagseinladung nachdenken oder ein Golf-Event planen, wird es Ihnen weiterhelfen, die eine oder andere Bemerkung über Vorlieben und besondere Interessen zur Verfügung zu haben. Außerdem verschaffen Sie sich so einen echten Wettbewerbsvorteil!

Es ist erstaunlich, wie selten derartig detaillierte Informationen über Geschäftspartner im Alltag festgehalten und dann auch tatsächlich genutzt werden. Selbst bei der Pressearbeit, wo jedes Kind nachvollziehen kann, daß es hier besonders relevant ist, die wichtigsten Journalisten möglichst gut zu kennen, werden kaum mehr als die reinen Kontaktdaten oder Angaben über Fachressorts im Presseverteiler abgespeichert.

Ein Wirtschaftsjournalist eines Nachrichtenmagazins beispielsweise, der sich überhaupt nicht für Motorsport begeistert, wird sich von einer Einladung an den Nürburgring ebensowenig angesprochen fühlen wie von einem Pressetext über eine Sportmeldung. Auch wenn der erstgenannte Fehlgriff sicherlich leichter verziehen wird als letzterer, so erreicht er dennoch genausowenig sein Ziel. Dabei ist es so leicht, in Telefonaten und persönlichen Gesprächen ein wenig mehr als nur Sachinhalte von seinem Gegenüber zu erfahren. Oft bleiben diese wertvollen Informationen – wenn überhaupt – einzig im Kopf des jeweiligen Mitarbeiters haften. Wenn dieser dann in eine andere Firma wechselt, kann das Unternehmen wieder von vorne damit anfangen, einen guten Draht zu den wichtigsten Medien aufzubauen.

Doch das blinde Erfassen von Daten hilft auch nicht weiter.

So manche Kundeninformation schlummert tief in einer Datenbank wie ein Dornröschen. Nur kommt im Unterschied dazu hier kein Prinz vorbei, denn niemand wird auf die Idee verfallen, in einem Meer von scheinbar aussagelosen Daten nach der einen Information zu suchen. So bleibt es leider meist dabei, daß sie unbeachtet weiterschlummert und der Kunde ungeküßt nach Hause geht (oder gar nicht erst wieder vorbeikommt). Dabei wäre es doch so einfach ...

Wieso schaffen es manche Hotels einfach nicht, Gäste, die schon einmal bei ihnen waren, ein wenig anders zu behandeln als jeden x-beliebigen, neuen Gast? Ein Kärtchen »Schön, daß Sie wieder bei uns sind, Frau Westphal« auf dem Zimmer kostet ja nichts und würde zumindest mich nachhaltig begeistern. Statt dessen liegt da dieser unpersönliche standardisierte Computerausdruck mit der Anrede »Lieber Gast« und der Unterschrift »Ihr Hotelmanager«.

Warum packt Amazon.de bei einer einmaligen Großbestellung als aufmerksame Geste ein paar Tütchen Gummibärchen zu den Büchern, während es gleichzeitig doch überhaupt niemanden zu interessieren scheint, wenn ein Bücherwurm schon die 20. kleinere Bestellung innerhalb eines halben Jahres vornimmt?

Kunden lieben es, wenn sie das Gefühl haben, man interessiert sich für sie und investiert wenigstens ein wenig Aufmerksamkeit, bevor man ihnen versucht, das Geld aus der Tasche zu ziehen.

Was ist so kompliziert daran, sich zu merken (oder zu notieren), ob der Lieblingskunde einer Werbeagentur seinen Kaffee schwarz trinkt oder lieber zum grünen Tee greift? Warum sind so wenig Ärzte bisher auf die Idee gekommen, Patienten im Wartezimmer wenigstens einen Schluck Wasser anzubieten? Wie viele Versicherungen, Mobilfunkunternehmen oder Internethändler kennen mein Geburtsdatum, schicken aber niemals auch nur eine klitzekleine Gratulationsmail zum Geburtstag? Warum fragt das *Manager-Magazin* nicht nach, weshalb ich mein Abo gekündigt habe, gibt aber gleichzeitig blind Geld für Neukundenakquise aus, wo ich, wie jeder Fremde, noch zigfach angeschrieben werde, ob ich dieses wunderbare Wirtschaftsmagazin nicht einmal im Abo testen möchte?

Es lohnt wirklich, einfach einmal kurz darüber nachzudenken, was man so über diejenigen Geschäftspartner weiß, die einem wichtig sind.

Aufmerksame, persönliche Gesten kommen bei Kunden genauso gut an wie bei Kollegen.

Ein Netzwerk ist mehr als die Summe vieler Einzelkontakte

Unmöglich schafft es ein einzelner Mensch, sich ernsthaft um Tausende von Kontakten so zu kümmern, daß er oder sie jeden jederzeit mit echten Erfolgsaussichten anrufen könnte, um zu sagen »Ich hätte da mal eine Bitte ...« Kümmern Sie sich lieber richtig gut und intensiv um 100 Leute, von denen wiederum jeder selbst um die 100 Leute sehr gut kennt. Das macht für Sie nämlich schon 10 000 wertvolle Kontakte, mit denen Sie über höchstens eine Ecke richtig gut in Verbindung stehen. Wenn Sie jetzt einen dieser 10 000 dringend brauchen, haben Sie gute Chancen auf ein offenes Ohr.

So funktionieren echte Netzwerke. Und ich meine damit nicht jene elitären Clubs, deren Mitglieder sich zigarrerauchend in dunklen Hinterzimmern treffen, um sich gegenseitig selbst zu beweihräuchern und allem Neuen eher skeptisch gegenüberstehen.

Netzwerke gibt es nicht nur in organisierter Form – immer mehr businessrelevante Zirkel entstehen durch Privatinitiative und werden häufig durch einige wenige, besonders kontaktstarke menschliche

Knotenpunkte als Motoren angetrieben. Diese »Spinnen im Netz«, bei denen viele Fäden zusammenlaufen, sind sehr häufig männliche Unterhalter-Odysseus-Typen oder weibliche Anke-Circen. Durch Kontaktrituale wie regelmäßige persönliche Treffen, Rundmails oder auch durch das Pflegen von Online-Foren schaffen sie es spielend, selbst größere Personenkreise über gemeinsame Themen zusammenzuhalten.

Wer die Funktionsweise von Netzwerken wirklich verstanden hat, weiß, daß in einem funktionierenden Netzwerk ein paar Grundregeln des Umgangs miteinander gelten, damit auch alle etwas davon haben können:

1. Erst geben, dann nehmen

Achten Sie ganz bewußt zunächst darauf, wie Sie andere mit Ihren Kontakten und Ihrem Wissen unterstützen können. Wer auf dem eigenen Straßenfest das Buffet plündert, ohne vorher selbst eine Schüssel hingestellt zu haben, wird schnell als Schmarotzer enttarnt und gar nicht erst in die Gemeinschaft aufgenommen. Also, liebe Madonna: zügle dich mit deinen Eigeninteressen, und gib dir bitte ein wenig Mühe, die Probleme anderer zumindest einmal anzuhören.

2. Wie du mir, so ich jemand ganz anderem ...

Aktives Netzwerken ist wie ein Tauschhandel im Pool: Es ist nicht gerade wahrscheinlich, daß zwei Partner sich gegenseitig im selben Maß etwas Gutes tun können. Echte Netzwerker können auch ohne Gegenleistung etwas geben. Sie wissen, daß Sie von ganz anderer Seite etwas zurückbekommen werden. Gerade Elke oder Jodie müssen sich von ihrem spontanen Impuls trennen, eine sofortige »Bezahlung« erwidern zu wollen, sobald sie etwas bekommen. Einfach annehmen und danke sagen, das ist schon in Ordnung.

Madonna ist weit davon entfernt, sich für andere aufzuopfern. Für sie typische Sätze wie »Du willst meine Telefonnummer? Und was bekomme ich dafür?« sind bei Netzwerkerinnen verpönt und gelten als ausgesprochen egoistisch.

3. Auch Netzwerker dürfen Geld verdienen

»Ohne Gegenleistung etwas geben« interpretieren manche so extrem, daß sie auch für ihre professionelle Leistung kein Geld mehr verlangen. Blödsinn! Nur, weil man gemeinsam im selben Netzwerk aktiv ist, heißt das ja nicht, daß die PR-Expertin nun alle gratis berät oder die Zahnärztin nicht mehr nach der Versicherungskarte fragt, bevor sie Goldkronen einsetzt. Gerade unter Frauen scheint es eine weitverbreitete Krankheit zu sein, kein Geld mehr zu verlangen, sobald man sich privat ein wenig kennt.

Ein hilfreicher Tip braucht ja nicht gleich eine Rechnung auszulösen – aber es ist durchaus nicht unanständig, wenn jemand, der einen lukrativen Auftrag auf dem Silbertablett serviert, auch eine Vermittlungsprovision erhält. Warum sollte eine Personalberaterin plötzlich gratis Kräfte vermitteln oder die Restaurantchefin ihre Essen verschenken? Idealerweise wird eine finanzielle Erwartungshaltung gleich von vornherein geklärt. Dann gibt es auf beiden Seiten keine Enttäuschungen.

4. Wer sagt, was er will, bekommt, was er verdient

Nicht nur eine finanzielle Erwartungshaltung sollte von Anfang an klar formuliert werden. Auch immaterielle Spielregeln oder auch nur Wünsche müssen ausgesprochen werden.

Kein Mensch läuft ohne Erwartungshaltung oder Wünsche durchs Leben. Doch nicht jeder beherrscht die Kunst, diese in deutliche Worte zu packen. Sprechen Sie doch einfach aus, welchen Kunden Sie momentan suchen oder welche Form der Unterstützung Ihnen am besten täte. Niemand wird erraten, daß Sie gerade nach neuen Büroräumen Ausschau halten oder ein Au-pair-Mädchen zur Lösung Ihres privaten Zeitproblems brauchen. Besonders Elke hat hier noch ein paar Nachhilfestunden – am besten bei Madonna – zu nehmen. Sonst läuft sie nämlich Gefahr, von anderen ausgenutzt zu werden und aus dem »Geben«-Status gar nicht mehr herauszukommen. Und wenn sie sich dann enttäuscht zurückzieht, wird noch nicht mal jemand verstehen, warum.

5. Netzwerken heißt zunächst einmal zu investieren

Netzwerkarbeit ist wie das Ausstreuen winziger Saatkörner: Mit viel Geduld, Zeit und kontinuierlicher Pflege werden Sie eines Tages herrliche Früchte ernten. Es reicht keineswegs aus, in einem organisierten Netzwerk einfach nur Mitglied zu werden. Eine Bekannte erzählte mir neulich, sie hätte nach wenigen Wochen ihre Mitgliedschaft in einem Netzwerk wieder gekündigt, weil »nichts passiert sei«. Sie war davon ausgegangen, es müsse genügen, wenn sie irgendwo mit ihren beruflichen und privaten Daten gelistet sei, damit ein Auftrag nach dem anderen geradezu hereinpurzeln würde. Auf meine Frage, wie vielen anderen Mitgliedern sie selbst in derselben Zeit Aufträge vermittelt oder gar deren Leistungen selbst angefragt hätte, reagierte sie völlig überrascht. Ich vermute, sie hat bis heute nicht wirklich verstanden, daß ein Netzwerk keineswegs eine Auftragsfabrik darstellt, sondern stets nur so gut sein kann wie die Aktivitäten seiner Mitglieder ...

femmes géniales – wie ein neues Netzwerk entstehen kann ...

Eines schönen Tages hatte ich »unter der Dusche« die spontane Idee, meine harte Arbeit der vergangenen Wochen mit einer Party zu belohnen. Tanzen, lachen, Spaß haben – kombiniert mit der Möglichkeit, mit lebensfrohen Menschen zu netzwerken.

Gedacht, getan. Unter dem Motto »Schluß mit dem Herumgejammere« lud ich zu einer Party ein, die eine Mischung aus Amüsement und einer Plattform zum Synergienfinden und Kontakteknüpfen sein sollte. Da ich sehr viele Frauen kenne, die zu diesem Motto paßten, schrieb ich rund 50 starke Macherinnen an und lud für den späteren Abend auch Männer ein – die wollte ich ja nicht ausgrenzen.

Die Idee dieser »powerladiesnight« wurde schneeballartig immer weiter verteilt und herumgereicht. Schließlich meldeten sich rund 600 Gäste an – eine Resonanz, mit der ich niemals gerechnet hätte.

Vor dem Eingang des Clubs, den ich für dieses Ereignis angemietet hatte, bildete sich eine über 100 Meter lange Schlange erwartungsfroher Frauen, von denen ich die meisten gar nicht kannte.

Nachdem ich jeden einzelnen Gast persönlich mit Handschlag begrüßt hatte (und mich für das Warten in der Kälte entschuldigte), pinnten alle Damen eine Art Steckbrief an die Wand im Eingangsbereich, auf der ihre Visitenkarte und ein Foto festgetackert wurden. Auf diese Weise konnte man sehen, wer alles da war, und einander dank der Fotos auch wiedererkennen.

Vor der Veranstaltung verschickte ich immer wieder eine aktualisierte Gästeliste, auf der neben Name und Firma auch vermerkt war, mit welchen Themen sich die jeweilige Frau gerade beschäftigte, was sie derzeit suchte und was sie anderen anzubieten hatte.

Einige waren einfach nur neugierig auf den Ablauf des Abends und auf alle Eingeladenen. Andere bereiteten sich gründlichst vor und hielten stets ihre Gästeliste in Händen, auf der sie mit Textmarker angeleuchtet hatten, wen sie unbedingt kennenlernen wollten.

Die gewaltige Resonanz und die völlig umwerfende Stimmung dieses Abends veranlaßten mich dazu, aus dem einmaligen Abend ein neues Netzwerk zu kreieren: femmes géniales war ein Jahr später bereits in fünf Städten vertreten. Das Netzwerk, das so ungewöhnlich ist wie seine Entstehungsgeschichte, verknüpft spannende Frauen über regionale Veranstaltungen und Treffen und über eine gemeinsame Website: http://www.femmes-geniales.de

Im Gegensatz zu manch anderen Frauennetzwerken, die schon ein paar Jahrzehnte länger existieren, geht es bei femmes géniales darum, starken und humorvollen Frauen eine Plattform zu bieten, sich mit Gleichgesinnten zu treffen und vielleicht auch das eine oder andere engagierte Projekt voranzutreiben. Besonders gut kommt an, daß jede femme géniale durch den Branchenmix ganz neue Sichtweisen kennenlernen kann und nicht wie in Fachverbänden oder auf Messen immer wieder dieselben Gesichter sieht. Hier tauscht sich wirklich die Programmiererin mit der Architektin aus, die Weinhändlerin bietet der Malerin Ausstellungsfläche in ihrem Laden an und die Verlegerin begeistert die Juristin, einen Fachartikel für ein Fachbuch zu verfassen. Selbstbewußt und »unzickig« entstehen immer wieder neue Freundschaften und geschäftliche Verbindungen.

Netzwerken bringt's – dabei ist es völlig gleichgültig, ob Sie Ihre Kontakte lieber in privateren Runden pflegen oder gleich in fünf Business-Netzwerken Mitglied sind.

Im Anhang finden Sie einige Adressen von Netzwerken, die ich Ihnen empfehlen möchte. Es sollte immer möglich sein, einmal zu einer Veranstaltung zu kommen und ein wenig Stimmung zu »erschnuppern«, bevor Sie sich für eine Mitgliedschaft entscheiden.

Und wenn Ihnen kein Konzept wirklich zusagt, können Sie ja Ihre ganz eigene Netzwerkveranstaltung ins Leben rufen!

Hüpfen Sie doch einfach mal unter die Dusche, vielleicht fällt Ihnen etwas Spannendes ein …

11 Die natürlichen Feinde einer Circe

Von kleinen Widrigkeiten bis zu großen Gegnern – und wie eine wahre Circe mit ihnen umgeht

Okay, Sie wissen nun, welcher Circen-Typ Sie sind, und haben jede Menge Ideen, wie Sie Ihr Gegenüber überzeugen können. Und wenn im Leben immer alles glattliefe, stünde dem nächsten Erfolg nun auch gar nichts mehr im Wege. Seufz ... Wenn immer alles glattliefe? Nur selten können wir unsere Pläne ohne Störungen und Hindernisse verwirklichen. Aber das macht das Leben doch auch spannend, oder?

Eine wahre Circe unterscheidet sich von einer ganz normalen Frau nicht zuletzt dadurch, daß sie sich gerne und erfolgreich gegen ihre natürlichen Feinde durchsetzt.

Natürlicher Feind No. eins: ihr Image

Passiert es Ihnen schon mal, daß Sie das Gefühl haben, in Ihrer Position unterschätzt zu werden, nur weil Sie weiblich sind und vielleicht auch noch verboten gut aussehen? Prima! Das ist die beste Voraussetzung für einen Überraschungscoup! Es ist doch viel vorteilhafter, wenn Sie unter- und nicht überschätzt werden!

Unseren Kollegen mit dem X- und Y-Chromosom geht es da genau andersherum: Männer unterliegen in unserer Gesellschaft (noch immer) einem nicht unerheblichen Erfolgsdruck. Von ihnen wird doch erwartet, in einem bestimmten Alter eine gewisse Sprosse der Karriereleiter erklommen zu haben.

Das Pflichtprogramm einer Frau beschränkt sich hier in Deutschland dagegen meist darauf, einer beliebigen Erwerbstätigkeit nachzugehen, damit sie eine Beschäftigung hat und ein paar zusätzliche Euro nach Hause trägt. Sobald sie eine Mutterrolle übernimmt, hat sie ohnehin den moralischen Segen der Gesellschaft, nur noch im Haushalt zu arbeiten. Super – denn alles, wofür wir uns darüber hinaus entscheiden, ist die Kür! Selbst wenn wir diese aus wirtschaftlichen Zwängen heraus betreiben, weil ein Einkommen schlicht nicht reicht, wir als Single durchs Leben gehen oder der Partner gerade ohne Job dasteht.

Die Zahl derer, die sich für ein Kürprogramm entscheiden, wird (glücklicherweise) immer größer. Teilweise aus dem Antrieb, weil es Spaß macht, teilweise weil sie das Geld dringend benötigen, entscheiden sich immer mehr Frauen dafür, sich in einem Beruf zu engagieren, der sie auch erfüllt. Und durch den sie außerdem richtig ordentlich Asche machen können.

Ich selbst war eine ganze Zeit lang Alleinernährerin für meine beiden Kinder und mich, was ich mitunter als ziemlich belastend empfand. Sehr angespornt und motiviert hat mich jedoch das Bewußtsein, daß ich das in dieser Zeit konnte und immer noch kann. Ernährerinnen ernten für ihre Leistung stets Respekt oder doch zumindest Aufmerksamkeit.

Welche Anerkennung bekommt wiederum ein Mann, der Monat für Monat für den Unterhalt seiner Familie sorgt?

Ärgern Sie sich nicht, wenn jemand Sie unterschätzt – kokettieren Sie damit! Christiane zu Salm, heute Leiterin des TV-Senders 9Live, erzählte einmal in einem Interview, wie sie als Geschäftsführerin von MTV eines Tages Geschäftspartner zu einem Gespräch erwartete. Im ersten Moment wurde sie für die Sekretärin gehalten. Anstatt sich zu ärgern und emanzig-zickig zu reagieren, machte sie sich einen Spaß aus der Situation. Sie servierte erst einmal den Kaffee, um Minuten später den Raum noch einmal zu betreten und sich erst dann als Chefin zu outen. Dank ihres souveränen Auftritts lag die Peinlichkeit einzig und allein bei ihren Besuchern. Sie startete das Gespräch mit einer Eins-zu-null-Führung – keine schlechte Ausgangssituation für eine wichtige Verhandlung.

Natürlicher Feind No. zwei: der ganz normale Wettbewerb

Wenn Sie sich nun Ihre Strategie ausarbeiten, wie Sie an Ihren Traumjob kommen, wie Sie es schaffen könnten, einen Artikel in der *Wirtschaftswoche* zu plazieren oder am Samstag nachmittag den

Klempner ins Haus zu bekommen, sollten Sie eines nicht vergessen: Sie sind nicht die einzige, die dieses bestimmte Ziel verfolgt. Es gibt Menschen, die ähnliche Erfolge anstreben wie Sie. Und möglicherweise haben diese Mitbewerber keine Skrupel, Ihnen auf dem geraden Weg zum Ziel die Ellbogen in die Brust zu rammen, wenn es sich gerade ergibt. Das braucht weder eine Anke noch sonst jemand als persönlichen Angriff fehlzuinterpretieren. Auf Sachebene Prügel einzustecken heißt ja nicht gleichzeitig, daß Sie als Privatperson nicht gut ankommen oder daß Sie nicht geliebt werden. Sehen Sie es sportlich: Steffi Graf wird ihrem Andre Agassi auf dem privaten Tenniscourt auch dann die Bälle um die Ohren hauen, wenn sie gerade eine prima Nacht miteinander verbracht haben.

Die Fähigkeit, Privates und Berufliches auch einmal voneinander getrennt zu betrachten, ist besonders in Konfliktsituationen wertvoll und gut für die Nerven. Übrigens beherrschen Männer dies oft auf beneidenswerte Weise. Oder haben Sie schon einmal Frauen erlebt, die sich im Meeting anbrüllen und anschließend in aller Seelenruhe ein Bier zusammen trinken gehen? Erst kürzlich habe ich auf einer Hochzeitsfeier zwei Männer erlebt, die sich hervorragend unterhielten und amüsierten – dabei waren sie sich nur wenige Tage zuvor im Gerichtssaal begegnet, weil ihre beiden Firmen im Clinch lagen. Frauen neigen leider eindeutig dazu, die Dinge ganzheitlicher zu sehen. Und wehe, eine Frau hat einmal beschlossen, einen anderen Menschen zu hassen. Die Chancen, daß sie jemals wieder ein Wort mit einem solchen Gegner wechselt, stehen schlecht.

Das sportliche Betrachten eines Wettstreits hilft, daß Sie sich nicht unnötig lähmen oder vom eigentlichen Thema ablenken lassen. Jetzt verfahren Sie am besten wie ein Boxer im Wettkampf: Schützen Sie sich vor Angriffen des Gegners, und versuchen Sie gleichzeitig, ihn durch gezielte Treffer ins K.o. zu befördern. Das klingt gewaltreicher, als es gemeint ist. Auch beim Boxen gibt es schließlich Spielregeln und Fairneßgebote, die unbedingt einzuhalten sind.

Wo könnte Ihr Wettbewerber Sie treffen? Wo liegen Ihre Schwachpunkte? Diese gilt es zu stärken und zu schützen! Lenken Sie geschickt ab, das funktioniert, auch ohne zu lügen. Besonders wir Frauen neigen manchmal dazu, um jeden Preis ehrlich sein zu wollen, und stehen allzu offen zu unseren Schwächen. Erst kürzlich erzählte mir eine Seminarteilnehmerin, wie sie ihr erstes Meeting im neuen Job mit einer Entschuldigung eröffnete. »Es tut mir leid, ich konnte mich auf unseren Termin heute nicht besonders gut vorbereiten. Wir hatten gestern noch ein Projekt fertigzustellen.« Sie erntete von ihren (männlichen) Kollegen nur ein müdes Lächeln und abschätzige Blicke. Ihr Geständnis war zudem völlig unnötig, wie sie im Laufe des Gesprächs feststellte, denn sie war von allen Anwesenden vermutlich noch am besten vorbereitet.

Merke: Sie sind gut! Sie können alles und wissen alles! Und das gilt so lange, bis das Gegenteil bewiesen ist!

Sie brauchen ja nicht gleich großkotzig auf die Pauke zu hauen, wenn Sie von einem Thema wirklich keine Ahnung haben. Ein wenig Zurückhaltung darüber, daß sie nichts wissen, reicht hier völlig aus. Niemand hält Sie für unehrenhaft, wenn Sie sich nicht gleich eine ganze Tonne Asche aufs Haupt streuen ...

Anne K., frisch aufgestiegene PR-Chefin einer Computerfirma, freute sich sehr, als ihr die Aufgabe übertragen wurde, eine Kundenveranstaltung zu organisieren. Leider war ihr dabei entgangen, daß der Marketingchef der Ansicht war, das Projekt wäre besser in seiner Abteilung aufgehoben. Sie ging also frisch und fröhlich ins nächste gemeinsame Meeting, um dort ihr Konzept für das Event vorzustellen. Völlig überraschend traf sie da der Frontalangriff ihres Kollegen: »Haben Sie überhaupt schon einmal eine derartig große Veranstaltung durchgeführt? Sie haben mit so etwas doch überhaupt keine Erfahrung!«

Das saß. Sie war so perplex, daß ihr noch nicht einmal eine passende Antwort einfiel. Sofort landete sie in der Rechtfertigungsrolle und fing an, sich zu verteidigen. Der Marketingleiter hatte sein Ziel erreicht: Er hatte einen Stachel in das Vertrauen in diese Kollegin gesetzt.

Sie müssen nicht unbedingt Abteilungsleiterin sein, um sich mit derartigen Sticheleien auseinandersetzen zu müssen. So etwas kann Ihnen überall begegnen: Es reicht schon, wenn Sie das Sommerfest des Kindergartens organisieren wollen und der Elternbeirat sich dabei auf den Schlips (oder auf die Halskette) getreten fühlt. Wann immer Sie die Initiative ergreifen und sich engagieren, wird es jemanden geben, der Ihnen die Rolle streitig macht. Eine typisch weibliche Reaktion ist es dann, klein beizugeben. »Bevor ich mich da herumstreite, lasse ich es lieber ganz bleiben. Mir ist das zu blöd ...« könnte eine sehr naheliegende, pragmatische Antwort lauten. Sie haben recht – solang es um das Kindergartenfest geht oder um Dinge, die Ihnen nicht wirklich wichtig sind. Sobald Ihnen aber jemand eine Rolle entreißen will, die Ihnen etwas bedeutet, sollten Sie ohne Zögern zum wütenden Kläffer werden. Passen Sie auch auf, daß Ihr Gegner Sie nicht durch kleine Punktesiege übertrumpft, weil er Ihren Pragmatismus kennt. Natürlich entscheiden ein paar tausend Euro Budget hin oder her nicht darüber, ob Ihre Position im Unternehmen als wichtig oder weniger wichtig angesehen wird. Auch die Größe Ihres Büros, der Bürostuhl mit oder ohne Armlehnen oder die Tatsache, ob Sie ein Firmenhandy bekommen oder nicht, sind – jeder einzelne Punkt für sich betrachtet – nicht wirklich von Bedeutung. Geben Sie allerdings in jeder einzelnen Frage klein bei und treten darüber hinaus vielleicht auch noch ein oder zwei Verantwortungsbereiche an andere ab, manövrieren Sie sich damit selbst ein paar Stufen nach unten. Lassen Sie sich also nicht die Butter vom Brot nehmen, und spielen Sie ab und zu einfach ein paar Sandkastenspiele mit. Solang es karriereförderlich ist …

Stellen Sie sich folgende Situation vor: Sie haben Ihr Flugticket in der Tasche und freuen sich schon – müde nach einem langen Tag – auf zu Hause. Nur leider hat Ihre Maschine mindestens zwei Stunden Verspätung.

Was glauben Sie nun, wer die fünf freien Plätze für die Maschine ergattert, die planmäßig in 45 Minuten pünktlich abheben wird?

Sie glauben doch nicht im Ernst, daß Sie zu den Auserwählten gehören, die umgebucht werden, wenn Sie sich leise, lieb und nett nach einer Alternativmöglichkeit erkundigen und sich dann lesend in die Ecke setzen? Leider werden in solchen Fällen stets diejenigen bevorzugt, die ihrer Wut freien Lauf lassen und laut schnaubend mit Schadensersatzforderungen und Beschwerden drohen. Wer hier lauthals einen auf superwichtig macht, wird schnell verarztet, damit wieder Ruhe einkehrt. Falls es Ihnen also wirklich am Herzen liegt, schneller loszukommen, sollten Sie wenigstens ein wenig die Zicke spielen, um zum Ziel zu gelangen. Sie brauchen ja nicht gleich ausfallend zu werden. Aber die Konkurrenz ist hart …

Wenn es Ihnen allerdings auf die eine Stunde hin oder her tatsächlich nicht ankommt, schonen Sie besser Ihre Nerven, beobachten belustigt das Szenario der Kämpfer und bestellen sich noch einen Cappuccino.

Wer erfolgreicher abschneiden will als die Wettbewerber, sollte auch hervorheben, was ihn von anderen unterscheidet: Was haben Sie, das die anderen nicht haben?

Welche kleinen Schwächen sind vielleicht gerade Ihre Stärke? Wenn Sie Quereinsteigerin für ein neues Aufgabengebiet sind, können Sie förmlich darauf warten, daß Ihnen früher oder später jemand vorwirft, Sie hätten keine Erfahrung. Im zuvor beschriebenen Beispiel könnte die PR-Frau Anne ihrem Kollegen aus dem Marketing entgegnen: »Wenn ich es schaffe, 50 Journalisten nachhaltig zu begeistern, die mit ihren Medien ein Millionenpublikum erreichen, wird es mir wohl auch gelingen, ein paar hundert Endkunden zufriedenzustellen.«

Mit einem solchen Hinweis hätte sie die Lacher auf ihrer Seite.

Sie können Ihre Schwäche auch in eine Stärke verwandeln: Als Neueinsteigerin haben Sie natürlich keine Routine, bringen dafür aber frischen Wind herein und eine neue Sicht der Dinge. Dafür wurden Sie vermutlich eingestellt! Wer Sie beleidigen will, trifft damit auch denjenigen, der Ihnen den Job angeboten und Ihnen das Vertrauen geschenkt hat. So manchem Lästermaul ist das in diesem Moment gar nicht bewußt, daß er sich mit seinem Mißtrauen mindestens zwei Feinde schafft.

Sie sind zu jung? Dafür um so belastbarer! Sie kennen das Unternehmen zu wenig? Dafür können Sie bestimmte Aufgaben besser mit den Lösungen anderer Unternehmen vergleichen.

Sie hatten eine berufliche Kinderpause? Durch Ihre Mutterrolle sind Sie eine erprobte Projektmanagerin, können hervorragend Zeit- und Energieressourcen einteilen und haben außerdem praxiserprobte Kompetenz in Krisenkommunikation. (In Wirklichkeit sind gerade Ihre kinderlosen Kollegen ohnehin starr vor Erstaunen, wie Sie das alles auf die Reihe bekommen.)

Auch wenn Sie eine lästige Aufgabe übernehmen, weil Sie Ihrem Umfeld etwas Gutes tun wollen, müssen Sie damit rechnen, daß Sie die Aufmerksamkeit auf sich lenken. Und dies bringt automatisch Neider hervor. Manche Menschen können es nämlich einfach nicht ertragen, selbst einmal eine Sekunde lang weniger wichtig zu sein. In meinem Heimatdorf wurde neulich sogar eine junge Frau verbal attackiert, weil sie es gewagt hatte, sich als frisch Zugezogene und ohne Dorf-Stammbaum in den Kindergartenbeirat wählen zu lassen. Dabei waren es dieselben Damen, die sich bei der Wahl zierten und keinesfalls kandidieren wollten, die anschließend öffentlich über »diese Wichtigtuerin« ablästerten.

Natürlich haben wir alle Schwächen und sind dadurch angreifbar. Doch jeder einzelne Ihrer wunden Punkte ist auch gleichzeitig eine Ihrer Stärken. Sie sollten sich nur rechtzeitig auf eine Gegenargumentation vorbereiten. Ins Stottern geraten Sie nur, wenn Sie wirklich überrascht werden. Sollte das dennoch einmal passieren, können Sie mit einer schlagfertigen Antwort Zeit gewinnen. Wenn Sie also vor versammelter Mannschaft eine unfaire Kritik einstecken müssen, könnten Sie erst einmal so reagieren: »Interessant, daß Sie das so sehen. Eine solche Betrachtungsweise ist mir in meinen 15 Jahren Berufspraxis bisher noch nicht untergekommen. Darüber muß ich jetzt direkt einmal nachdenken.«

Natürlicher Feind No. drei: kleine Männer mit großen Komplexen

Nicht, daß ich grundsätzlich etwas gegen kleine Männer hätte. Michael Douglas ist ein guter Typ, Humphrey Bogart bleibt auch trotz seiner körperlichen Kürze als Persönlichkeit eine Größe. Aber wir müssen der Realität ins Auge sehen: Es gibt sie massenhaft, die mit Komplexen beladenen Möchtegernmachos, die aufgrund ihres mangelnden Selbstbewußtseins nichts mit starken Menschen anfangen können – und mit starken Frauen schon gar nicht. Häufig bringen es diese unangenehmen Zeitgenossen körperlich gerade einmal auf Rumpelstilzchen-Giftzwerge-Format. Und wenn schon nicht körperlich, dann mit Sicherheit geistig.

Auch diese Männer sind mit denselben Märchen groß geworden wie wir: Prinzen kämpfen für ihre Prinzessinnen, mutige Helden tragen zarte Jungfrauen auf Händen, nachdem sie zuvor die großen, starken Retter gespielt haben.

Wie aber soll ein Mann Beschützerinstinkte entwickeln, wenn er einer Frau gegenübersteht, die ihn vielleicht um 20 Zentimeter überragt? Unabhängig von ihrer Körperlänge sieht eine starke Frau auch sonst so aus, als könnte sie ihren Lebensweg ganz prima allein auf ihren schönen, großen Füßen beschreiten.

Wenn Sie mit einem geistigen oder körperlichen Zwerg gerne auf Augenhöhe kooperativ zusammenarbeiten wollen, ist es zwecklos, sich kleiner zu machen, als Sie sind.

Das meine ich sowohl im optischen als auch im übertragenen Sinn: Sie machen weder mit flachen Schuhen und eingezogenem Genick noch mit dem Herunterspielen Ihrer Leistungen eine gute Figur. Da gibt es für eine Circe andere Möglichkeiten, den anderen nicht alt aussehen zu lassen.

Wichtige Besprechungen sollten im Sitzen stattfinden.

Es klingt einleuchtend, daß es für das Klären heikler Themen nicht unbedingt förderlich ist, wenn Ihr Vorgesetzter / Kollege / Handwerker oder Nachbar Ihnen auf Busenhöhe gegenübersteht. Zwangsläufig bekommt er einen Dackelblick, wenn er zu Ihnen hochsehen muß. Dabei werden weder er noch Sie sich sonderlich wohl fühlen. Setzen Sie sich, oder gehen Sie etwas auf Abstand. Dann fällt der Höhenunterschied gar nicht auf.

Machen Sie sich selbst nicht kleiner – aber ihn ruhig ein wenig größer

Stellen Sie Ihr Licht nur nicht unter den Scheffel. Doch Sie sollten im Gespräch immer wieder Anerkennung für die Leistung oder das Wissen Ihres Gegenübers zeigen. Konzentrieren Sie sich dabei auf die Dinge, die Sie wirklich gut finden, sonst wirken Ihre Komplimente schnell ironisch. Auch mit eher übertriebenem Ausdruck von Wertschätzung erreichen Sie schnell einmal das Gegenteil: »Wie Sie gerade schon so scharfsinnig bemerkt haben ...« oder »In Ihren hervorragenden Ausführungen ...« klingt nicht gerade nach ehrlichem Respekt.

Machen Sie ihn zu Ihrem Ratgeber

Die größte Freude können Sie manchen Männern machen, indem Sie sie hin und wieder um Rat fragen. Wenn Ihnen also ein bestimmter Kollege besonders wichtig ist, überlegen Sie doch einfach mal, in welchen Bereichen er ein echter Experte ist.

»Die Animationen in Ihrer PowerPoint-Präsentation haben mir gut gefallen. Können Sie mir einmal bei Gelegenheit zeigen, wie ich so etwas einstelle?« oder so etwas in der Art. Dadurch machen Sie sich noch lange nicht zum dummen Mäuschen. Aber Sie erkennen an, daß es da ein Gebiet gibt, auf dem er Ihnen etwas voraushat und vielleicht Tips geben kann.

Dabei müssen Sie sich nicht auf berufliche Themen beschränken: Erkundigen Sie sich beim Regattameister, welche Segelschule er empfehlen kann, oder fragen Sie das Organisationsgenie nach einer geeigneten Location für eine besondere Familienfeier. Sie stärken Ihre eigene Position nicht dadurch, daß Sie immer alles selbst wissen und können. Wer gelegentlich andere um Rat oder Hilfe bittet, kann allein durch diese Geste oft wertvolle Mitstreiter gewinnen.

Wenn Ihnen jedoch ein böser Gnom erst den Krieg erklärt hat und Sie bereits Gegner sind, sollten Sie wissen, daß Sie den Komplexezwerg mit seinen Schwächen am meisten kränken. Ziehen Sie sich also bewußt hohe Hacken an und stellen Sie sich beim Gruppenbild neben ihn, wenn Sie ihn ärgern wollen. Kein Mann wird versuchen, Sie fertigzumachen, wenn er dazu vorher auf einen Hocker steigen muß.

Natürlicher Feind No. vier: neidische Weiber

Erst mal vorab: Frauen sind längst nicht so stutenbissig, wie man ihnen immer unterstellt. Durch meine Netzwerkarbeit bin ich regelmäßig überrascht, wie offen und entspannt viele meiner Geschlechtsgenossinnen miteinander umgehen. Selbst direkte Wettbewerberinnen mit ähnlichen beruflichen Schwerpunkten suchen eher Ansätze zur Kooperation, als daß sie sich anfeinden würden. Frauen geben sich gegenseitig wertvolle Empfehlungen, vermitteln sich Aufträge und stehen einander als Mentorinnen und echte Unterstützerinnen zur Verfügung.

Doch ganz ausgestorben ist sie leider noch nicht, die eifersüchtige Zicke. In der freien Natur erkennt man sie am leichtesten daran, daß sich ihre Mundwinkel eher nach unten neigen, weil sie nicht wirklich glücklich mit ihrem Leben ist. Eine entspannte Frau mit einem erfüllten Beruf und aktivem Sexualleben käme nicht im Traum auf die Idee, auf anderen Frauen herumzuhacken. Dafür ist ihr schon allein die Zeit zu schade.

Allerdings gibt es da so ein paar Reizthemen, die das friedlichste Damenkränzchen bis zur Schlammschlacht erhitzen. So ist nur ein kleiner Anlaß oft Grund genug, um Mütter und Nichtmütter gegeneinander aufzubringen. Beide Gruppen fühlen sich sofort angegriffen und reagieren überempfindlich, wenn unterschiedliche Lebensentwürfe diskutiert werden. Auch ein heißes Eisen: Berufstätige und nichtberufstätige Mütter oder Verheiratete und Singles. Falls Sie Kinder haben: Beobachten Sie einfach einmal, welche Cliquen sich bei Elternabenden bilden. Hausfrauen fühlen sich von den Karrieremamis nicht ernst genommen, letztere betonen ständig, wieviel Qualitätszeit sie mit ihren Kindern verbringen, weil sie hinter jedem »Toll, wie du das alles machst« einen versteckten Angriff vermuten.

Selbst unter Freundinnen oder Schwestern reicht es manchmal schon aus, »Na, wie läuft es in der Firma?« zu fragen, um postwendend eine Rechtfertigungssalve für den Job zu erhalten. Anders herum neigen Nurmütter sehr stark dazu, den Berufstätigen dauernd ungefragt vorzujammern, wieviel sie doch zu tun haben und wie voll ihr Kalender ist. Niemand soll glauben, sie hätten es leicht.

Wenn Sie neue weibliche Bekanntschaften machen, tun Sie gut daran, gleich von vornherein klar zu äußern: Ich finde es ganz toll, wie du dein Lebensmodell so lebst. Egal, ob Kinder, Karriere, Vielmännerei oder ständige Umzüge das zentrale Thema sind. Sobald andere Frauen merken, daß sie so akzeptiert werden, wie sie sind, bleiben ihre Krallen hübsch hinter den samtigen Pfoten versteckt.

Natürlicher Feind No. fünf: wir selbst

Wenn uns schon andere keine Steine in den Weg legen, erledigen wir Circen das manchmal sogar selbst.

Woran mag es nur liegen, daß wir uns viel zu schnell entmutigen lassen und uns selbst oft noch weniger zutrauen als andere?

Wie erfolgreich könnten wir sein, wenn wir einfach einmal unsere Selbstzweifel für eine Weile ausknipsen könnten. Als Andrea Mannhardt sich vor einem Jahr mit ihrer Firma »Telesales und Marketing« selbständig machte, pfiff sie einfach auf die Unkenrufe ihrer Freunde und Bekannten, die zum Teil kein Verständnis dafür aufbrachten, wie man sich ausgerechnet heute in ein derartiges Risiko stürzen konnte. Warum sollte sie denn nicht ihren gutbezahlten Job gegen eine Firma tauschen, wenn ihr das Leben als Festangestellte schlicht zu langweilig erschien? Andrea zweifelte keine Sekunde an ihrem Können und legte – ganz Madonna – einen Blitzstart hin, der es verdiente, ins Guinness-Buch der Rekorde aufgenommen zu werden: Innerhalb eines einzigen Tages erledigte sie den kompletten Formularkrieg und sämtliche Behördengänge, die ihre Veränderung so mit sich brachte. Zur Belohnung wartete am Abend bereits der erste Auftrag im Faxgerät: Kein geringerer Name als Microsoft verlangte nach ihrer Dienstleistung.

Auch jetzt, Monate später, ist es eine wahre Freude, ihr beim Akquirieren neuer Aufträge zuzusehen: Sie denkt gar nicht darüber nach, daß sie auch *keinen* Erfolg haben könnte. Sie macht einfach ...

Diese Gabe haben nicht alle Menschen in die Wiege gelegt bekommen. Meist sind wir uns gar nicht darüber im klaren, wie viele Denkmuster wir mit uns herumschleppen, die uns in unserem Fortkommen behindern. Allein mit dem Wort »Erfolg« assoziieren Menschen ganz unterschiedliche Begriffe. Bezeichnenderweise verbinden Männer mit Schlagworten wie »Macht«, »Erfolg« und »Geld« wesentlich mehr positive Eigenschaften als Frauen. Letztere scheinen sich allein bei diesen Begriffen so zu verkrampfen, daß sie sich dadurch selbst ins Aus katapultieren.

Barbara Bierach zitierte in ihrem Buch »Das dämliche Geschlecht« einen interessanten Versuch von Martina Horner, Psychologin der University of Michigan in Ann Arbor.

90 männliche und weibliche Studenten wurden gebeten, einen Phantasie-Aufsatz zu verfassen. Das Thema für die jungen Frauen lautete: Stellen Sie sich vor, eine Studentin ist beste Absolventin

Ihres Jahrgangs. Beschreiben Sie, wie Ihre Zukunft aussehen könnte. Die männlichen Studenten erhielten dieselbe Aufgabenstellung, allerdings mit einer männlichen Heldenfigur.

90 % der Männer schwelgten bei ihren Ausführungen in geradezu glänzenden Zukunftsaussichten. Sie stellten den Erfolg als wohltuend und anspornend dar und interpretierten sogar erhöhte Attraktivität auf das andere Geschlecht.

65 % der Frauen hingegen schienen von den ausgezeichneten Startchancen der skizzierten Frau wenig angetan zu sein. Sie wirkten eher verängstigt und prognostizierten negative Konsequenzen wie eine Ablehnung durch die Gesellschaft und deutlich schlechtere Chancen bei der Männerwelt.

Woher kommt es nur, daß Frauen schon beim Aussprechen des Wortes »Karriere« einen Gesichtsausdruck bekommen, der nach »igitt!« aussieht?

Jahrhundertelang wuchsen Mädchen mit ganz anderen Wertemaßstäben auf als Jungen. Sie sollten immer schön folgsam, bescheiden und still sein und sich möglichst in einer untergeordneten Rolle üben. »Mädchen, die pfeifen, und Hähnen, die krähen, soll man beizeiten den Hals herumdrehen.« Ähnliche Sprüche werden uns wohl noch ein paar Generationen lang begleiten. Auch wenn meine Mutter sicherlich schon zu den fortschrittlicheren Exemplaren von Tochter-Erzieherinnen zählt, hatte sie doch stets eine genaue Vorstellung davon, was sich für ein Mädchen gehört und was nicht. Auch wenn sie es nicht gerne hört: Diese Vorstellungen sahen bereits ganz anders aus, als es um die Erziehung meines 14 Jahre jüngeren Bruders ging.

Eltern ahnen ja manchmal gar nicht, was sie mit ihren Kommentaren über ihre Kinder so alles auslösen. Sie sind diejenigen, die uns als erste die Welt erklären und denen wir zumindest in unseren ersten Lebensjahren zunächst einmal alles glauben. Pauschalurteile wie »Du hast einfach zwei linke Hände« oder »Stell dich doch nicht dauernd so ungeschickt an« fressen tiefe Löcher ins frühkindliche Selbstbewußtsein. Erschwerend kommt hinzu, daß das Verhalten unserer Väter und Mütter tagtäglich Vorbild für uns war. Eine Mutter, deren höchste Priorität es ist, die Harmonie in der Familie zu erhalten, und die sich im Zweifel stets selbst zurücknimmt, kann ihrer Tochter viel von »Power« erzählen. Sie wird wenig glaubwürdig sein.

Aber es gibt Hoffnung. Immer mehr junge Frauen wachsen als Töchter berufstätiger, starker und lebensfroher Mütter auf und lernen bereits früh, daß man sich Erfolg nimmt und ihn nicht zugeteilt bekommt.

Die jungen Mädchen heute sind bereits echte Circen – noch lange, bevor sie in die Pubertät kommen. Was glauben Sie, wie oft ich meiner zehnjährigen Tochter schon auf den Leim gegangen bin und sie mich mit ihrem Charme an die Wand argumentiert hat …?

Mitten ins Schwarze 12

Wünschen allein reicht nicht ...

Vor einigen Wochen veranstaltete meine Stuttgarter femmes-géniales-Partnerin, Uli Felger, einen Netzwerkabend in einer Szenebar. Um ein wenig mehr über die Teilnehmerinnen zu erfahren und diese dann leichter miteinander ins Gespräch zu bringen, fragte sie vorher einige Informationen per Mail ab. Unter anderem stellte sie die Frage:

»Stellen Sie sich vor, eine Wunschfee käme an Ihren Arbeitsplatz geflattert, und Sie hätten drei Wünsche frei. Was würden Sie der Fee auftragen?«

Die Reaktionen waren ebenso vielfältig wie unterhaltsam und reichten von konkreten Auftragswünschen bis zum Weltfrieden. Am besten gefiel mir jedoch diese Antwort:

»Ich habe mich vor einigen Monaten mit meiner Partnerin selbständig gemacht. Nach reiflicher Überlegung sind wir zu dem Schluß gekommen, daß wir keine Wunschfee brauchen. Wir nehmen das, was wir uns vornehmen, aktiv selbst in die Hand. Und meist erreichen wir auch, was wir anstreben.«

Anderen schien es bereits große Schwierigkeiten zu bereiten, das einmal auszuformulieren, was ihnen am wichtigsten ist.

»Der Weg ist das Ziel« scheint ein weitverbreitetes, weibliches Motto für den beruflichen Werdegang zu sein. Doch wer so voranschreitet, kann sich auch an Momentaufnahmen erfreuen und seine Flexibilität zufrieden ausleben. Das ist eine große Stärke, wie ich finde.

Schwierig wird es nur, wenn frau dann eben nicht mit ihrem Lebenserfolg zufrieden ist.

> Wer nicht weiß,
> wo er hin will,
> kann schließlich niemals am Ziel ankommen.

Es ist eine große Gefahr, zum Spielball der Ziele anderer zu werden, wenn man sich selbst keine formuliert.

Doch viele sind gar nicht geübt darin, ein eigenes Ziel in Worte zu fassen. Das beginnt schon damit, daß ausgesprochene Ziele oft sehr unkonkret sind und sich eher nach Wünschen oder Ideen anhören.

»Ich würde gerne«, »irgendwie« und »eigentlich« taucht da gerne in den Sätzen auf. Probieren Sie es einfach einmal aus und fragen Sie ein paar Freundinnen nach konkreten Zielen für die nächsten fünf Jahre. Wetten, daß es kaum jemand schafft, seine Vorstellungen klar auf den Punkt zu bringen?

Smart zum Ziel

Damit Ihre eigenen Formulierungen künftig mehr Kraft bekommen, will ich Ihnen an dieser Stelle ein paar Tricks verraten, die Ihren Zielen mehr Nachhaltigkeit geben. Damit steigt die Chance auf Realisierung ganz erheblich!

So können Sie Ihre Ziele »smart« formulieren. (Die Buchstaben s-m-a-r-t können Sie zur leichteren Erinnerung als Eselsbrücke verwenden.)

»S« wie »selbstinitiierbar«

»Ich möchte, daß morgen die Sonne scheint« – das ist ein verständlicher Wunsch, kann aber niemals Ihr Ziel sein. Oder können Sie neuerdings etwa das Wetter beeinflussen? In eine richtige Zielformulierung können Sie nur hineinpacken, was auch in Ihrem Machtbereich steht.

»Morgen gehe ich eine Stunde joggen«, »Heute streiche ich das Wohnzimmer neu« oder »Heute nachmittag rufe ich zehn Kunden an« können Sie selbst beeinflussen.

Die Reaktion anderer können Sie jedoch nicht vorhersehen. »Mein Mann wird mich auch in 20 Jahren noch attraktiv finden« kann also nicht Ihr Ziel sein. Woher wollen Sie wissen, ob er dann noch immer einen so guten Geschmack hat?

»M« wie »meßbar«

»Nächstes Jahr werde ich gut verdienen« klingt schon ein wenig vage, finden Sie nicht? Wann wollen Sie hinter eine solche Zielformulierung jemals ein befriedigtes Häkchen machen? Erreichen können Sie Ziele nur, wenn Sie diese auch konkret benennen und meßbar machen. Wer also »erfolgreicher im Vertrieb« werden will, tut gut daran, sich direkt ein paar Meßgrößen zu überlegen, wie der Erfolg festgestellt werden kann. Was ist Ihnen besonders wichtig? Wollen Sie insgesamt die Zahl Ihrer Kunden erhöhen? Wollen Sie den Umsatz auf eine bestimmte Höhe bringen, oder wollen Sie den Umsatz je Auftrag konkret verbessern?

Wenn Sie die Zufriedenheit Ihrer Kunden erhöhen möchten, läßt sich sehr gut über eine Befragung feststellen, ob Ihnen dies tatsächlich gelungen ist. Eine Schulnote für Zufriedenheit ist eine sehr konkrete Zahl, die sich auch verbessern läßt.

Auch sportliche Ziele lassen sich sehr gut in Zahlen verpacken. »In drei Monaten schaffe ich die zehn Kilometer um den See in weniger als einer Stunde« ist doch eine klare Vorgabe, die Sie sich setzen können.

»A« wie »attraktiv«

Stellen Sie sich vor, Sie stehen mit Pfeil und Bogen bewaffnet einer Zielscheibe gegenüber und wollen nun Ihr Können unter Beweis stellen. Sie nehmen den Pfeil, spannen den Bogen und ... Worauf konzentrieren Sie sich? Natürlich auf die schwarze Mitte der Scheibe. Es wäre unsinnig, die Augen auf den Rand der Scheibe zu richten und dabei dauernd zu denken, »hier darf ich *nicht* hinschießen«.

Unser Hirn kennt kein Nein. Oder versuchen Sie doch einmal, *nicht* an einen rosaroten Elefanten zu denken. Genausowenig reagieren Kinder wunschgemäß, wenn man sie anbrüllt: »Nicht runterfallen!«

Wundern Sie sich also nicht, wenn Ihr Vorsatz, »nicht mehr rauchen« zu wollen, nicht klappt. Logisch, Sie stellen sich dabei ständig eine leckere (wenn Ihnen das Zeug nicht schmeckte, würden Sie ja nicht rauchen) Zigarette vor. Denken Sie doch lieber daran, wie herrlich frisch ihre Klamotten und ihre Wohnung riechen werden, wenn Sie ab sofort »ganz gesund leben« werden.

Wenn Sie sich selbst motivieren wollen, etwas zu erreichen, brauchen Sie positive Bilder. Wie sieht Ihr Leben aus, wenn Sie Ihr Ziel erreicht haben? Je realistischer und farbenfroher Sie sich das ausmalen können, um so mehr Power werden Sie ganz unbewußt in die Realisierung stecken.

Haben Sie schon einmal Skirennläufer vor dem Start beobachtet, wenn sie wie in Trance einen fernen Punkt mit den Augen zu fixieren scheinen? In diesen Sekunden läuft vermutlich gerade ihr innerer Film »Abfahrt in Ideallinie« ab. Der schnellste Weg zur Ziellinie wird erst einmal im Kopf abgefahren, bevor die Beine dann die Umsetzung übernehmen.

»R« wie »realistisch«

Natürlich erhöhen Sie die Chance ungemein, Ihre Erfolge wirklich zu erreichen, wenn Sie kleinere, realistische Ziele setzen und nicht mit Gewalt einen neuen Weltrekord aufstellen möchten.

Sie wollen in diesem Jahr mit dem Klettern beginnen? Prima! Das Besteigen des Montblanc sollten Sie sich dennoch nicht gleich für diesen Herbst vornehmen.

Sie waren heute morgen zum erstenmal seit Jahren wieder joggen? Sehr löblich. Für den ersten Marathon Ihres Lebens sollten Sie dennoch viele Monate kontinuierliches Training einplanen und nicht direkt mit dem Berlin-Stadtlauf in sechs Wochen liebäugeln.

Die Madonna-Stimme in uns prescht nur allzugern los, wenn es darum geht, viel zu große, ehrgeizige Ziele zu formulieren.

Es sollte nachvollziehbar bleiben, warum das, was Sie sich da gerade vornehmen, auch klappen könnte.

Wenn Sie im Vertrieb seit fünf Jahren nie mehr als zehn Neukunden pro Jahr an Land gezogen haben, wird weder Ihr Vorgesetzter noch jemand anderes daran glauben, daß es ausgerechnet in diesem Jahr 30 werden sollen.

»T« wie »terminiert«, also zeitlich definiert

Jedes Ziel braucht natürlich auch eine Zeitkomponente. Schön, wenn Sie Umsatzmillionär werden wollen. Aber soll das bis nächsten Monat passieren oder innerhalb der kommenden zehn Jahre?

Ein derartig großes Zeitfenster relativiert selbst riesige Zahlendimensionen. Allerdings wäre es ratsam, nun dieses große Ziel in mehrere kleine aufzuteilen, damit Sie auch unterwegs sehen können, ob Sie auf dem richtigen Weg sind. Falls Sie in neun Jahren erstmals prüfen, wieviel von der angestrebten Million schon zusammengekommen ist, könnte es ein wenig knapp werden, wenn Sie das noch schaffen wollen. Besser wäre es da schon, alle sechs bis zwölf Monate den Zwischenstand zu kontrollieren.

Ziele-Balance

So weit, so gut. Sicherlich können Sie nun nachvollziehen, wie Sie Ihre eigenen Ziele künftig formulieren, damit sie richtig Kraft bekommen.

Doch wie paßt ihr berufliches Ziel eigentlich zu Ihrer privaten Lebensplanung? Was haben Sie davon, wenn alle materiellen Bestrebungen erfüllt sind, Sie aber mit einem Magengeschwür in der Ecke liegen und die Früchte nun gar nicht mit Genuß ernten können?

Viele Männer haben uns einiges voraus. Sie können viel leichter klare Ziele auf den Punkt bringen und dann auch realisieren. Ihre große Schwäche ist es wiederum, dabei die anderen Lebensbereiche manchmal aus den Augen zu verlieren.

Das Formulieren harter Ziele läßt sich erlernen – das Gespür für Zusammenhänge und vernetztes Denken ist eine Naturbegabung. Trösten Sie sich, falls Sie zu denjenigen gehören, deren ehrgeizige Madonna sich bislang eher leise und zurückhaltend gezeigt hat. Das läßt sich nachholen. Solange Sie Ihrer Anke und Elke in sich genügend

Platz zum Atmen lassen, werden Sie es hervorragend hinbekommen, ein ausgeglichenes Gesamtergebnis zu erzeugen.

Stellen Sie sich Ihr Leben doch mal symbolisiert als kreisrundes Rad vor. Jedem Lebensbereich wird nun ein Kreissegment gewidmet. Je zufriedener Sie mit diesem Bereich sind, um so mehr Fläche erhält er.

Damit alles »rund« läuft, haben Sie im Idealfall etwa gleich große Segmente ausgefüllt. Gibt es jedoch starke Unterschiede in Ihrem Zufriedenheitsbefinden, erhalten Sie ein Ungleichgewicht. Würden Sie das Rad nun anschubsen wollen, es könnte sich nicht harmonisch drehen.

Wie sieht *I*hr Lebensrad im Moment aus?

Beantworten Sie doch einfach einmal, wie zufrieden Sie derzeit mit Ihren unterschiedlichen Lebensbereichen sind.

Ein Punkt bedeutet: überhaupt nicht zufrieden,

zehn Punkte: damit bin ich richtig glücklich, es könnte gar nicht besser laufen.

Bei Ihrer persönlichen Punktevergabe zählt einzig, wie *Sie* diesen Punkt bewerten. Es kann sein, daß Sie hoch verschuldet sind, damit aber sehr gut zurechtkommen. Es ist also möglich, daß Ihr Lebensbereich »Geld« trotz hoher Kreditbelastungen eine hohe Punktzahl erhält, weil Sie glauben, die Situation im Griff zu haben.

Andererseits mögen Ihre Freundinnen neidisch sein auf Ihr Haus und Ihren netten Mann und die beiden süßen Kinder, und trotzdem kann es sein, daß Sie selbst mit dem Punkt »Familie« nicht so glücklich sind. Es kann ja durchaus sein, daß Sie gerade davon etwas anderes erwarten, als Ihre Freundinnen meinen.

Punkten Sie einfach mal drauflos – die Auswertung ist nur für Sie selbst. Sie können also ruhig ehrlich sein ...

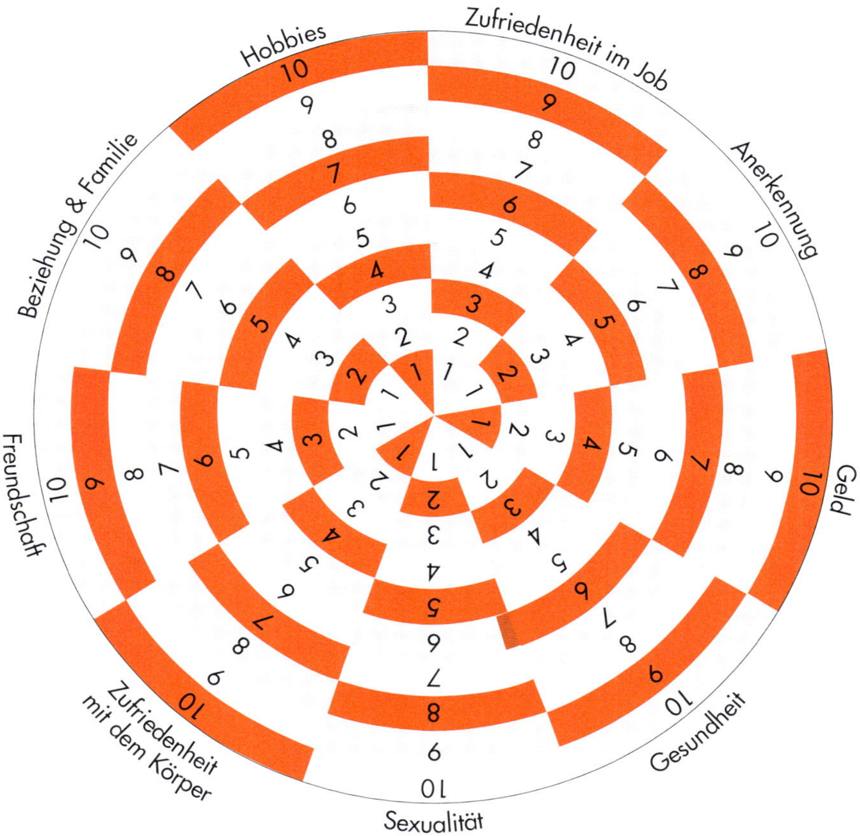
Zufriedenheit im Job
Anerkennung
Geld
Gesundheit
Sexualität
Zufriedenheit mit dem Körper
Freundschaft
Beziehung & Familie
Hobbies

1. Zufriedenheit im Job/mit dem, was ich tue

Gehen Sie morgens gern zur Arbeit, beginnen Sie gern Ihre tägliche Aufgabe? Haben Sie das Gefühl, Ihrer Berufung zu folgen?

Fühlen Sie sich gut aufgehoben an dem Platz, den Sie ausfüllen?

2. Anerkennung

Werden Ihre Leistungen von anderen ausreichend anerkannt? Bekommen Sie regelmäßig Lob? Fühlen Sie sich für Ihren Job angemessen bezahlt?

3. Geld

Wie gut kommen Sie mit Ihren Finanzen klar? Kommen Sie mit Ihrem Einkommen zurecht? Haben Sie eine gute Altersvorsorge?

4. Gesundheit

Wie fit fühlen Sie sich? Wie häufig sind Sie im Laufe eines Jahres krank? Können Sie gut schlafen? Haben Sie den Eindruck, daß Sie sich ausgewogen ernähren?

5. Sexualität

Haben Sie ein aktives Liebesleben? Bekommen Sie soviel Zärtlichkeit und körperliche Nähe, wie Sie sich wünschen? Fühlen Sie sich sexy?

6. Zufriedenheit mit dem eigenen Körper

Sehen Sie sich gern im Spiegel an? Haben Sie Spaß daran, sich gut anzuziehen? Treiben Sie regelmäßig Sport? Bewegen Sie sich gern?

7. Freundschaft

Haben Sie einen besten Freund/eine beste Freundin (oder mehrere), mit denen Sie über alles sprechen können?

Sehen Sie Ihre Freunde häufig genug? Unternehmen Sie regelmäßig etwas mit Ihren Freunden?

8. Beziehung/Familie

Wie glücklich sind Sie in Ihrer Partnerschaft (falls Sie eine haben)? Wie wohl fühlen Sie sich in Ihrer Familienkonstellation? (Wer für Sie zu Ihrer »gefühlten« Familie zählt, entscheiden allein Sie.)

9. Hobbys

Haben Sie ausreichend Zeit für sich selbst und die Dinge, die Ihnen Spaß machen? Gibt es Freizeitaktivitäten, bei denen Sie so gar nicht an Ihren Job oder andere Themen denken müssen?

Vielleicht gibt es noch ganz andere Bereiche, die für Sie besonders wichtig sind und die eine große Rolle für Ihr Gesamtwohlbefinden spielen. Tauschen Sie die Begriffe dann einfach aus und fügen Sie ein, was besser zu Ihnen paßt.

Übertragen Sie jetzt Ihre Punkte in das Rad und malen Sie die Flächen je nach Zufriedenheits-Punktestand aus.

Nun sehen Sie ja Ihre »Baustellen« bereits optisch hervorgehoben. Dann mal los! Wie sehen Ihre Ziele aus? Was wollen Sie in Angriff nehmen?

Sie können nun zu jedem einzelnen Segment überlegen, wie die Welt aussehen müßte, damit Sie hier eine »zehn« vergeben könnten.

Betrachten Sie die verschiedenen Bereiche ruhig erst einmal einzeln. Abgleichen und in Beziehung setzen können Sie die Ziele dann im zweiten Schritt.

Wer weiß, vielleicht entstehen ja völlig neue, kreative Ideen, wie Sie alles »unter einen Hut« bekommen, was Ihnen wichtig ist?!

Wer sagt denn, daß Sie weiterhin in der Stadt und in dem Land leben müssen, wo Sie die letzten zehn Jahre verbracht haben? Auch mit Kindern kann man auswandern!

Vielleicht stellen Sie auch mit 40 fest, daß Sie einen Beruf ausüben,
 der eher den Wünschen Ihrer Eltern als Ihren eigenen entspricht.

Auch mit über 30 kann man noch einmal völlig umsatteln! Die Welt gehört Ihnen!

Wann immer Sie sich künftig etwas vornehmen, egal ob sportlich oder beruflich, gesundheitlich oder ganz privat: Sehen Sie doch einmal nach, ob Ihre Ziele der einzelnen Lebensbereiche zusammenpassen. Es ist einfach nicht gesund, blindlings auf ein Thema fokussiert loszustürzen und dabei schlicht zu übersehen, daß man ja noch einen Partner oder Freunde hat, die einem etwas bedeuten, oder daß die Gesundheit leiden würde.

Wenn es wirklich Ihr Ziel ist, in den Europarat gewählt zu werden, Ihr Partner jedoch durch seine eigene Firma auf den Standort Dresden fixiert ist, haben Sie ein Problem. Schließlich wollen Sie Ihr berufliches Ziel verfolgen und gleichzeitig nicht auf das tägliche gemeinsame Abendessen verzichten.

Da heißt es abzuwägen: Wie lautet Ihr Ziel für jeden einzelnen Lebensbereich? Und wie wichtig ist Ihnen dieses Ziel? Nur wenn Sie frei entscheiden, wo Ihre eigenen Prioritäten liegen, werden Sie auch mit Ihrer anschließenden Wahl gut leben können. Die größte Unzufriedenheit entsteht doch immer dann, wenn wir etwas tun müssen, das wir nicht wollen, weil wir uns durch äußere Umstände dazu gezwungen fühlen. Kein Mensch zwingt Sie dazu, in Dresden zu bleiben. Es ist Ihre Wahl, diesen Mann zu lieben. Damit fühlt sich der Verzicht auf einen Umzug doch schon gleich viel freundlicher an.

So manche Elke ist bei derartigen Gedankenexperimenten ganz überrascht zu sehen, wieviel Wahlfreiheit sie für ihr Leben nutzen könnte, wenn sie es wollte.

Und was ist der Preis?

Jeder Vorsatz, den Sie heute fassen, »kostet«. Das ist absolut in Ordnung, es muß Ihnen nur klar sein.

Wenn Sie sich gesünder ernähren wollen, bedeutet das gleichzeitig, daß Sie mehr Zeit in Ihre Einkäufe investieren müssen, vermutlich für die Lebensmittel etwas mehr Geld ausgeben werden, und schließlich sollten Sie konsequenterweise häufiger kochen. Auch das nimmt Zeit in Anspruch.

Nachdem ich davon ausgehe, daß Ihr Leben nicht gerade von Langeweile geprägt ist, bedeutet dies, daß Sie im Gegenzug zum gesünderen Essen etwas anderes aufgeben müssen. Sicherlich ist es nicht so, daß Sie sagen: »Prima, nun weiß ich endlich, was ich künftig jeden Freitag nachmittag so mit mir anfangen soll. Jetzt muß ich nicht mehr stumm in der Ecke sitzen und stundenlang auf eine gute Idee hoffen.«

Sie müssen also abwägen: Opfern Sie für den Einkauf auf dem Markt nun eine Telefonstunde mit Ihrer besten Freundin, oder arbeiten Sie dafür weniger? Wo haben Sie vor, Abstriche zu machen?

Es hat schon seinen Grund, daß es wohl keinen Menschen gibt, der in seinem Lebensrad überall zehn Punkte einträgt. Unser Tag hat nur 24 Stunden – in dieser Zeit konzentrieren wir uns darauf, was uns gerade besonders wichtig erscheint. Das kann sich hin und wieder ändern. Selten werden wir es schaffen, über einen längeren Zeitraum hinweg alle Aspekte unseres Lebens gleichermaßen zu berücksichtigen. Aber wir können es ja zumindest versuchen ...

Ziele treffend zu formulieren ist ja gut und schön, doch zur Realisierung ist es noch ein weiter Weg. Haben Sie das gerade gedacht?

Stimmt gar nicht. Wenn Sie ganz deutlich sagen können, wo Sie hinsteuern, haben Sie die größte Leistung tatsächlich schon vollbracht. Die Umsetzung passiert nun beinahe automatisch.

Dazu ist es lediglich nötig, Ihr wichtigstes Ziel fest in Ihrem Unterbewußtsein zu verankern. Selbst im tiefsten Schlaf muß Ihnen irgendwo hinter Ihren geschlossenen Augenlidern klar sein, wohin Ihre Lebensreise gehen soll. Das funktioniert natürlich nicht, wenn sich Ihr Hirn am Schreibtisch einen Zielsatz ausdenkt, Sie diesen aufschreiben und er anschließend in der unterste Schublade Ihres Unterlagencontainers verschwindet.

Malen oder schreiben Sie ihr wichtigstes Ziel lieber auf einen großen Zettel und hängen Sie diesen deutlich sichtbar über Ihren Schreibtisch/an den Kühlschrank/ins Auto oder an die Innenseite Ihrer Toilettentür. Die Wirkung können Sie noch verstärken, wenn Sie mit diesem Stück Papier anschließend immer wieder etwas arbeiten.

Seit einigen Jahren gehe ich genau so mit meinen persönlichen Umsatzzielen um. Zum Jahreswechsel überlege ich mir, welche Erträge ich im Laufe des kommenden Jahres erreichen möchte, und notiere diese (riesige) Zahl auf einem weißen Papier. Im Hintergrund ziehe ich waagrechte und senkrechte Linien in der Weise, daß Kästchen entstehen. Dabei skizziere ich exakt so viele Kästchen, wie ich 1000 Euro-Einheiten erreichen möchte. Der Clou: Sobald ich einen kleinen Teilerfolg erreicht habe, also wieder eine Rechnung über 2000 Euro schreiben konnte, male ich als Belohnung zwei Kästchen bunt aus. Es ist wirklich sehr motivierend, mit anzusehen, wie das Blatt immer bunter und voller wird. Mit kindlicher Freude schnappe ich mir jedesmal eine andere Gute-Laune-Farbe aus den Wachsmalkreiden meiner Tochter und lächle beseelt auf den neuen Farbklecks.

Meine Freundin Alexandra erzählte mir, wie sie es geschafft hatte, elf Kilo abzunehmen (und das neue Gewicht anschließend zu halten): klar, sie veränderte ihre Ernährungsgewohnheiten und trieb etwas mehr Sport. Beachtlich fand ich jedoch ihre Methode, sich jeden Morgen zehn Minuten lang von ihrer Lieblingsmusik berieseln zu lassen, um dabei ausschließlich darüber nachzudenken, wie klasse sie bald aussehen würde. Bildlich stellte sie sich vor, welche neuen Klamotten sie sich kaufen könnte und wie heiß ihr Liebster auf ihre knackige Figur sein würde. Wie von selbst entwickelte sie mehr Lust auf Obstsalat und Fahrradfahren, ging beschwingt tanzen und verbrannte scheinbar schon beim fröhlicheren Zähneputzen Kalorien …

Suchen Sie sich einen Paten für Ihr Ziel

Wenn eine Circe etwas Ungewöhnliches erreichen möchte, ist es ein ausgezeichneter Ansporn, jemandem eine Wette anzubieten: »Wetten, daß ich es hinbekomme, bis zum Jahresende fünf Firmenkunden für mein frisch gegründetes Unternehmen an Land zu ziehen?« frohlockte meine Netzwerkpartnerin Ingrid in unserem letzten Telefonat. Natürlich bin ich sofort drauf angesprungen: »Wenn du das schaffst, bekoche ich dich und deine Mitarbeiterin! Wenn nicht, komme ich bei dir zum Futtern vorbei.«

Die Aussicht auf ein Abendessen ist hier bestimmt nicht ausschlaggebend dafür gewesen, daß Ingrid ihre kleine Wette schon halb gewonnen hat. Was zählt, ist die Tatsache, daß sie mich auf diese Weise aktiv in ihr Vorhaben eingebunden hat. »Na, wie sieht es aus?« frage ich sie immer wieder. Vor allem Freiberufler müssen schon phantasievoll sein, damit sie sich selbst pushen und angesichts der Freuden und Leiden des Unternehmeralltags nicht immer so einsam fühlen.

Vielleicht finden Sie ja auch jemanden, der gerade dieselben Ziele verfolgt wie Sie?

Gemeinsam kämpft es sich leichter. Aus dieser Tatsache ziehen Gruppierungen wie die Weight Watchers ihren größten Erfolg. Abzunehmen oder mit dem Rauchen aufzuhören fällt viel leichter, wenn man weiß, daß es anderen gerade genauso ergeht und man sich über Motivationshöhen und -tiefen austauschen kann. Warum also nicht einmal jemand anderen bitten, ein berufliches Ziel mit zu »begleiten«. Sozusagen als Pate.

Wenn Sie Unterstützung bei der Suche nach einem geeigneten Paten oder einer geeigneten Patin wünschen, klicken Sie doch einfach einmal auf die Homepage, die zu diesem Buch gehört:
http://www.becircend.de

Gut möglich, daß Sie genau hier jemanden finden, der gerade in einer ähnlichen Situation steckt wie Sie selbst.

Oder Sie verraten uns allen, welche *Ihrer* Strategien besonders erfolgreich sind, wenn Sie etwas erreichen wollen.

Ich freue mich über einen becircenden Austausch mit Ihnen!

Ihre Susanne Westphal

Literaturhinweise

Mehr über die Persönlichkeitstypen:

Lothar Seiwert, Friedbert Gay: »Das neue 1 x 1 der Persönlichkeit« Gräfe und Unzer, München 2004

Über die Frauen und ihre Rolle in der Wirtschaft und in der Gesellschaft:

Clarissa P. Estes: »Die Wolfsfrau«, Heyne, München 1997

Gertrud Höhler: »Wölfin unter Wölfen«, Econ, München 2000

Cornelia Topf, Rolf Gawrich: »Das Führungsbuch für freche Frauen«, Verlag redline Wirtschaft, Frankfurt/M. 2002

Harriet Rubin: »Machiavelli für Frauen«, Krüger, Frankfurt/M. 1998, Fischer Taschenbuch, Frankfurt/M. 2000

Barbara Bierach: »Das dämliche Geschlecht«, Piper Taschenbuch, München 2004

Regine Schneider: »Gute Mütter arbeiten«, Fischer Taschenbuch, Frankfurt/M. 2000

Sabine Asgodom: »Eigenlob stimmt!«, Econ, München 2003

Frauen und Netzwerke:

Anni Hausladen: »Die Kunst des Klüngelns«, Rowohlt Taschenbuch, Reinbek bei Hamburg 2001

Monika Scheddin: »Erfolgsstrategie Networking«, BW Bildung und Wissen Verlag, Nürnberg 2003

Über die Sinnlichkeit:

Patrick Süskind: »Das Parfum«, Diogenes Taschenbuch, Zürich 2000
Erich Keller: »Die Welt der Düfte«, Seehamer, Weyarn 1999
Karl-Werner Schmitz: »Haptisches Verkaufen«, moderne industrie, Landsberg 2004
Anthony Bourdain: »Ein Küchenchef reist um die Welt«, Blessing, München 2002
Michel Montignac: »Essen gehen und dabei abnehmen«, dtv, München 2002

Zauberhafte Klassiker:

Antoine de Saint-Exupéry: »Der kleine Prinz«, Rauch, Düsseldorf 2000
Marcel Proust, »Auf der Suche nach der verlorenen Zeit«, Suhrkamp, Frankfurt/M. 2000

Interessante Business-Netzwerke

femmes géniales
femmes géniales bietet engagierten, aktiven Frauen eine Austauschplattform, um berufliche Synergien, Unterstützung für Projekte und Genuß und Lebensfreude miteinander zu verbinden. Ein frisches Netzwerk, in dem kreative Ideen und ungewöhnliche Lösungsansätze stets einen fruchtbaren Boden finden. Kontakt:
susanne@femmes-geniales.de, http://www.femmes-geniales.de

Open Business Club

Open bc ist ein reines Online-Netzwerk mit einer rasant anwachsenden Mitgliederzahl. Hier finden Sie garantiert ehemalige Studienkollegen, Arbeitskollegen oder neue Kunden.
http://www.openbc.com
Wenn Sie sich über diesen Link einklinken, können Sie sogar einen Monat lang alle Vorzüge einer Premium-Mitgliedschaft gratis testen:
http//www.openbc.com/go/invuid/Susanne_Westphal/obc_de

Soroptimist International

abgeleitet von »sorores optimae«, die besten Schwestern, vereinigt dieses Netzwerk die »Besten« jeder Branche. Ein Beitreten ist nur über Einladung möglich. http://www.soroptimist.de
Ansprechpartnerin: Heidy Boldt Soroptimist.DU@soroptimist.de

Webgrrls

Webgrrls ist ein berufsorientiertes Netzwerk für Frauen, die in Medien-, Kommunikations- und Informationstechnologieberufen arbeiten, eine Tätigkeit in diesen anstreben oder neue Medien beruflich intensiv nutzen.
http://www.webgrrls.de

WOMAN's

Unternehmerinnen und Managerinnenplattform, die branchenübergreifend Erfahrungsaustausch unterstützt. http://www.womans.de
Ansprechpartnerin: Monika Scheddin info@womans.de

Zonta

Weltweites Netzwerk berufstätiger Frauen, das sich auch sehr stark sozial engagiert. Ein Beitreten nur über eine persönliche Empfehlung möglich.
http://www.zonta-international.de
Ansprechpartnerin: Sybille Jegodzinksi S.jegodzinski@t-online.de

KABEL BY PIPER

Katja Sundermeier

Die Simply Love® Strategie

Ihr Weg zur großen Liebe. 196 Seiten. Klappenbroschur

»Männer sind bindungsscheu«, »Frauen klammern immer so«, »Ich verliebe mich grundsätzlich nur in Verheiratete«, »Meine Ansprüche sind einfach zu hoch« …
13 Millionen Singles, kaum einer freiwillig: ein gefundenes Fressen für Partneragenturen und Beziehungsratgeber. Dabei sind es unbewußte Mechanismen, die uns bei der Partnerwahl immer wieder in die gleichen Fallen tappen lassen – Enttäuschung inklusive. Wie aber können wir unser ganz persönliches inneres »Drehbuch« beeinflussen, unsere »Festplatte« neu formatieren? Wie unser Beuteschema austricksen? Katja Sundermeier, renommierte Psychotherapeutin, arbeitet seit 1995 mit Simply Love®, der Strategie, die Männer wie Frauen einfach und eigenverantwortlich zum Partner fürs Leben führt. Ihr Erfolgsmodell ist in zahlreichen Seminaren erprobt. Jetzt stellt sie es erstmals im Buch vor: mit konkreten Fallbeispielen, praktischen Übungen und spannenden Rollenspielen.

07/1002/01/R